U0089610

古代歷史文化研究輯刊

十　編

王　明　蓀 主編

第32冊

王船山史論研究
——以政治爲核心的探索

劉 毅 鳴 著

國家圖書館出版品預行編目資料

王船山史論研究——以政治為核心的探索／劉毅鳴 著 — 初版
— 新北市：花木蘭文化出版社，2013〔民 103〕
目 4+256 面；19×26 公分
（古代歷史文化研究輯刊 十編；第 32 冊）
ISBN：978-986-322-361-0（精裝）
1.（清）王夫之 2. 史學評論
618　　102014460

古代歷史文化研究輯刊
十 編 第三二冊　　ISBN：978-986-322-361-0

王船山史論研究——以政治爲核心的探索

作　　者 劉毅鳴
主　　編 王明蓀
總 編 輯 杜潔祥
出　　版 花木蘭文化出版社
發 行 所 花木蘭文化出版社
發 行 人 高小娟
聯絡地址 235 新北市中和區中安街七二號十三樓
電話：02-2923-1455／傳眞：02-2923-1452
網　　址 http://www.huamulan.tw 信箱 sut81518@gmail.com
印　　刷 普羅文化出版廣告事業
初　　版 2013 年 9 月
定　　價 十編 35 冊（精裝）新台幣 62,000 元

版權所有・請勿翻印

王船山史論研究
——以政治爲核心的探索

劉毅鳴　著

作者簡介

劉毅鳴，1980 年生，台灣桃園人。高雄師範大學國文系學士，台灣師範大學國文系碩士，中央大學中文系博士。碩士論文為《唐君毅的修養工夫論：以「人生之路」為核心》，博士論文為《王船山史論研究：以政治為核心的探索》。現任中央大學中文系兼任講師，講授「儒學與人生」課程，並發表多篇學術著作於各大期刊、會議論文集。

提　要

船山是明末清初三大儒之一，在明朝滅亡、滿清入主中國的變局下，他極力從歷史經驗中探索亡國的原因，希望找出政治上的長治久安之道，而成就其《讀通鑑論》、《宋論》兩鉅著。本論文從船山的心性工夫論及歷史哲學等哲學理論開始談起，試圖描繪出船山心中理想的政治型態之藍圖。

「制度」與「人」是政治的兩大關鍵要素。就政治制度來說，船山以道德為朝代創建乃至長治久安的關鍵因素。「道德」並非狹義地從心性上說，而是君主能否順應客觀時勢之理。此「理」關鍵處在於保民、愛民，因此船山論郡縣、隋唐三省制、以詩賦取士、立法宜寬、經濟自由、獎勵農業等，往往是站在對百姓有實際助益的角度著眼。就執政者來說，船山繼承儒家「德治」觀念，以人的品德為政治良窳之根本。能夠有剛直的操守，信守道德原則，不慕虛榮浮華，而又謙遜寬容的君子，才能擔當起重任。這樣的君子必然知所進退，不會為了一時的功業而盲目出仕，毀傷名節。即使退隱，君子也能投身教化事業，為道德理想的延續而奮鬥。君子執政以「簡」為最高原則，把握住國家發展的大方向，細節則充分信任、授權給下屬處理。肯定既有制度的合理性，採取漸進改革，減少改革的風險。

就政治活動的外圍領域——倫常教化與學術文化來說，家庭倫理為政治倫理的基礎。政治上的君臣關係，是以「名義」維繫。船山發揮孔子「正名」思想，認為「名」非虛名，而是義的象徵，可發揮穩定局勢的積極作用。政府對人民的教化，並非上位者持教條要求下位者，而是上位者盡力完成分內之事，建立良善的環境，使百姓易於從事自我修養。在學術文化上，船山堅守「華夷之辨」，強調族群的純正性。華夷是以文化為主要區分標準，兼及其他。政治上華夏民族的團結，比效忠一家一姓更重要。對於儒家以外的學說，如佛道、陰陽家等，船山認為或過於消極，或為了統治者開脫罪名，或為了謀求權位，總之皆是以利欲為出發點，不足以做為治國的骨幹。

誌　謝

王船山的《讀通鑑論》與《宋論》，爲中國古代史論的最高成就。兩書卷帙浩繁，共 1522 頁，分爲 1027 則，皆以典雅的文言文寫成。爲了讀通此書，筆者先以兩年左右，從《資治通鑑》和二十五史查出相關史事；並以簡單的幾句話，寫下每則要旨，共六萬多字。再製作索引，將各條目歸入二十七類，才開始撰寫正文。

從進入博士班到完成論文，不知不覺已過了六年。這段時間受到許多師長、同學的照顧，首先要感謝博士班的指導教授楊祖漢老師，楊老師在我修業期間，舉辦「康德歷史哲學」讀書會，啓發我對歷史哲學的思考，讓我對西方以「社會契約論」爲主流的政治思想有進一步認識。在撰寫論文時，楊老師又舉辦「博士生論文討論會」，前三學期每週討論一次，後一學期兩週討論一次，督促同學們的論文寫作，針對初稿給予建議、批評。楊老師的悉心指導，使我的論文在質與量上能夠保持水準。其次要感謝碩士班的導師林安梧老師，林老師著有《王船山人性史哲學之研究》，啓發了我研究船山史論的問題意識。

在論文寫作準備階段，幾位同學與我組成網路讀書會，研讀《開放社會及其敵人》與《讀通鑑論》兩書，常與台灣師大的王怡萱同學，及世新大學的林書漢同學相互問難，不僅啓發我對歷史與政治的思考，也使論文的問題意識更透徹。在論文討論會上，陳榮灼老師、游騰達同學、蔡宜汎同學、楊穎詩同學、劉學倫學長、鄭志健同學、賴柯助同學、陳儀同學，閱讀過我的部分或全部論文初稿，並提供意見。

本論文依學校規定，通過兩次審查。感謝劉錦賢老師與楊自平老師，仔細閱讀論文初稿，在初審時指出不少錯誤，使我得以及時改進和補強結論。

感謝鍾彩鈞老師、楊自平老師、劉錦賢老師、詹海雲老師審查論文修訂稿，在口考時點出許多值得討論的問題，及我可以進一步研究的方向。

　　最後要感謝生養我的父母，如果沒有他們在經濟和親情上的全力支持，這篇論文不可能誕生在眾人眼前。希望藉由這篇論文，能夠汲取出古人的些許智慧，活用在生活中，對傳統學術的發展略盡棉薄之力。

（作者信箱：nknuyangwenli@yahoo.com.tw）

目次

第一章　緒　論

王夫之（船山先生）是明末清初最重要的思想家之一。由於遭逢明末的政治腐敗、流寇紛擾與滿清入關，這一時期的思想家大多以「經世致用」爲宗旨，對明代學術的主流——心性之學採取反省、批判的態度，轉向經典、歷史、政治等問題的研究，希望從中找出一條民族文化的重建之路。船山從年輕的時候開始，就很關心時政並注意研究歷史，他的兒子王敔寫的〈薑齋公行述〉說他「自少喜從人間問四方事，至於江山險要、士馬食貨、典制沿革，皆極意研究」〔註1〕，並曾親自參加抗清活動。三十三歲以後決計遁隱，嗣是棲伏林谷，隨地託迹，以至於歿。受到時代背景及個人生命歷程的影響，船山對政治問題有極深刻之感受，而體現在他的經典與歷史詮釋裡。最具代表性者爲《讀通鑑論》與《宋論》，其他與政治相關者有《尚書引義》、《春秋家說》、《春秋世論》、《噩夢》、《黃書》等。

《讀通鑑論》與《宋論》成於船山晚年，據後人考證，《讀通鑑論》始作於六十九歲〔註2〕，而船山七十三歲病逝，兩書可說是其晚年定論。其內容是依朝代先後順序，針對司馬光《資治通鑑》及宋代的重要人物、事件，加以褒貶評論。雖然採取傳統的史論形式，表面看來沒有嚴謹的架構，但通讀全書可發現，他對歷史人物、事件的評價，都有前後一致的標準；這標準又和他本人「道器合一」的哲學思維特質有關，將具體的、形而下的歷史事實，

〔註1〕見〔清〕王敔：〈薑齋公行述〉，收入《船山全書》第16冊（湖南：岳麓書社，2011年新版），頁81。

〔註2〕見〔清〕王之春：《船山公年譜》「康熙二十六年丁卯，公六十九歲」之記載，收入《船山全書》第16冊，頁371。

與抽象的、形而上的天道天理合而觀之，歷史即是天道一步步實現的過程。天道不能掛空地談，必得對現實的歷史政治問題，進行反省與改進；反之，對現實問題的檢討，也不能流於純粹功利性的考量，而必須以道德理想爲衡量標準。這是船山有進於以往儒者論歷史之處，也被唐君毅先生評爲「眞可語與歷史哲學之論」〔註 3〕。

第一節　研究目的

由於《讀通鑑論》與《宋論》兩書價値極高，國內外已有許多研究者以「船山的歷史哲學」爲題，發掘其理論內涵。但船山對政治的看法，在探索歷史之後，如何進一步將他從歷史中學習、總結的經驗，應用在政治上這個問題，相關研究仍屬有限。其實船山對政治的看法，與他的歷史詮釋是息息相關、密不可分的。他對歷史人物的行動所給予的褒貶，及對各朝代政治、社會制度所給予的建議，正反映出他心中有一改造國家、社會、民族、文化的宏偉藍圖；而他之所以對政治有深刻的思索，則是受到明朝滅亡的刺激所致。

由於船山是十七世紀的人物，他對政治思想上一些基本問題，如國家的起源、國家在人民生活中扮演的角色、政府的組織結構、政治人物的職責等，與受西方自由、民主、法治思想薰陶下的現代人有很大差異，故而常被學者貼上「封閉」、「保守」、「專制」等標籤，如勞思光認爲「船山在政治思想上實爲一迷信傳統之保守派人物」〔註 4〕。這類論斷除了可能犯「以今視古」的毛病外，也可能忽略了船山政治思想某些積極的、有意義的、能夠對現代人有啓發的部分而不察。

舉例來說，現代西方民主政治下的政府只具有消極性的功能，其權力運用以保護個人自由不受他人侵犯爲限。人人皆有其思想、言論自由，政府不能限制、干涉人民如何運用這些自由，不能積極主導人民的精神生活。爲了

〔註 3〕唐先生說：「至王船山乃有《讀通鑑論》、《宋論》之作，通歷史之全而爲論。其書旣即事以言理，復明理以斷事，乃見理之貫注於事中，復超越洋溢於事外，乃眞可語與歷史哲學之論。」見牟宗三：《歷史哲學》附錄一〈唐君毅先生著：中國歷史之哲學的省察〉，收入《牟宗三先生全集》第 9 冊（台北：聯經，2003 年），頁 440。

〔註 4〕見勞思光：《新編中國哲學史（三下）》（台北：三民書局，1981 年），頁 738。

防止政府濫權，官員的權力受事先明文規定、公佈的憲法和法律所限制，並以三權分立來制衡政府各部門的權力，以代議制度使人民有效控制政府的決策。

從個人自由的角度來說，相較於上述剛性的政治規範，船山走的是一條柔性統治、管理的路線。船山出身儒學世家，深受儒家思想薰陶，所繼承的是「德治」的思想傳統。儒家自孔子起便強調「導之以政，齊之以刑，民免而無恥；導之以德，齊之以禮，有恥且格」。〔註5〕是否合乎剛性的法律規定，對孔子及孔子以後的儒者來說並不是最重要的，法律所依據的道德理想，才是儒者關心的課題。儒家不反對具體政治制度的建構，對於有事功表現的古聖先王，如堯舜、周公等都給予極高評價，但並不以這些制度爲最重要或最根本，而將焦點放在這些聖王的人格風範上，強調國君爲民表率，對人民的道德生活產生積極的影響。儒家以「仁政」爲最高政治理想，對人民的生命、財產安全，甚至是批評國君、針砭時政等各種反政府言論，在此一文化傳統影響下，大多強調君主應有親民愛民、廣納諫言的雅量，但並未視言論自由爲「神聖不可侵犯」。如船山在《讀通鑑論》主張對於不合天理良知的言論，君主可柔性壓制，甚至以刑罰消滅。〔註6〕正是在這一點上，船山之說容易引起現代學者的批評，因爲每個人對天理、良知的體會可能不一致，如果強力壓制，就失去了從討論中學習、改進的機會。但如果回溯船山身處的儒學傳統，會發現他這主張的用意，並不在於維護專制或成爲當權者的幫兇，而是強調道德的優先性。太強調道德在政治中的作用固然有弊，但不可因此否定船山的用心。

從民主制度的角度來說，船山也是秉持他所了解的儒家傳統，忽略分權制衡——即如何對政府首長及各部門的權力加以限制的問題，而是強調以君主爲精神領導，士大夫、菁英分子爲骨幹，形成上下分明、層層負責的整體。借用牟宗三先生的說法，是停留在「隸屬」之局，尙未展開「對

〔註5〕見《論語‧爲政》。

〔註6〕如唐代李淳風預言說：「唐三世之後，女主武王代有天下。」見〔宋〕司馬光等：《資治通鑑‧唐紀十五‧太宗文武大聖大廣孝皇帝下之下貞觀二十二年》，卷199。船山斥之爲妖言惑眾，應當「正妖言之辟，執淳風而誅之，焚秘記、斥太史之妄……有天下而不誅逐術士、敬授民時、以定民志，則必召禍亂於無窮。」船山對唐代名臣狄仁傑焚燬「淫祠」也很讚賞，評爲「赫然與日月爭光」。見〔明〕王夫之：《讀通鑑論》「唐太宗」第25則、「唐中宗」第5則，收入《船山全書》第10冊（湖南：岳麓書社，2011年新版），頁785、805。

列」之局。〔註 7〕這是因爲儒家乃至整個中國文化傳統，本就以人與人之間的和諧融通、相與爲一體爲最高理想，排斥各個人、各團體的破裂、對抗。傳統儒家對政治的觀念，應當如牟先生在《政道與治道》所說，是一超政治的、「德化」的境界。〔註 8〕以現代眼光來看，這當然有所不足，忽略了每個人做爲獨立的個體，與其他人地位平等，都有自由選擇的權利。但從另一角度來看，現代民主政治的理論根據之一是「功利主義」，如以投票決定官員人選與重大政策，囊括最多選票即能取得權力，只考慮選票的「量」，不考慮每位投票者的道德、知識水準。這一制度雖然是出自「人人平等」的理想而有其合理性，但在人民的文化與教育水準不足的情況下，易導致政治人物譁眾取寵、煽動民粹等弊端；勢力強大的黨派或國家，亦可能以強凌弱，使少數派更加邊緣化。如果能夠參考船山對政治的看法，引入儒家「仁政」、「德治」的觀念，或許能彌補現代民主的缺陷，塑造更健全的政治風格。總而言之，本論文期盼藉由對船山政治思想的研究，達成以下幾項目的：

（一）船山的政治思想是建立在他對歷史及人性的看法上，故必須先對船山的歷史哲學及人性論有一基本認識，才能貼切地理解他的政治思想。

（二）以船山《讀通鑑論》、《宋論》爲焦點，旁及他針對《尙書》、《春秋》的詮釋及政論著作，探討船山處理政治問題的基本原則，重新建構他心中國家、社會、民族、文化的理想圖像。

（三）在探討船山政治思想的同時，也與西方民主政治的觀念做一對比，以豁顯其特質所在，及對當代政治思想有所裨益之處。

第二節　文獻探討

目前兩岸對船山學的研究，已經累積了豐碩的研究成果。台灣方面，以「船山」爲關鍵字，在「全國博碩士論文資訊網」〔註 9〕可搜尋到 62 篇相關

〔註 7〕「隸屬之局」與「對列之局」的區分，見牟宗三：《政道與治道》新版序「六、中國文化的現代意義——開出對列之局」與「七、中國現代化的道路——轉理性的作用表現而爲理性的架構表現」，收入《牟宗三先生全集》第 10 冊（台北：聯經，2003 年），頁（22）～（32）。

〔註 8〕見牟宗三：《政道與治道》第二章第二節「儒家的德化的治道」，收入《牟宗三先生全集》第 10 冊（台北：聯經，2003 年），頁 30～36。

〔註 9〕http://etds.ncl.edu.tw/theabs/index.jsp，檢索至 2012 年 2 月底。

學位論文；在「台灣期刊論文索引系統」〔註 10〕可搜尋到 291 篇相關期刊論文。中國大陸方面，以「船山」爲關鍵字，在「中國學位論文全文數據庫：萬方數據庫人文類」〔註 11〕可搜尋到 1173 篇相關學位論文；在「中國期刊全文數據庫」〔註 12〕可搜尋到 446 篇相關期刊論文。港台地區的研究，以羅光與唐君毅先生爲開創者。中國大陸學界的研究，早期以嵇文甫與蕭萐父爲代表，近期則有陳來析論最精。以下即分成「早期研究」、「現代學者研究」與「學位論文」三部分，略述前人研究成果。

（一）早期研究

1. 港台

港台地區的船山學研究，以唐君毅先生爲開創者，具有典範性的地位。唐先生對船山學的闡釋，以《中國哲學原論．原教篇》第二十章至第二十五章爲主。唐先生認爲陽明學發展至明末，產生了空談心性而忽略經世之學的弊端。明末清初三大儒顧亭林、黃梨洲、王船山即是針對此弊端而起，三人中「亭林之用心，全在治道……然其在哲學思想本身，殊無創發」，而「梨洲之思想，大體承蕺山之緒」，只有船山之哲學思想「最爲敻絕」，「承宋明儒重內聖之學之精神，而及于外王，以通性與天道與治化之方而一之者，惟船山可當之耳。」唐先生認爲宋明理學的發展，爲一迴環往復的歷程，自濂溪、橫渠重天道論起，逐步往內在心性收縮，開闢修養工夫。至晚明，則又從心性工夫向客觀面發展，至船山重回天道論而終成。船山哲學思想乃取客觀現實的宇宙論進路，初非心性論之進路；其根本思想即在由性即氣之性，而暢發性善氣亦善之義，故能避免程朱「舍氣言性」與明儒「即情知性、即心見性」的偏差。船山對心性、天道的理解，並未違背宋明儒的基本精神，只是因應時代的需要，特別強調心性必須落實在外王事業上，才有眞實的意義。由重氣思想以論中國之歷史文化，尤能見其精彩。唐先生也給予船山學極高的評價。

又與唐君毅先生同屬當代新儒學重要人物的牟宗三先生，也高度肯定船山在歷史詮釋上的造詣。牟先生有〈黑格爾與王船山〉〔註 13〕一文，認爲：「人之踐履而爲歷史，也是心，也是性，也是理，也是氣，也是才，也是情，一

〔註 10〕 http://readopac.ncl.edu.tw/nclJournal/index.htm，檢索至 2012 年 2 月底。
〔註 11〕 http://g.wanfangdata.com.hk/，檢索至 2012 年 2 月底。
〔註 12〕 http://cnki50.csis.com.tw/kns50/Navigator.aspx?ID=CJFD，檢索至 2012 年 2 月底。
〔註 13〕 收入牟宗三：《生命的學問》（台北：三民書局，2004 年），第 16 章。

起俱在歷史發展中呈現，而吾人亦藉此鑒別出何爲是，何爲非，何爲善，何爲惡，何爲正，何爲邪，何爲曲，何爲直，何爲上升，何爲下降。故其豐富的思想，在純義理上不甚顯眉目，而一落在具體的歷史上，則分際釐然劃清，條理整然不濫，立場卓然不移。……由其通於古往今來而爲一，故能透過一連串的歷史事象，而直見有一精神之實體在背後蕩漾著，故見歷史直爲一精神表現之發展史，因而歷史之每一步驟每一曲折，皆可得而解，得而明。而是非、善惡、正邪、曲直、升降、隆汙，亦隨時隨事得而判。」牟先生這一分判，對台灣的船山學研究者來說，是極具影響力的。

2. 中國大陸

嵇文甫著有《船山哲學》〔註 14〕小冊。他認爲船山著作雖在晚清刊行，但受到封建體制影響，使其思想精華無法發揮，清末以後才漸爲人所重視。船山學爲一博大精深的體系，其中有很多光輝的開明進步思想，但也不應對他作過苛的要求或過高的估計。船山是泛神論而非無神論；是在儒家仁政的傳統下，而非民主主義者；是代表開明地主，而非市民。嵇氏以「宗師橫渠，修正程朱，反對陸王」判斷船山在思想史上的地位。船山說「陸子靜出而宋亡」，認定陸王是誕妄、無忌憚、避難就易，叛聖學而趨於佛老。這是對明末「狂禪派」所引起的反動，並不能算持平之論。至於程朱，船山雖然承認其正統地位，但比不上橫渠。船山認爲朱子以格物爲始教之說是「賢者之學」，只有橫渠「以博文之功，在能立之後」、「以天德爲志，所學皆要歸焉」，才是作聖的正路。船山的特色在言天、言性、言心，一切從氣上講。理者氣的理，須從氣化上見，舍氣化無所謂理。船山把這種唯氣論徹底發揮，以打破程朱的理氣二元論。雖然船山力闢陸王，但嵇氏認爲船山在無意間卻和陸王有些共鳴點，船山修正程朱之處，也往往正是陸王所指摘的地方，這可能是因爲船山處於王學盛行的年代之後的緣故。

在歷史哲學方面，嵇氏認爲中國古代傳統是「氣數史觀」，以爲宇宙乃是一片大氣，由這氣的參互錯綜、盛衰消長，形成宇宙間的種種變化，而人類歷史亦全爲這氣所制約，遵循著必然的命運而前進，一切都有定數。船山也未嘗不受氣數論的影響，但其中心思想並不在此。船山極力反對術數而主張天理論，即使說這氣數是神意的表現，神意也限定表現在這氣數裡，並不能

〔註 14〕《船山哲學》寫於 1935 年。該小冊收入嵇文甫：《王船山學術論叢》，北京：三聯書店，1962 年。

任意喜怒、擅作威福，這比神意史觀更進一步。至於義理的天，乃是說天就是道，就是理。這樣的天沒什麼不可知，也無須用術數去知，一部歷史都是天理的證明，這可以說是「天理史觀」。如朱子與陳同甫辯論，朱子所持的便是天理史觀。但朱子的天理過於超絕，未免枯寂空洞，缺乏歷史的實踐性。船山則不然，他依照他的天人合一、理勢合一論，把天理和人情事勢打成一片，拿活生生的現實歷史去充實它的內容。所以他的天理是具體的、是活的，這可以說是一種新天理論。船山歷史哲學的長處在於：（一）從發展過程上看歷史事象；（二）社會制度的相關性或整體性；（三）客觀的獨立於意識以外的勢力之存在；（四）偶然中顯現必然。他所重視的是歷史發展客觀的過程，而不是某某聖賢豪傑個人的意識。

蕭萐父著有〈王夫之矛盾觀中的「分一爲二」與「合二而一」〉〔註15〕一文，對船山「兩端而一致」的思維模式有所闡發。蕭氏認爲船山經歷了「天崩地裂」的政治變局，其研究哲學是爲了探究自然和社會的變動原因，揭示客觀矛盾運動的固有規律。船山的哲學貢獻，也突出地表現爲富於辯證思維，勇於批判形而上學，並在樸素唯物論的基礎上把樸素形態的辯證法尤其是矛盾觀，發展到了時代條件允許的典型高度。蕭氏認爲，船山「兩端而一致」的觀點是對傳統哲學中形而上學外因論的否定。中國哲學史從老莊玄學直到宋明道學，表面上都在講「陰陽動靜」，但卻把「陰陽動靜」的泉源移到物質世界的外部，在現實世界之上去安置一個本體──道、一、太極，作爲產生「陰陽動靜」的根源。船山認爲陰陽是一切事物的固有之蘊，不是動靜所生，而是動靜的主體。在陰陽之外去找動靜的根源，只能是主觀虛構。船山從批判外因論而樸素地論證了矛盾的普遍性，提出「乾坤並建」，強調任何具體事物也都是在特定的時空條件下具體的陰陽對立統一體，各自形成特殊的規律。「道」的特定含意就是作爲陰陽對立統一體的物質實體及其總的矛盾法則，離開了現實的陰陽對立統一的客觀矛盾運動就別無所謂「道」。船山堅決否定邵雍、朱子把陰陽對立看作是截然分離和絕對對立而沒有任何聯繫、也不會互相轉化的形而上學觀點，力圖用社會和自然現象來說明對立的事物之間並沒有絕對的界限，而往往是互相滲透、互相過渡、互相轉化的。一個「極物理人事之變」的窮理者，應看到對立雙方「相因而非相反」、「相承而無不可通」的一面，從差異、矛盾、對立中認識和掌握統一。蕭氏認爲，船山做

〔註15〕該文收入蕭萐父：《船山哲學引論》，江西：江西人民出版社，1993年。

爲地主階級的思想家，在特定條件下承認了矛盾的鬥爭性，但他害怕並反對矛盾的鬥爭，希望並相信矛盾能得到調節，鬥爭能得到緩和，不必也不應當發展到極端。船山只能在現存的封建關係這個大盤子中旋轉，即承認一定範圍內的變動性，迷信封建制度的常住性，這是他矛盾觀的侷限。

（二）現代學者研究

現代學者研究成果，以曾昭旭先生、林安梧先生、陳遠寧教授、陳來教授爲代表。

曾昭旭先生對船山學的闡釋，以《王船山哲學》一書爲代表。曾先生認爲各朝代儒者雖皆推尊孔子，但「於孔子之大正，終各有差異」，到船山才恢復儒家正學，「中華聖學自孔子而後，歷經長期之歧出，至船山而復歸正位」。船山扭轉程朱陸王逆求心性本體的義理方向，以「由本貫末、本末一體」爲宗旨。前者「於心性本體已立之後，更外發下貫以潤物成物，以極成一豐美篤實、日新富有之文明世界」，後者「不但肯定形上之心神性理，更在圓融一體之要求下，必肯定形下之存在形色亦爲貴」。不贊成早期中國大陸學者唯物主義的詮釋進路：「張（西堂）王（永祥）兩學譜，皆不免誣船山之學爲唯物論者，則尤憾其實傷船山之心也」。依曾先生的看法，船山既能繼承宋明以來的道德理想主義精神，把握住形上的心性本體，而不流於功利、唯物，卻又不對心性問題多所著墨，以具體的道德實踐爲重心，矯正理學末流的支離與心學末流的空疏之弊，是最圓熟的義理型態。

林安梧先生對船山學的闡釋，以《王船山人性史哲學之研究》一書爲代表。林先生以「人性史哲學」一觀念爲船山學的核心，所謂「人性史哲學」是指人性與歷史交互詮釋的關係，如林先生所說：「所謂歷史乃是具有人性之人所成之歷史，要去看歷史必得以人性爲根基；而所謂的人性不只是一超越的先驗概念，人性乃是在歷史的過程中長養滋榮的；人性即含有歷史性，因爲人性具有歷史性而可理解歷史、詮釋歷史，而歷史正是人性之締造及其開展。」船山的思維模式是「兩端而一致」，認爲任一事物皆可建立兩端以爲詮釋的端點，這兩端則是辯證的相含，故可綰合爲一致。以人性與歷史而論，其所綰合的一致就是「道」，道、人、歷史三者形成相互創造的循環。這與西方的詮釋學頗可會通，也是林先生船山研究的獨到之處。

陳遠寧教授對船山學的研究，以《中國古代政治觀的批判總結：王船山政治觀研究》一書爲代表。《王船山政治觀研究》全書共八章。第一章是「公天下思想」，作者認爲「公天下」是船山政治觀的根本出發點。船山提出「論之不及正統」的論斷，指出「統」應作「道統」與「治統」的區分。「道統」作爲一種永恆的眞理，是「帝王之統」賴以存在的根基。而「治統」的存在則是有條件的，只有當治統符合道統時，治統才會存在，否則治統就會斷絕。第二章是「集權與分權」。船山在維護君主集權的前提下，對宰相、大臣實行必要的分權；在保證中央朝廷集權的前提下，對各級地方政府實行必要的分權。矛頭所指，主要是皇帝一人專制獨裁，同時也防止宰相擅權和地方分裂割據。第三章是「人治與法治」。「人治爲主，法治爲輔」是船山在治國路線上提出的根本思想之一。之所以必須堅持人治爲主，不僅是在於任何法都由人制定，而且還在於任何法都有簡單、統一的局限，因而需要依靠人根據複雜多變的實際情況去靈活掌握、具體執行。人治之要在於「求諸己」。法治之要，一是立法從簡，二是執法要從公、從情。第四章是「德教與刑罰」。船山依歸儒家正統，突出德教在治國中的主導作用，刑罰是進行德教的一種特殊手段。第五章是「養民與治吏」。船山指出「理」是自然界陰陽二氣運動變化的規律；在社會歷史領域中，理的表現形式是勢。儒家講「即民見天」，實際上「天」就是理與勢的統一。由於社會歷史領域中的勢，通常是通過民情和民心表現出來，所以要把握理勢統一的天，就必須從瞭解民情、民心入手。從上述重民思想出發，船山提出了「嚴以治吏，寬以養民」的主張。「嚴」是爲了建立清廉的吏治。「寬」主要是對人民省刑罰，重教化，並從經濟上實行「惠民」政策。第六章是「舉賢才與養士」。船山指出：所謂賢才應是德才兼具，而又以德爲帥的人，當二者不可得兼時，則寧取其德。擢舉賢才必須「貴士」、「養士」，統治者應重視士的社會地位，創造條件，發揮其積極作用。第七章是「論民變」。船山作爲封建制度的代言人，主要是繼承傳統的民變三論，即民變可畏論、官逼民反論和大逆不道論。第八章是「論華夷之辨」。船山的基本思想是繼承和強化傳統的華夏中心論，把它概括、上升爲「華夷之辨」，視之爲「天下之大防」，以哲學氣化論和地理環境決定論來論證漢族優越於夷狄，以及前者統治後者的必然性、合理性和永恆性。本書的優點是引證豐富，能夠綜羅船山討論政治問題的諸多材料，並且將船山學放在儒家政治思想的整體發展當中來看。對原文的解釋也很貼切，可見作者的博學宏識與深厚的文獻功力。但本書在體例上經常採取「引用文獻再以幾句話點撥」的方式，未能將船山原文與作者個人的解釋、論述清楚區隔，易給人「借古人所說代自己立言」的感覺。書中各章主題，如公天下、權力劃分、人治與法治、德教與刑罰、養民與治吏、民變、華夷之辨等，當然都是船山在史論中特別關注的重要課題；但各主題間的邏輯關係不甚明朗，這七項主題是否足以窮盡船山政治思想的基本原則，也需要再考慮。又由於作者是接受中國大陸的學術訓練，所採取的詮釋向度有別於港台，如他在〈引言〉中認爲王船山是「偉大的樸素唯物主義者」，這一評價恐怕並不合乎船山的原貌。

陳來教授對對船山學的闡釋，以《詮釋與重建：王船山的哲學精神》一書爲代表。陳教授的研究取向是將船山放在宋明理學史當中，作爲宋明理學發展過程中的一個環節來考察，強調把王船山還原到其儒學思想的本來體系來加以理解，其研究方法甚爲平實，少用西方哲學的觀念及術語。陳教授認爲清初思想家共享的思想基調是反佛、崇經、重氣、致用，這不是反理學，而是對明代理學陸王派和程朱派的反思和超越，轉向篤實的道德實踐，如船山即以「文化的反省」和「正統的重建」爲主要特徵。陳教授以《讀四書大全說》、《思問錄》、《張子正蒙注》三書爲核心，集中探討船山的理氣論、心性論，認爲船山理氣觀的要點爲理氣互體、理氣合一；心性論方面，船山認爲良心、仁義之心固然是理，但人之心的功能和內容不止於良心，在性的主導作用下才能保持心爲善，反對陸王的唯心說。陳教授認爲嵇文甫以「宗師橫渠、修正程朱、反對陸王」十二字來概括船山是很精當的，與曾昭旭先生的看法「而於程朱，船山所以許之者，則只是一種點化之許，於根本方向上，船山於程朱仍數致其不滿」不完全一致，這是可以再深入研究的。

（三）學位論文

除了前述船山學研究的代表性著作外，近年來台灣與中國大陸也有數本探討船山史論與政治思想的專書與學位論文，如李增財《從讀通鑑論宋論淺窺王船山的思想》（輔仁大學哲學研究所碩士論文，1973 年）、林海樹《王船山與顧亭林之政治思想比較研究》（文化大學政治研究所碩士論文，1986 年）、許長謨《王船山經世思想析論》（台灣師範大學三民主義研究所，1989 年）、張靜婷《王船山〈尚書引義〉政治實踐問題之研究》（中央大學中文研究所碩士論文，2000 年）、涂治瑛《王船山宋論之研究》（高雄師範大學國文研究所碩士論文，2002 年）、夏青與劉伯蘭《王夫之法律思想研究》（北京：中國人民大學出版社，2007 年）等。以下即就年代較近，且與本論文直接相關的《王船山宋論之研究》，略述其內容及可以進一步研究之處。

《王船山宋論之研究》共五章。第一章爲前言。第二章探析《宋論》之歷史哲學。作者認爲船山史論乃植基於深博通達之哲思，由之發而爲精闢警策之史事評論，從而臻於以經詮史，以史證經之目的。第三章爲對《宋論》之歷史解釋作概要舉隅，作者將船山的歷史詮釋方法，歸納爲「追溯源起」、「分析背景」、「闡釋原因」、「縷述發展及變遷」、「探究影響」、「辨明與批評史事」、「比較史事」等。第四章探討《宋論》經世思想內涵，分爲民族、政治、經濟、軍事、法律等五項主題。民族方面，船山力倡夷夏之防。政治方面，船山強調君主以寬仁愛民之心治國；於君權、相權與諫權，及中央與地方之權力皆須適當分配，主張分層治理，不可過度集權中央；於人事管理上，主張人治與任賢，施政之原則爲審時、尙簡、持敬。經濟方面，船山主張輕徭薄役、藏富於民，以因地制宜方式解決土地問題，反對引起通貨膨脹之交子制度。軍事方面，則由地形、訓練、士氣、戰術、選將、用兵等方面加以剖析。法律方面，船山反對酷刑，執法當擇人以用且以寬治民。第五章爲結論。此書在政治制度方面，與本論文的結論甚爲相近；但在人物品評方面，只在第三章論船山的歷史解釋，及第四章論政治思想時順帶提到；對於船山相當重視的出處進退及倫常教化問題，亦未有專章論及，這也是本論文試圖補足的。

第三節　船山生平概述

船山對歷史、政治的思索，與他的個人經歷有極密切的關係。特別是明末的政治腐朽乃至亡國，對他的刺激最大。故在探討船山的政治思想前，對他的生平事蹟也需要介紹。從船山身處的歷史背景出發，應當較能還原其思想原貌，體會船山撰寫史論的用心。以下就依據《船山全書》第 16 冊「傳記之部」與「年譜之部」所蒐羅的資料〔註 16〕，略述船山生平。

王夫之，字而農，號薑齋，湖廣衡州（今湖南衡陽市）人。晚年隱居衡陽石船山，被學者尊爲船山先生。他生於明萬曆四十七年九月初一日（西元

〔註 16〕依照年代排序，包括王敔〈大行府君行述〉、〈薑齋公行述〉、〈行述（據家譜本）〉，潘宗洛〈船山先生傳〉，余廷燦〈王船山先生傳〉，《清史稿・儒林傳》，鄧顯鶴〈王夫之〉、〈船山先生王夫之〉，《同治衡陽縣志・王夫之列傳》，劉毓崧《王船山先生年譜》，王之春《船山公年譜》，陳祖武《清代人物傳稿・王夫之》等。

1619 年 10 月 7 日），卒於清康熙三十一年正月初二日（西元 1692 年 2 月 18 日），享年七十三歲。一生刻苦力學、勤奮著述，對傳統中國文化有全面性的考察，在經、史、子、集各領域及儒、道、佛各家均有所撰著，是明末清初與顧炎武、黃宗羲齊名的一代大儒。

船山出身儒學家庭，他的父親王朝聘曾拜同鄉大儒伍學父爲師，對性理之學與各類專門知識有所掌握；又曾問學於鄒泗山，泗山是陽明門人鄒東廓之孫，以「戒懼」爲講學宗旨。朝聘公對朱子相當推崇，以朱子悟道之地武夷山爲號，人稱武夷先生。朝聘公在仕途上不甚順遂，幾次進京皆無法求得理想的官職，而在崇禎元年（1628）歸隱返家，專心教子。船山自幼聰穎，與兩位兄長介之、參之，在父親的督導下攻讀經史，崇禎五年（1632）僅十四歲便考中秀才。當時文人結社的風氣盛行，崇禎十一年（1638）起，船山便參加了由湖南文士組成的「匡社」等團體，在國政昏亂之際，思以激濁揚清。他爲此還受到朝聘公斥責，告誡他不能徒尚口舌、追逐聲名，應當走躬行踐履的道路。

崇禎十五年（1642）船山兄弟三人到武昌應鄉試，船山與長兄介之同中舉人。這時明朝已接近滅亡，外有異族入侵，內有流寇肆虐，李自成佔據洛陽、開封、荊州等地，張獻忠逼近江南、湖廣，清軍又破關而入。朝廷宣佈會試延期，船山兄弟便匆匆返鄉。同年十月，張獻忠攻佔衡州，鄉紳多遭勒索、殺害。獻忠軍將朝聘公扣押作爲人質，逼迫船山兄弟爲其效力。船山將自己刺成重傷，傷口塗上毒藥，請人抬到張獻忠軍營，並謊稱兄長已死。張獻忠軍見狀，便釋放了船山父子。

崇禎十七年（1644）明思宗殉國，船山痛哭流涕、數日不食，寫成〈悲憤詩〉一百韻；並且避居南嶽峰頂，期待天下勤王師起，恢復明朝的統治。順治二年（1645），清軍以破竹之勢南下，江南的福王、唐王、魯王等南明政權相繼被消滅，僅剩桂王於順治三年十月（1646）在廣東肇慶登基，年號永曆。船山再續〈悲憤詩〉一百韻，並將復明的希望寄託於永曆政權，與摯友夏汝弼一同往西投奔永曆帝，可惜途中被大雨所困；又得知父親病危，便返回南嶽。十一月，朝聘公過世。

順治五年（1648）船山期待的時機終於來到，這一年江西、廣東的降清將領先後回歸明朝，永曆政權趁機出兵，將勢力範圍擴大到雲南、貴州、廣東、廣西、湖南、江西、四川等地。十月，船山與摯友管嗣裘等人在衡山起兵響應，由於準備不周，被投靠清軍的湘潭人尹長民率兵襲擊，管嗣裘全家遇害，義軍潰散。清軍隨即四處搜索，株殺數十人。船山由桂陽逃亡至肇慶，獲永曆朝廷推薦爲翰林院庶吉士（見習生）。由於永曆政權內鬥嚴重，不能團結抗敵，船山感到非常失望，便以服喪爲由謝絕官職。順治六年（1649），船山由桂林繞路返鄉。這時抗清局勢逆轉，清軍重新佔領江西、兩湖、兩廣。船山在衡陽遭當地散兵洗劫，無可奈何，只好再度南下。

順治七年（1650）三月，船山接受桂林留守瞿式耜的推薦，在梧州就任永曆政權行人司行人。當時奸黨王化澄、武將陳邦傅，勾結宦官夏國祥等，招權納賄，營私亂政。給事中金堡等人彈劾王化澄，反被捕入獄、嚴刑拷打。船山一上任，便懇請大學士嚴起恒疏諫永曆帝，奏請赦免金堡等人。嚴氏上奏後招致王化澄忌恨，被迫退休。船山得知此事，便越權上疏，爲嚴氏辯護，遭永曆帝斥責。五月，船山再次上疏，揭發王化澄等奸黨的禍國罪行。王氏大怒，便藉故炮製文字獄，意圖陷船山於死。船山憤激咯血，自請辭職。幸賴武將高必正仗義解救，船山方得脫身。此時船山聽聞母親過世的消息，便取道返鄉。途中又遇大雨，絕食四日、幾至於死，終於在順治八年（1651）回到衡陽。

順治九年（1652）二月，船山決定在南嶽的耶薑山「屏迹幽居」。這時瞿式耜已遭清軍殺害，永曆帝被悍將孫可望、李定國挾持，李定國連破清軍，各地義軍紛紛響應，一時之間永曆政權的勢力擴大到雲南、貴州、廣西、湖南、四川五省及東南沿海，聲威大振。李定國在九月收復衡陽後，曾派人請船山襄助。船山考慮到孫、李以下犯上，不合君臣之義；孫氏又殺害嚴可望，令船山深感悲憤，斟酌再三，還是拒絕了李定國的邀請。順治十一年（1654），李定國因戰功顯赫，遭到孫可望妒忌，李氏被迫退兵自保。清軍再次控制湖南，爲了穩定地方局勢，積極搜捕反清志士。船山被迫逃離耶薑山，姪兒王敉亦慘死在清軍刀下。其後三年，船山改變姓名，身穿瑤民服裝，在山區四處躲藏，過著艱苦的生活。順治十二年（1655）他撰寫《周易外傳》，開始建構自己的哲學體系。其後又陸續撰寫《老子衍》、《黃書》等書。

順治十四年（1657），孫可望與李定國爆發內戰，孫氏大敗而歸降清朝。李定國繼續效忠永曆帝，但因爲機密情報盡數被孫可望洩漏，抗清戰事屢遭失敗。隨著戰場西移至雲貴等地，湖南漸趨平靜，船山於四月返回故居續夢庵，十二月拜訪友人劉近魯。近魯有高閣藏書六千餘卷，對船山治學或有所助益。順治十七年（1660），船山移居衡陽金蘭鄉高節里，築草屋「敗葉廬」，有了較穩定的生活；並在接下來的十年內，完成一系列重要著作，包括《尚書引義》、《詩廣傳》、《讀四書大全說》、《春秋家說》、《永曆實錄》等。順治十八年（1661），永曆帝退至緬甸，緬甸人將永曆帝獻給吳三桂，次年吳三桂將永曆帝絞死。船山聽聞此事，三續〈悲憤詩〉一百韻。

康熙八年（1669），已經出家爲僧的方以智，好幾次寫信給船山，勸船山前往江西逃禪。方氏學問深邃，長於質測之學（自然科學），深受船山景仰，兩人亦時常往來問學。但船山以儒學信仰故，對方氏的邀請只能婉謝。正當船山謝絕世事、奮力著述的時候，康熙十二年（1673）吳三桂叛亂，又使船山面臨重大的人生抉擇。吳軍於隔年迅速佔領湖南，船山則頻繁往來於湖北、湖南、江西等地，一方面觀察局勢，一方面躲避兵禍。康熙十六年（1677），船山終於返鄉，在原居地附近的石船山下，另築「湘西草堂」，潛心於莊子思想的研究。康熙十七年（1678），三藩已有兩藩降清，吳三桂見自己窮途末路，竟在衡陽上演稱帝的鬧劇，並請船山寫勸進表。船山十分不悅，嚴詞拒絕：「某本亡國遺臣，所欠一死耳，今汝亦安用此不祥之人哉！」隨後逃入深山。八月，吳三桂暴斃。越兩年，湖南各省陸續爲清軍收復，船山亦回到湘西草堂。

晚年的船山深居簡出，專心著述。從康熙十八年（1679）起，至三十一年（1692）逝世，他十餘年如一日，致力於學術研究，寫下許多傳世之作，如《思問錄》、《張子正蒙注》、《周易內傳》等，都是船山哲學思想的代表性作品。康熙二十六年（1687）船山六十九歲，撰《讀通鑑論》與《宋論》。垂暮之船山已遍歷鼎革之動盪，汲取於經典之圓融智慧，思想臻於精博深醇，二書是船山學落實於社會歷史之總結，可謂其晚年定論。在逝世前夕，他爲自己撰寫了簡潔的碑文：「抱劉越石之孤憤，而命無從致；希張橫渠之正學，而力不能企。幸全歸於茲丘，固銜恤於永世。」以東晉名將劉琨、北宋儒者張載爲效法目標，足見其志節。

船山一生廣泛涉及各種學術領域，完成一百餘種、四百多卷的著作。但由於清初政治上的忌諱，使他的著作難以刊行；加上船山長期隱居，門人不廣，種種因素都使他的學術思想無法廣泛傳播，不爲世人所知。直到晚清政治風氣鬆動，經由曾國藩協助刊刻《船山遺書》，才使他的成就日漸受到學界重視，民初學者章太炎、熊十力對船山學皆有極高評價，其深邃的見解，實有待吾人闡發顯揚、返本開新。

第二章　船山的心性工夫論

在宋明理學家當中，船山可說是一位綜合程朱與陸王，而又能建立獨特體系的思想家。〔註 1〕就常識性的理解來說，程朱的修養工夫側重「道問學」，通過知識學習促成道德實踐。陸王的修養工夫強調「尊德性」，強調人內在有實踐道德的強大動力，只要良知本心充分展現，便可成聖成賢。朱子《四書集注》自元代起被官方列爲科舉考試定本，成爲廣泛承認的權威。以王陽明爲代表的心學，則在明朝中葉以後，逐漸成爲主流。理學、心學兩派的得失，就成爲學術界爭論不休的話題，從南宋朱子與象山舉行鵝湖之會開始，到明末清初對心學的反省，聚訟達五百餘年之久。

以船山來說，相較於晚明的心學，船山是更肯定客觀知識的價值，對義理、詞章、考據等傳統文化的各方面，皆有所著述，合乎明末清初的「樸實」學風。船山本人亦曾直接表達過尊朱的態度，並且深斥陸王。但船山分析「心」的構造時，又表達了對程朱的不滿，而有近於王學之處。由於受到亡國的刺激，船山很強調儒學當中「用」的一面，致力於將儒家的道德原則，應用在個人修養與歷史社會的改造，而有實際效果。故在心性之學上，船山也對往昔理學家重視的一些重要觀念，如「格物致知」、「思」等，有個人的發明改

〔註 1〕此可參考曾昭旭先生〈論儒家工夫論的轉向——從王陽明到王船山〉一文。曾先生認爲：「在道德之體經過人懇切的致良知工夫而證立之後，理當進一步去問這道德之體當如何積極發用？朱子之學當在這一層次表現，而朱子既放錯了時代，這一層表現便只好待諸後人。而剋就晚明儒者而言，我覺得無論就氣質、思路、魄力及著述的龐大複雜來說都與朱子甚相似的就是王船山。」可見船山是能夠繼承朱子學與陽明學，而又能別開生面的。見曾昭旭：〈論儒家工夫論的轉向——從王陽明到王船山〉，《鵝湖》月刊第 197 期（1991 年 11 月），頁 1～7。

造；嘗試用這些工夫，將「尊德性」與「道問學」兩路統合起來，這可說是船山學的特色。船山在這方面的著作甚多，散見於《尙書引義》、《讀四書大全說》、《四書訓義》、《張子正蒙注》、《思問錄》、《經義》等書，而以《讀四書大全說》爲代表。《四書大全》爲明成祖敕命纂修，集宋元程朱一派儒者之說，船山即以此爲底本，就《四書》每一章節，以札記形式暢發對心性理氣等理學主要觀念的看法，並檢討宋明諸儒之說。

由於船山的歷史評論是建立在他的心性論之上，而他的心性論則是繼承宋明理學的傳統而來。故須先對船山心性論有概略把握，方能深入其史論之意蘊。如他嚴辨君子小人，首先必須把握儒家的道德原則，再由史書記載，細察歷史人物的行動，及行動背後的內在動機。最後將道德原則與人物動機相互對照，才能下綜合判斷。這些分析都要以船山的心性論爲基礎。由於現代學者對船山的心性論已有詳盡論析，本章不擬全面討論此問題，只以《讀四書大全說》爲主要文本，從船山折衷各家，而又能開啓歷史、政治實踐的工夫層面，略述船山之說。

第一節　船山的心性論

船山在論「心」時，將心分成認知心與道德心兩種。他很重視這兩種心的區別，對朱子太重認知心的傾向有所批評。船山基於對心的分析，對孟子的修養工夫有獨特的闡發。在疏解《孟子》時，對「心之官則思」一語多所引申發揮。在論「性」時，船山以之爲道德原理、道德法則，視人性爲不斷向前發展、完善的歷程。以下分別說明。

（一）心的覺知能力

> 孟子於此，昌言之曰「心之官則思」，今試於當體而反考之。知爲思乎，覺爲思乎，運動爲思乎？知而能知，覺而能覺，運動而能運動，待思而得乎，不待思而能乎？所知、所覺、所運動者，非兩相交而相引者乎？所知所覺、以運以動之情理，有不蔽於物而能後物以存、先物而有者乎？審此，則此之言心，非知覺運動之心可知已。〔註 2〕

船山特別重視孟子「心之官則思」一語，以「思」爲進入仁義之門的工夫。

〔註 2〕見〔明〕王夫之：《讀四書大全說》，收入《船山全書》第 6 冊（湖南：岳麓書社，2011 年新版），頁 1092。

船山對「思」做了嚴格界定，他認爲知覺運動雖也牽涉到心，但知覺運動須依靠外在經驗所賦予的材料，方能起知覺運動之作用，故只是機械反應而無創造性，這一類的心思並非船山所注重的。他重視的是「後物以存、先物而有」的心思，用現代術語來說即「先驗」者，方可稱爲「思」。此處可以清楚見到船山將「心」分爲先驗與經驗兩類。

> 今竟說此「思」字便是仁義之心，則固不能。然仁義自是性，天事也；思則是心官，人事也。天與人以仁義之心，只在心裏面。唯其有仁義之心，是以心有其思之能，不然，則但解知覺運動而已。此仁義爲本而生乎思也。〔註3〕

船山認爲「思」不可直接說是仁義之心，因仁義之心是「先物而有，後物以存」的先驗心體，「思」則是從仁義之心發出的一種能力。當然「思」的作用也是思仁思義，但體用仍需區分。如果將「思」與仁義之心等同，在實踐工夫上只要反求於心即可，便沒有將道德落實在具體情境的意義了。船山說仁義是天事，思是人事，這可以做如下理解：「思」是一種高級的推證能力，即是在生活中，能夠隨時思考、尋求面對各種人事物的應然之理。隨著實踐歷程的逐步伸展，關聯的人事物漸次擴大，對仁義之理的掌握也會更爲透徹且堅定，「思」的累積反過來就能潤澤自己的生命，而成就其德行。以下再看船山對「思」的論述：

> 乃心唯有其思，則仁義於此而得，而所得亦必仁義。蓋人飢思食，渴思飲，少思色，壯思鬭，老思得，未嘗不可謂之思，而思之不必得，乃不思而亦未嘗不得。其得不得之一因乎思者，唯仁義耳。此思爲本而發生乎仁義，亦但生仁義而不生其他也。蓋思因仁義之心而有，則必親其始而不與他爲應，故思則已遠乎非道而即仁義之門矣。是天之與我以思，即與我以仁義也。此從乎成性而言也。〔註4〕

船山又從「是否受外在條件決定」區分「思」與一般心理活動的不同，一般的心理活動如「飢思食，渴思飲」是生理本能，追求物質欲望的滿足，這當然也可說是一種「思」，但所「思」的物質條件，非皆是吾人主觀意志所能操控者。船山的「思」則不受外在條件決定，思則得之，不思則不得，只有「思仁義」，回到道德價值層面，方能不受條件限制。船山由「思仁義」反推思的

〔註3〕見〔明〕王夫之：《讀四書大全說》，收入《船山全書》第6冊，頁1093。
〔註4〕見〔明〕王夫之：《讀四書大全說》，收入《船山全書》第6冊，頁1093～1094。

本質就是仁義，思即是仁義之心所發，這應不悖於孟子之意，但兩人重點不同。孟子的工夫要點在於「求放心」〔註5〕；船山標舉「思」也表示他對儒學漸修工夫的這一面，是特別注重的。

（二）對朱子「以氣言心」的批評

由於船山在工夫途徑上是追求道德心與認知心的統貫，所以他一方面不滿意朱子的心論，另一方面對孟子的「求放心」也有較爲奇特的解釋：

> 必須説箇仁義之心，方是良心。蓋但言心，則不過此靈明物事，必其仁義而後爲良也。心之爲德，只是虛、靈、不昧，所以具眾理、應萬事者，大端只是無惡而能與善相應，然未能必其善也。須養其性以爲心之所存，方使仁義之理不失。〔註6〕

船山認爲「心」可區分爲兩種，一是仁義之心或良心，一是「靈明物事」。此處應是回應朱子的心論，船山肯定朱子以「明德」爲心、以心爲「人之所得乎天」等說法，但朱子以「虛靈不昧，具眾理、應萬事」來描述明德之心，便有將知覺運動與本心混淆的弊病，所以船山認爲一說到心，就應該嚴格界定其意涵。仁義之心是道德心，必定是善；靈明之心是經驗的、氣質的心，當其沈靜時多能合理，但並非一定合理，須賴「養性」（持守、存養心中之性理）方能常保清明。

（三）對孟子「求放心」與「孺子入井」的解釋

> 唯知此，則知所放所求之心，仁也；而求放心者，則以此靈明之心而求之也。仁爲人心，故即與靈明之心爲體；而既放以後，則仁去而靈明之心固存，則以此靈明之心而求吾所性之仁心。以本體言，雖不可竟析之爲二心，以效用言，則亦不可槩之爲一心也。〔註7〕

此段不易理解。船山將孟子的「求放心」解釋爲以一心（靈明之心、氣心）求另一心（仁義之心），這未必合乎孟子之意。孟子「求放心」是當下逆覺體證〔註8〕之意，在物欲汩沒處不安、不忍，而悚然回歸自己，是仁義之心本身

〔註 5〕《孟子・告子上》：「仁，人心也。義，人路也。舍其路而弗由，放其心而不知求，哀哉！人有雞犬放，則知求之，有放心，而不知求。學問之道無他，求其放心而已矣。」

〔註 6〕見〔明〕王夫之：《讀四書大全說》，收入《船山全書》第 6 冊，頁 1079。

〔註 7〕見〔明〕王夫之：《讀四書大全說》，收入《船山全書》第 6 冊，頁 1084。

〔註 8〕「逆覺體證」是牟宗三先生對孟子「求放心」及李延平、胡五峰修養工夫的詮釋，見牟宗三：《心體與性體》第三冊（台北：正中書局，1969 年），頁 338。

的警悟覺醒，並不是以一心求另一心。船山此處可能是回應朱子〈觀心說〉：「或問佛者有觀心說，然乎？曰：夫心者、人之所以主乎身者也，一而不二者也，爲主而不爲客者也，命物而不命于物者也。故以心觀物，則物之理得。今復有物以反觀乎心，則是此心之外復有一心而能管乎此心者也。然則所謂心者爲一耶？爲二耶？爲主耶？爲客耶？爲命物者耶？爲命于物者耶？此亦不待教而審其言之謬矣。」〔註 9〕朱子反對逆覺體證的工夫進路，因朱子的心偏重於認知義，是在主客對立、以主攝客的格局下，以心爲主、以物爲客。若反過來以心爲客，則又須設立一心爲主，而導致無窮後退。船山不贊成朱子只從知覺運動說心，認爲在知覺運動外，應另講良心、仁義之心，而有二心之分。但逆覺體證並不是由靈明之心去求仁義之心，靈明之心是氣質的、中性的，本身並無道德實踐的動力，若由靈明之心去求仁義之心，則靈明之心何以有此要求，便會成爲難題。逆覺體證實只是仁義之心自求自悟。船山以仁義之心爲體，靈明之心爲用，體用一源而不可截然二分，這是可以成立的，也是「理氣合一論」〔註 10〕的發揮。但其對「求放心」工夫的理解則不甚妥當。

孟子又曾經舉生活中的親切實例，說明仁義之心本身的警悟覺醒，即著名的孺子入井：「所以謂人皆有不忍人之心者，今人乍見孺子將入於井，皆有怵惕惻隱之心；非所以內交於孺子之父母也，非所以要譽於鄉黨朋友也，非惡其聲而然也。」〔註 11〕孟子舉此例是要證明人人皆有本心，本心之爲本心，即在其能排除現實條件、感性經驗的種種考量，而這樣的「不忍人之心」是每個人都可以親切體驗的，不時會在生活中呈露出來。關於此一事例，船山亦有所評述：

> 乃或疑乍見孺子將入於井而有惻隱之心，仁義亦因耳目之交物而生於心。則又不然。彼所言者，謂盡人而皆有，猶牿亡者之夜氣，天眞未泯，偶一見端。彼唯心失其官以從役於耳目，則天良雖動，亦必借彼以爲功，非有根也。若大人先立其大，則不忍人之心充實在中，而當其乍見孺子入井之時，亦必不與行道之人怵然一驚、惕然一懼者同矣。〔註 12〕

〔註 9〕見〔宋〕朱熹：《朱子文集》（台北：德富文教基金會，2000 年），卷 67。

〔註 10〕關於船山的「理氣合一論」，參見林安梧：《王船山人性史哲學之研究》（台北：東大圖書，1991 年再版）第 5 章第 2 節之論述。

〔註 11〕見《孟子・公孫丑上》。

〔註 12〕見〔明〕王夫之：《讀四書大全說》，收入《船山全書》第 6 冊，頁 1095。

> 夫乍見孺子入井之人，放其心而未知求者也。其怵惕、惻隱之憬然動者，心之寓於覺者也。或寓於知，或寓於覺，或寓於運動，則亦相依為體而不能離。如水入酒中而作酒味，則更不得舍水以求酒矣。故在良心已放、一端偶露者，不得不於知覺運動之心以為功。若夫仁義之本體存乎中，而與心官互相發生者，思則得之。大人「以洗心而退藏於密」，乃以善乎知覺而使從令；豈復恃此介然有知，欻然有覺，物示之而物警之，以成弋獲之能哉！〔註13〕

船山基本上同意孟子「乍見孺子將入於井而有惻隱之心」的提法，但其強調的重點與孟子不同，孟子強調的是「心之所同然」，人人皆有同一本心，可由此下手用功，並未嚴格區分行道之人與大人的差異。船山強調的是行道之人雖可呈露本心，但只是暫然一現。察知「孺子入井」這一外在情境的心並非本心，而是知覺運動之心，即認知心；但這並不是說仁義之心由認知心所決定，無論是否遭遇孺子入井之情境，本心都恆存於人之中，只是藉由「乍見孺子入井」這一特定機緣而呈露。常人整體生命並不純粹，容易受制於知覺運動而逐求外物，故船山有「水入酒中」之喻，水即良心，酒即知覺運動。船山認為孟子便是利用一般人偏重知覺運動的習性，特別設計「孺子入井」之情境指點一般人，藉此特定情境方能使昏昧之人警覺。至於大人先立其大，平日即在存養、擴充不忍人之心，使知覺之心皆如理而不走作，故未必要透過「孺子入井」的機緣，方能體證本心。船山與孟子的說法並不衝突，只是側重點不同，由此亦可看出船山對工夫歷程的重視。

（四）性日生而日成

> 天命者，豈但初生之頃命之哉……形日以養，氣日以滋，理日以成。方生而受之，一日生而一日受之……故天日命於人，而人日受命於天。故曰性者生也，日生而日成之也。
>
> 惟命之不窮也而靡常，故性屢移而易。抑惟理之本正也，而無固有之疵，故善來復而無難。未成可成，已成可革，性也者，豈一受成侀，不受損益也哉？〔註14〕

〈中庸〉說：「天命之謂性。」程朱理學主張「性即理」。船山認為，吾人稟

〔註13〕見〔明〕王夫之：《讀四書大全說》，收入《船山全書》第6冊，頁1096～1097。

〔註14〕見〔明〕王夫之：《尚書引義》，收入《船山全書》第2冊（湖南：岳麓書社，2011年新版），頁299～301。

受的天命之性，並不是形軀誕生後就固定的（豈但初生之頃命之哉），而是在日常生活中，上天隨時會昭示面對該情境的應然之理於人的本性（天日命於人，人日受命於天），人也每天從性中開發此理而實現出來，使性的內容逐步擴大、充實豐富（性者……日生而日成之）。程朱所講的「性即理」，是從超越的天理說人性；船山所講的人性，除了理以外還包含形氣（形日以養，氣日以滋，理日以成），是理氣合一的性，包含不變的理（理之本正也，而無固有之疵）與變化的命（命之不窮也而靡常，故性屢移而易）兩面。船山將人性視爲動態的、不斷在發展變化中的存在，性理亦只有落實在具體情境中才有意義，不能像程朱理學一樣，只講靜態的、與現實隔絕的性理。

第二節　船山的工夫論

本節擬就船山對〈大學〉的詮釋，探討船山對格物致知與知行問題的看法。〈大學〉有格物、致知、誠意、正心之教，揭示了人心的複雜作用。依牟宗三先生的說法，〈大學〉自身並無明確的義理方向〔註 15〕，故宋明理學家如朱子、陽明，皆可就自身對儒家工夫的看法，套用到對〈大學〉的解釋上。船山亦然，由船山對〈大學〉的解釋，可看出其義理型態的獨特處。大體說來，船山重視對道德原理的思考與應用，不從抽象的、孤立的角度來看道理，道理在具體的情境中如何展現，才是他關心的問題。把握住船山的這一獨特觀點，亦有助於吾人了解，他是如何看待政治實踐的。以下先從〈大學〉的「格物致知」談起：

（一）格物致知是對道德原理的思考、應用

> 是故孝者不學而知，不慮而能，慈者不學養子而後嫁，意不因知而知不因物，固矣。唯夫事親之道，有在經爲宜，在變爲權者，其或私意自用，則且如申生、匡章之陷於不孝，乃藉格物以推致其理，使無纖毫之疑似，而後可用其誠。此則格致相因，而致知在格物者，但謂此也。〔註 16〕

〔註 15〕牟先生說：「大學只是把實踐的綱領給你列出來，但是要如何實踐，實踐的那個領導原則是那個方向，大學裡面不清楚。」見牟宗三：《中國哲學十九講》（台北：學生書局，1983 年），頁 83。

〔註 16〕見〔明〕王夫之：《讀四書大全說》，收入《船山全書》第 6 冊，頁 405。

船山對「格物」的解釋有別於陽明。陽明說：「爲善去惡是格物。」〔註17〕「格者，正也。正其不正，以歸於正也。」〔註18〕「身之主宰便是心。心之所發便是意。意之本體便是知。意之所在便是物。如意在於事親，即事親便是一物。意在於事君，即事君便是一物……誠意之功，只是箇格物。」〔註19〕牟宗三先生以「行爲物」來解釋陽明所說的「物」，他說：「陽明在此所謂『物』是吾日常生活所牽連之種種行爲也，實即具體之種種生活相也。既是生活相或生活行爲，自必繫於吾之心意。吾之每一生活，每一行爲，吾自必對之負全部責任……吾之心正意誠，則吾之生活行爲自必一歸於正，而無有不正。」又說：「生活行爲對心而言，雖是客物……然既云生活行爲，則自與桌子椅子電子原子不同其義，是以雖客物而實在心律之主宰中，故曰心外無物也。」〔註20〕由陽明的語錄及牟先生的解釋，我們可了解陽明所說的「格物」是扣緊道德實踐來說的，陽明認爲「格物、致知、誠意、正心」實是同一工夫，即是使良知湧現，做爲吾人一切生命活動的主宰，在生活中做出合乎道德的行爲。

船山雖然也贊成人有「不學而知，不慮而能」，不必透過對外在事物的學習，就能夠自發湧現的良知存在，但其所強調的重點顯然不在此。〔註21〕他

〔註17〕見陳榮捷：《王陽明傳習錄詳註集評》（台北：學生書局，1998年修訂版），頁359。

〔註18〕見陳榮捷：《王陽明傳習錄詳註集評》，頁110。

〔註19〕見陳榮捷：《王陽明傳習錄詳註集評》，頁37。

〔註20〕見牟宗三：《從陸象山到劉蕺山》（台北：學生書局，2000年），頁245～246。

〔註21〕事實上船山對單提良知本心的陸王學派有極嚴厲的批評，他說：「貞邪相競而互爲畸勝，是以不百年而陸子靜之異說興，又二百年而王伯安之邪說熺，其以朱子格物、道問學之教爭貞勝者，猶水之勝火，一盈一虛而莫適有定。」認爲程朱、陸王各偏一端，而以橫渠爲正學：「張子之學，上承孔、孟之志，下救來茲之失，如皎日麗天，無幽不燭，聖人復起，未有能易焉者也。」見〔明〕王夫之：《張子正蒙注・序論》，收入《船山全書》第12冊（湖南：岳麓書社，2011年新版），頁11～12。船山對陽明的批評，主要在於良知教易流於空洞：「今闢異學之非，但奉格物以爲宗，則中材以下必溺焉以喪志，爲異學所非，而不能不爲之詘。若奉致知以爲入德之門，乃所以致其知者，非力行而自喻其惟艱，以求研幾而精義，則憑虛以索惝怳之覺悟；雖求異於異學，而逮乎行之齟齬，不相應以適用，則亦與異學均矣。」見〔明〕王夫之：《尚書引義》，收入《船山全書》第2冊，頁313。若依陽明原意，良知本身自有實踐的要求與動力，自不會如船山所說落於玄虛。船山或是由王學末流之「虛玄而蕩，情識而肆」，空口說良知而無眞切實踐工夫，反過來檢討陽明良知教的缺失。陽明雖不反對客觀知識的探求，但也沒有積極肯定知識在道德實踐當中的作用，這是船山所不滿的，也是船山重新詮釋格物致知的用心。

重視的是知識、思考在實踐歷程當中的作用，如事親雖出於良知，但如果不懂得審時度勢、守經行權，即使動機是善，所做的行為也可能夾雜私意或不夠周全完備（如申生〔註22〕）。故其對格物的解釋是從對道德原理的思考、應用上來說，是認知義，而非像陽明將格致誠正一併收攝到良知上來說。以下再看船山對「格物」與「致知」的區分。

（二）格物是「規矩」，致知是「巧」

> 天下之物無涯，吾之格之也有涯。吾之所知者有量，而及其致之也不復拘於量……必待格盡天下之物而後盡知萬事之理，既必不可得之數。是以〈補傳〉云「至於用力之久，而一旦豁然貫通焉」，初不云積其所格，而吾之知已無不至也。知至者，「吾心之全體大用無不明」也。則致知者，亦以求盡夫吾心之全體大用，而豈但於物求之哉？孟子曰：「梓匠輪輿，能與人規矩，不能使人巧。」規矩者物也，可格者也；巧者非物也，知也，不可格者也。巧固在規矩之中，故曰「致知在格物」；規矩之中無巧，則格物、致知亦自為二，而不可偏廢矣。
>
> 大抵格物之功，心官與耳目均用，學問為主，而思辨輔之，所思所辨者皆其所學問之事。致知之功則唯在心官，思辨為主，而學問輔之，所學問者乃以決其思辨之疑。「致知在格物」，以耳目資心之用而使有所循也，非耳目全操心之權而心可廢也。朱門諸子，唯不知此，反貽鵝湖之笑。乃有數字句、彙同異以為學，如朱氏公遷者。嗚呼！以此為致知，恐古人小學之所不暇，而況大學乎？〔註23〕

前文提到船山重視知識、思考的作用，這並不是泛指研究一切客觀事物，亦非科學之純粹求知，而是扣緊道德實踐來說，是思考在具體情境下，採取什麼樣的做法，才能更妥切、恰當地將道德表現出來，這是船山所重視的。既然涉及具體情境，亦可能附帶需要去學習、掌握一些與該情境有關的知識，如孝父之溫清定省、治國之用人理財等，但並不是要深入地考察這些知識。其所學習的知識，是以能「盡夫吾心之全體大用」做為判斷、取捨的標準，

〔註22〕申生為晉獻公長子，晉獻公寵信驪姬、聽信讒言，申生既不逃走也不辯白，依父命自盡身亡。這雖然是體諒父親心意，卻也可能陷父於不義，其做法有斟酌的空間。

〔註23〕見〔明〕王夫之：《讀四書大全說》，收入《船山全書》第6冊，頁405～406。

與此目標不相干者，則不一定要學習。船山認爲程朱後學是走入歧途，以鑽研章句訓詁爲重，不合儒家大人之學的本意。其中「格物」與「致知」雖都是思考、學習，但在船山又有所區別，格物層次較低，以耳目感官對事物的直接認知爲主，較接近宋明理學家所說的聞見之知。「致知」則更上一層，就格物所把握的知識進行思辨、考察，藉客觀知識的輔助來解決實踐的疑難。船山以孟子「規矩」與「巧」的比喻來解釋，認爲格物是「規矩」，即學習與道德實踐直接相關的知識，但這還不夠，即使有這些知識，也未必能遇事決疑，做出妥善、適切的判斷，故還要加上「巧」。「巧」應是指人的判斷力，能依具體狀況，選出適合此一情境的知識來加以運用，而這是無法學習的，有賴於人的靈悟。〔註 24〕反過來說，若無格物所得的經驗知識做基礎，也無法憑空致知。「格物」與「致知」在船山實是相依而相成。「格物」與「致知」皆是知，以下再看船山論「知」與「行」之間的關係。

（三）知行並進，相輔相成

蓋天下之事，固因豫立，而亦無先知完了方纔去行之理。使爾，無論事到身上，繇你從容去致知不得；便儘有暇日，揣摩得十餘年，及至用時，不相應者多矣。如爲子而必誠於孝，觸目警心，自有許多痛癢相關處，隨在宜加細察，亦硬靠著平日知道的定省溫凊樣子做不得。是故致知之功，非抹下行之之功於不試，而姑儲其知以爲誠正之用。是知中亦有行也。

〔註 24〕筆者這一詮釋是參考康德（Immanuel Kant）對「理論與實踐」問題的討論而來。康德說：「無論理論是如何完備，在理論與實踐之間仍然需要有一個中間環節，以聯結二者……因爲包含規則的知性概念必須再加上判斷力底一種活動，讓實踐者藉此分辨：某件事物是否爲這個規則之事例。再者，既然對於判斷力，我們無法始終再提供規律，使它在涵攝時有所依循（因爲這將是無窮無盡的），則可能會有些理論家，終其一生都決無法成爲實踐的，因爲他們缺乏判斷力。」見〈論俗語所謂：這在理論上可能是正確的，但不適於實踐〉一文，收入康德著，李明輝譯：《康德歷史哲學論文集》（台北：聯經，2002 年），頁 96。此亦如孟子對孔子的讚許：「伯夷，聖之清者也；伊尹，聖之任者也；柳下惠，聖之和者也；孔子，聖之時者也。孔子之謂集大成。集大成也者，金聲而玉振之也。金聲也者，始條理也；玉振之也者，終條理也。始條理者，智之事也；終條理者，聖之事也。智，譬則巧也；聖，譬則力也。由射於百步之外也；其至，爾力也；其中，非爾力也。」見《孟子・萬章下》。伯夷、伊尹、柳下惠、孔子皆是聖人，所行皆善，但孔子卻是集大成，原因就在於孔子「聖且智」，對於各種狀況皆能有靈活恰當的判斷，而不偏於一端。

> 知此，則誠意以下亦有知之之功，亦可知矣。如意纔起處，其爲善爲惡之分界有顯然易別者，夙昔所致之知可見其效，而無待於更審矣。其疑善疑惡，因事幾以決，亦有非夙昔之可豫知者。則方愼之際，其加警省而爲分別也，亦必用知。
>
> 大要致知上總煞分明，亦只是大端顯現；研幾審理，終其身而無可輟也。倘云如白日麗天，更無勞其再用照燭，此聖神功化極致之所未逮，而況於學者？而方格致之始，固事在求知，亦終不似俗儒之記誦講解以爲格物，異端之面壁觀心以爲致知，乃判然置行於他日，而姑少待之也。〔註 25〕

宋明理學的兩大家——朱子與陽明，對知行問題各有其看法。朱子主張「知先行後」，《朱子語類》卷九記載：「王子充問：某在湖南見一先生只教人踐履。曰：義理不明，如何踐履？曰：他說行得，便見得。曰：如人行路，不見，便如何行？今人多教人踐履，皆是自立標致去教人……若講得道理明時，自是事親不得不孝，事兄不得不弟，交朋友不得不信。」可見朱子將知識的學習視爲道德實踐的先決條件。陽明主張「知行合一」，他說：「就如稱某人知孝，某人知弟。必是其人已曾行孝行弟，方可稱他知孝知弟。不成只是曉得說些孝弟的話，便可稱爲知孝弟……知行如何分得開？此便是知行的本體，不曾有私意隔斷的。」「某嘗說知是行的主意。行是知的功夫。知是行之始。行是知之成。」〔註 26〕可見陽明對「知」的解釋與朱子不同，陽明的「知」是良知義，良知自有實踐的要求與動力，在良知呈現時，一定會有道德行爲出現，故知理之知，與踐履之行，實是同一本體的不同表現。

船山對「知」的解釋較近朱子〔註 27〕，是認知、學習義，但又有個人的

〔註 25〕見〔明〕王夫之：《讀四書大全說》，收入《船山全書》第 6 冊，頁 411～412。

〔註 26〕見陳榮捷：《王陽明傳習錄詳註集評》，頁 33。

〔註 27〕學者對船山的「知」或有不同看法。曾昭旭先生將船山的格物致知分三步，「第二步爲致知，此實即同於陽明之致良知」，依此則船山之「知」即等於良知，非認知義。見曾昭旭：《王船山哲學》（台北：里仁書局，2008 年），頁 170～174。許冠三將船山的知分爲「身體力行之知」與「心之所喻之知」，前者指親身體驗之知，後者又分兩類，一是直接經驗之知，另一類是德性之知。如「孝者不學而知，不慮而能；慈者不學養子而後嫁」，在船山看來，此等「意不因知而知不因物」之知，俱爲心喻之知。又如，「吾心一念之非幾，但有愧於屋漏，則即與蹠爲徒」之「觸心警覺」，亦是心喻之知。籠統地說，一切不假聞見、不因於物而「自喻」之德性知，均爲「心喻之知」。依船山之見，德性之知不只是可知可喻的，而且是必然自知自喻的。惟心喻之知並不必然爲

引申發揮。他認爲格物致知是知，誠意正心是行，知行各自獨立，但又有密不可分的關連。故在船山，知行實是交互影響、交互滲透而相輔相成的。船山認爲「知先行後」會有使人只重求知、死讀書的流弊〔註 28〕，一來延誤了道德實踐，二來實踐時面臨的情境千變萬化，須靠臨機應變，視實際需要去探求相關知識做爲補充，無法預先設想察知。故船山認爲格物致知是「知中有行」，「知」必須放在道德實踐（行）的歷程當中才有意義。誠意正心雖是實踐（行），但在誠意正心時，仍要以過去學習的仁義道德之理做根據，去判斷意志選擇的行動方向是否爲純善〔註 29〕；有善惡難辨、模擬兩可處，則需依靠對當下情境的知識來判定。這些都需要精察事理的工夫（知），故船山認爲「行必用知」。

船山這種道德實踐與客觀知識並重的態度，使他在評論歷史時，不只注意人物善惡，更進一步去探索政府組織、法律、經濟、軍事等制度層面的問題，考察其優劣得失，做爲道德實踐的憑藉。對歷史上有道德操守，卻因爲欠缺權變，而爲姦邪所害的人物，船山除深致同情與惋惜之外，更常結合該人物所處的情境，在史論中提出更妥切的建議，俾使善心善行在現實上能有好的結果。這也是船山「格物致知」、「知行並進」與「思」等工夫的發揮，而具圓融通透之智慧者。

德性之知，亦可指喻因邏輯理性或直覺而有之知。見許冠三：《王船山的致知論》（香港：香港中文大學出版社，1981 年），頁 29～30。筆者認爲，由船山特別提出「不學而知，不慮而能」來看，船山對「知」的解釋固然包含陽明的良知義，但引文所述隨時細察溫凊定省之知，則明顯是認知義。故許冠三的解釋可能較爲完備。

〔註 28〕朱子本人亦已想到這一點：「但以爲必知之至，然後所以治己治人者始有以盡其道耳。若曰必俟知至而後可行，則夫事親從兄，承上接下，乃人生之所不能一日廢者，豈可謂吾知未至，而暫輟以俟其至而後行哉？」見〔宋〕朱熹：〈答吳晦叔第九〉，收入《朱子文集》，卷 42。但順朱子「知先行後」之教發展，亦容易發生誤解而有專務知識之弊，是以船山不主張「知先行後」，而強調將求知放在實踐歷程中來進行。

〔註 29〕此可參考曾昭旭先生的解釋，曾先生說：「人則以亦屬有限之存在故，而不免有間斷，有留滯……故際此之時，必賴豫儲之定理以助人之善應，庶不致失其幾也。而此所預擇之理，自然是在心正意誠，應物而善之時所凝定者，故即是善理善道，而可爲後日之指導。」見曾昭旭：《王船山哲學》，頁 480～481。此處的「知」並非泛指對外物的客觀知識，而是專就仁義道德之理來說的。

第三章　船山的歷史哲學

歷史是人類整體活動的紀錄，包含政治、宗教、民族、文化等各面向。由於政治是歷史的一部分，船山對政治問題的探討，也多寄託在他對往昔史事的評論當中；故在進入船山政治思想前，需要先了解他對歷史的看法。如同西哲康德所指出的，歷史哲學的核心問題在於理想與現實的衝突：「當我們見到人在世界底大舞台上的所作所爲，又儘管在個人身上有偶而閃現的智慧，但我們終究發現：在大體上，這一切均由愚蠢、幼稚的虛榮，甚至往往由幼稚的惡意和毀滅欲交織而成之時，我們禁不住會有某種不滿。在此，我們終究不明白：對於我們這個如此以其優越性自負的種屬，我們該形成怎樣的一個概念。」〔註1〕

船山之前的儒者，雖然對歷史也有許多論述，但他們往往侷限於自身的學術立場，不能很好地解決這一核心問題。如理學家多重視「道德判斷」，以道德上的善惡衡量一切，未能肯定英雄人物的事功在歷史發展上的價值。史學家、政治家又往往只重視「歷史判斷」，唯功利實用是視。南宋的朱子與陳亮，便曾經就「漢唐是天理或人欲」的問題，展開激烈辯論。朱子認爲：「然自孟子既沒，而世不復知有此學，一時英雄豪傑之士，或以資質之美、計慮之精，一言一行偶合於道者，蓋亦有之，而其所以爲之田地根本者，則固未免乎利欲之私也。」〔註2〕認爲以堯舜爲象徵的三代之治，才是純正的儒學；

〔註1〕見康德（Immanuel Kant）著，李明輝譯：《康德歷史哲學論文集》（台北：聯經，2002年），頁5～6。

〔註2〕見〔宋〕朱熹：〈答陳同甫書〉第八，收入《朱子文集》（台北：德富文教基金會，2000年），卷36。

漢唐君主雖有功業，但從動機上說，仍是爲自己的利益著想，只能算是人欲。陳亮認爲：「謂三代專以天理行，漢唐專以人慾行，其間有與天理暗合者，是以亦能久長。信斯言也，千五百年之間，天地亦是架漏過時，而人心亦是牽補度日，萬物何以阜藩，而道何以常存乎？」〔註3〕站在英雄才氣的立場，肯定漢唐的貢獻。〔註4〕船山在歷史哲學上的貢獻，便是將這兩種針鋒相對的觀點綜合起來，一方面肯定天理的優先性，一方面又指出天理在歷史中的表現是曲折的、間接的，須結合時勢觀之，而不像個人的善惡抉擇那樣簡易直截。以下試觀船山之說。

第一節　理勢不二的歷史觀

如前所述，船山在分析歷史時，是採取道德與時勢並重的態度，而以「理」與「勢」爲核心觀念。這一對觀念又是出自他對《周易》的詮釋，在《周易內傳》當中，船山主張「道」與「器」爲世界的兩大構成原理，兩者不能絕對割裂：

> 形而上者，當其未形，而隱然有不可踰之天則……乃至父子之有孝慈，君臣之有忠禮，皆隱於形之中而不顯。二者則所謂當然之道也。形而上者也。形而下即形之已成乎物，而可見可循者也。形而上之道，隱矣，乃必有其形，而後前乎所以成之者之良能著，後乎所以用之者之功效定，故謂之形而上而不離乎形。道與器不相離。〔註5〕

《周易・繫辭上傳》：「形而上者謂之道，形而下者謂之器。」連接「道」與「器」的關鍵點是「形著」——具體化、落實化的過程。「道」是「當然之道」、「不可踰之天則」，包括父慈子孝、君禮臣忠等，是普遍的道德律。但何時該慈、何時該孝？答案取決於我們面對的具體情境、特定的人事物。如果我們只關注形而上的道，就無法恰當地將這些道德律套用在生活中；反過來說，如果我們只關注形而下的器，「道」就無法顯現，行爲也失去可遵循的價值標

〔註3〕見〔宋〕陳亮：〈甲辰答朱元晦秘書熹書〉，收入《宋元學案・龍川學案》，卷56。

〔註4〕關於「道德判斷」與「歷史判斷」，及朱子與陳亮的論辯，牟宗三先生在《政道與治道》第十章有詳盡之論述。見牟宗三：《政道與治道》，收入《牟宗三先生全集》第10冊（台北：聯經，2003年），頁245～295。

〔註5〕見〔明〕王夫之：《周易內傳》，收入《船山全書》第1冊（湖南：岳麓書社，2011年新版），頁568。

準。兩者缺一不可。

雖然前述理論是船山對世界整體的理解，但他詮釋歷史也是採取相同模式。「理」或「貞一之理」相當於「道」的層次，「勢」或「相乘之幾」相當於「器」的層次，兩者合稱為「天」。「幾」包含一動一靜、往復循環之勢，如下所示：

> 吉凶之消長在天，動靜之得失在人。天者人之所可待，而人者天之所必應也。物長而窮則必消，人靜而審則可動。故天常有遞消遞長之機，以平天下之險阻，而恒苦人之不相待。智者知天之消長以為動靜，而恒苦於躁者之不測其中之所持。若文帝者，可與知時矣。可與知時，殆乎知天矣。知天者，知天之幾也。夫天有貞一之理焉，有相乘之幾焉。知天之理者，善動以化物；知天之幾者，居靜以不傷物，而物亦不能傷之。以理司化者，君子之德也；以幾遠害者，黃、老之道也；降此無道矣。〔註6〕

這一段引文是船山對漢文帝的讚美。雖然吳王濞等諸侯不聽朝廷號令，文帝卻仍然保持鎮靜，待其自然消亡。這裡我們可以發現船山相信歷史的進程是循環的（遞消遞長之機），強盛的勢力（如吳王濞）會削弱，弱小的勢力（如朝廷）會增強，沒有永遠強大或弱小的勢力。但這種強弱轉換，是在長時間內逐漸完成的，如果不了解歷史的進程，而去強力扭轉情勢的話，就會產生負面後果。船山認為人應該像文帝「知天之理」一樣，即相信自然與人事都依循消長循環的規律〔註7〕；「知天之幾」，即清楚掌握現在的情勢是處於循環當中的哪一階段。如果能做到這兩點，人就能順應天理而採取適當的行動，獲得好的結果。

船山的理論蘊含兩個問題：一是這種「消長循環」是否只是自然規律，抑或隱含某種價值判斷？二是人如何能掌握歷史的進程，知道自身所處的階段？就第一個問題來說，船山認為是隱含某種價值判斷。首先，這價值判斷

〔註6〕見〔明〕王夫之：《讀通鑑論》「漢文帝」第23則，收入《船山全書》第10冊（湖南：岳麓書社，2011年新版），頁117。

〔註7〕此說似乎有「歷史命定論」的意味，忽略了個人在歷史中的積極創造性。其實這只是船山解釋歷史的眾多方式之一。如同康德所云：「歷史仍可使人期望：當它在大體上考察人類意志底自由之活動時，它能發現這種自由底一個有規則的進程。」康德對歷史規律的描述，並不與他對意志自由的堅持相衝突，因為前者是從群體演進的角度來看，後者是從個人選擇的角度來看。見康德著，李明輝譯：《康德歷史哲學論文集》，頁5。

可從所歸屬的團體看出：

天下之生，一治一亂，帝王之興，以治相繼，奚必手相授受哉！道相承也。若其亂也，則天下無君，而治者原不繼亂。……德足以君天下，功足以安黎民，統一六宇，治安百年，復有賢子孫相繼以飾治，興禮樂，敷教化，存人道，遠禽獸，大造於天人者不可忘，則與天下尊之，而合乎人心之大順。唐欲法古帝王之德意，崇三恪之封，自應以商、周、漢爲帝王相承而治之緒，是不易之大義，不誣之顯道也。〔註8〕

宇文氏、鮮卑之運已窮，天乃默移之而授之楊氏，以進李氏而主中國。故楊氏之篡，君子不得謂之賊，於宇文氏則逆，於中國則順；非楊氏之能以中國爲心，而天下之戴楊氏以一天下也，天地之心默移之也。〔註9〕

船山所認識的天道、天理，不只是自然律或物理機制，而是染上了強烈的善惡色彩。船山認爲某些政治集團（如小人、盜匪、夷狄、異端、外戚）是邪惡的，他們掌權象徵天道之「消」；相反地，另一批政治集團（如君子、朝廷、華夏、儒家、皇室）是正義的，他們居於上位，象徵天道之「長」。雖然這兩大集團都無法永保優勢，但爲了維護政治上的正當秩序，做了某些邪惡之事（如篡位）的人或團體也不必受譴責，因爲他們的行動合乎更高的道德。雖然歷史上代表正義的集團是由不同家族所組成，如漢、唐、宋等，但他們都有崇高的道德與偉大的功績，在舉行重大儀式的時候，應忽略邪惡集團的存在，只要紀念這些偉大家族即可。以現代眼光觀之，即使我們肯定「聖君賢相」的理想，也承認漢、唐、宋等朝代的創始人的確有過人的長處，但那不等於皇室或效忠皇室之人就自動成爲正義之士。船山「尊君」的立場仍有可商榷處。除了維持既定的政治秩序之外，船山還提出了更深一層的道德判斷標準，此說出自《尚書》：

君子之所貴於智者，自知也、知人也、知天也，至於知天而難矣。然而非知天則不足以知人，非知人則不足以自知。「天聰明，自我民聰明；天明威，自我民明威」；即民之聰明明威而見天之違順，則秉天以治人，人之可從可違者審矣。故曰非知天則不足以知人。〔註10〕

〔註8〕見〔明〕王夫之：《讀通鑑論》「唐玄宗」第19則，頁853～854。
〔註9〕見〔明〕王夫之：《讀通鑑論》「晉成帝」第10則，頁483。
〔註10〕見〔明〕王夫之：《讀通鑑論》「晉安帝」第18則，頁540。

成敗之數，亦曉然易見矣，而苟非間世之英傑，無能見者，氣燄之相取相軋有以蕩人之心神，使之回惑也。天下不可易者，理也；因乎時而爲一動一靜之勢者，幾也。〔註 11〕

天理呈現於人心，愚夫愚婦、一般老百姓的選擇判斷，就是天道的展現。這不是要人盲從世俗，事實上船山也知道世俗的評價常有搖擺不定或不合理之處〔註 12〕，但在俗見的背後，船山相信還有普遍的善存在於每個人心中，足以做爲價值判斷的依據。即使「民之聰明」有時會受到污染，但大體來說是可靠的。所以要知道「貞一之理」並不困難，更進一步是要掌握「相乘之幾」，這就是前述的第二個問題。船山認爲「勢」、「幾」或「成敗之數」也是曉然易見、清楚明白的，但當局者迷，旁觀者清，當事人常受到情緒、欲望的影響，對現實有扭曲或錯誤的認知，而採取錯誤的行動。透過道德修養，去除情緒、欲望的干擾，就可以更客觀、正確地了解局勢，知道自己在歷史上所處的地位。能以天理民彝爲標準，並且結合審時度勢的智慧，才能在歷史中有適宜的道德實踐。

第二節　道德判斷與歷史判斷的兼擇

由船山對「理」與「勢」的分析，可進而討論歷史當中，君王或英雄人物的私欲、大欲，與儒學所提倡的道德原則如何協調的問題。對此船山提出了「天假其私以行其大公」這一著名的觀念，而有近於西哲黑格爾「理性的狡猾」之說。〔註 13〕「天假其私以行其大公」的含意爲：歷史上許多事件的

〔註 11〕見〔明〕王夫之：《讀通鑑論》「晉安帝」第 7 則，頁 527。

〔註 12〕船山說：「流俗之相沿也，習非爲是，雖覆載不容之惡而視之若常，非秉明赫之威以正之，則惡不知懲。善亦猶是也，流俗之所非，而大美存焉；事迹之所閡，而天良在焉；非秉日月之明以顯之，則善不加勸。」見〔明〕王夫之：《讀通鑑論》「敘論二」，頁 1178。

〔註 13〕牟宗三先生認爲船山的思想路數與黑格爾甚爲相近：「他（船山）不是好的哲學家，但與黑格爾一樣，同是好的歷史哲學家。其具體解悟力特別強，故其論歷史，亦古今無兩。他那綜合的心量，貫通的智慧，心性理氣才情一起表現的思路，落在歷史上，正好用得著。因爲人之踐履而爲歷史，也是心，也是性，也是理，也是氣，也是才，也是情，一起俱在歷史發展中釐然呈現，而吾人亦藉此鑒別出何爲是，何爲非，何爲善，何爲惡，何爲正，何爲邪，何爲曲，何爲直，何爲上升，何爲下降。故其豐富的思想，在純義理上不甚顯眉目，而一落在具體的歷史上，則分際釐然劃清，條理整然不濫，立場卓然不移……然他決不是歷史主義，現象主義。乃確見到創造歷史之本原，據

前因後果，往往與當事人的意圖相反，是當事人預先料想不到的。即使當事人的動機是爲了滿足私欲，做了道德上的邪惡之事，但日後卻詭譎地獲得正面的結果。即使動機不純粹，但仍可能有好的結果。此觀念可溯源至孔子，齊桓公、管仲雖行其私，但其結果卻對保存中原文化有其貢獻，故孔子仍許管仲以仁。以下就舉船山史論中最具代表性的一段——秦始皇爲例：

（一）天假其私以行其大公

> 古者諸侯世國，而後大夫緣之以世官，勢所必濫也。士之子恆爲士，農之子恆爲農，而天之生才也無擇，則士有頑而農有秀；秀不能終屈於頑，而相乘以興，又勢所必激也。封建毀而選舉行，守令席諸侯之權，刺史牧督司方伯之任，雖有元德顯功，而無所庇其不令之子孫。勢相激而理隨以易，意者其天乎！……選舉之不愼而守令殘民，世德之不終而諸侯亂紀，兩俱有害，而民於守令之貪殘，有所藉於黜陟以蘇其困。故秦、漢以降，天子孤立無輔，祚不永于商、周；而若東遷以後，交兵毒民，異政殊俗，橫斂繁刑，艾削其民，迄之數百年而不息者亦革焉，則後世生民之禍亦輕矣。郡縣者，非天子之利也，國祚所以不長也；而爲天下計，則害不如封建之滋也多矣。嗚呼！秦以私天下之心而罷侯置守，而天假其私以行其大公，存乎神者之不測，有如是夫！〔註 14〕

秦始皇廢除封建、改行郡縣的動機，本來是加強中央集權，希望永遠將權力牢牢掌握在自家手上，避免重蹈東周分崩離析的覆轍。雖然秦朝統治中國十五年就宣告滅亡，郡縣制卻延續了兩千多年。由於郡縣制出自崇尚法家思想的秦朝，有些儒者認爲夏、商、周三代的封建制度才代表儒家精神，主張復古。〔註 15〕船山則有不同的看法，他強調面對現實，試圖找出郡縣制的合理

經以通變，會變以歸經。」見牟宗三：〈王船山與黑格爾〉一文，收入《生命的學問》（台北：三民書局，2004 年）第 16 章。林安梧先生說：「(船山) 這種歷史辯證的詭譎，頗似 Hegal 所謂的 “Cunning of Reason”。船山論秦始皇之廢封建行郡縣，正是『天假其私以行其大公』，而此正如 Hegal 之認爲凱撒之英雄式的情欲生命正爲絕對精神（理性）的開展服務了。」見林安梧：《王船山人性史哲學之研究》（台北：東大圖書，1991 年再版），頁 123。

〔註 14〕見〔明〕王夫之：《讀通鑑論》「秦始皇」第 1 則，頁 67～68。

〔註 15〕如南宋胡宏（五峰先生）在《知言》一書中說：「黃帝、堯、舜安天下，非封建一事也，然封建其大法也。……秦二世而亡，非一事也，然掃滅封建，其大繆也。故封建也者，帝王所以順天理，承天心，公天下之大端大本也；不

性，來為郡縣制辯護：封建制度下官員的選拔取決於家族、血緣而終身不變，但家族、血緣未必等同於個人才幹。有才幹但缺少家族背景的人，會對體制不滿並起而顛覆，可見封建難以持久。郡縣制下可依照個人才幹來選拔官員，人人都有發揮才能、為國效力的機會，對人民更有利。即使官員仍有可能腐化，但國家可藉由客觀、和平、理性的制度來篩選、淘汰官員，無須像春秋戰國時代那樣，依靠赤裸裸的流血鬥爭。

船山的看法蘊含兩項基本原則：一是道德與制度須分別觀之。從個人道德的觀點來看，封建的崩潰及郡縣的建立，固然是源自諸侯間的鬥爭與秦始皇的私心欲望；但從制度演進的觀點看，新制度才是更合理的。我們不能完全依照創始人的品德來判斷制度優劣。以往的理學家（如朱子）多從君王的內心動機是否純正，臧否其行事（道德判斷）；船山則能夠從歷史發展的角度，肯定秦制的合理性，看出秦始皇在歷史上的價值（歷史判斷），這是船山進於前人之處。

二是人往往無法預料他的行動在歷史上會產生什麼結果。即使像秦始皇這類雄才大略的君主，也設想不到郡縣制對王朝的鞏固有害無益。可見人對整體歷史的了解是極其有限的，在人力所不及之處，船山即以「天」稱之。這想法近於康德對歷史的詮釋，康德於〈在世界公民底觀點下的普遍歷史之理念〉一文，列舉人類歷史發展的九大定律，其中第四定律為「自然為促成全部自然稟賦之發展所使用的手段是這些稟賦在社會中的對抗，但係就這種對抗最後成為一種合乎法則的社會秩序之原因而言」。〔註16〕康德所說的「自然」相當於船山的「天」。基於道德立場，我們確實應該譴責人類的貪婪、欲望帶來的種種災禍；但這些災禍卻也使人類更加警惕，致力創造更良善的社會秩序。失敗、錯誤、罪惡也是人類必經的過程，是天意的曲折展現。故在評論歷史時，一方面要秉持人性當中的道德良知，反對歷史上的種種罪行；另一方面也要留意前因後果，將人物的行動放在歷史總體的發展歷程來看，良善的社會是在一步步的錯誤、罪惡當中逐漸實現。具備這兩種觀點，對歷

封建也者，霸世暴王所以縱人欲，悖大道，私一身之大孽大賊也。」他認為封建制有培育地方優秀子弟的效果，皇帝及貴族也不像郡縣制一樣，一旦被推翻就被屠殺殆盡，可見封建制更能長治久安。相關討論可見楊祖漢：〈胡五峰之體用論與朱子「中和舊說」的關係〉，收入《含章光化——戴璉璋先生七秩哲誕論文集》（台北：里仁書局，2002年12月），頁21～58。

〔註16〕見康德著，李明輝譯：《康德歷史哲學論文集》，頁9。

史的了解才完整、全面。

（二）「大德者必受命」的合理性

船山除了從歷史發展的角度，對人類的錯誤與罪惡有同情的理解之外；對於個人道德與命運的關連，他也有獨特的看法。即使是像秦始皇這樣的獨裁者，所作所爲也還是有其價值；如果是一般人甚至聖君賢相，行爲的價值自然更大。這價值可從兩方面來說，一是道德上的，行爲是出自良善的動機，故行爲本身就有其內在價值；二是事功上的，行爲能發揮影響外在世界的實效，而在結果上獲得幸福。雖然這兩種價值不一定同時存在於行爲者身上（如顏回不幸短命而死），但船山認爲就整體狀況來說，天道「福善禍淫」是不變的律則，而他也在史論中舉了大量實例，證明道德與事功密不可分。乍看之下，船山之說近於佛教的因果報應，其實不然。船山本人即曾批評佛教的「陰德」之說：

1. 對「陰德」說的批評

> 善者非以賞故善也，王者以賞勸善，志士蒙其賞而猶恥之。小人則懷賞以飾善，而僞滋生，而賞滋濫。乃流俗復有陰德之說，謂可勸天下以善，而挾善以求福於鬼神，俗之偷也，不可救藥矣。〔註17〕

船山認爲雖然從制度面來說，獎勵行善者有助於提升社會風氣，但從行善者本人來說，行善的動機不是獲取利益，而是義所當爲、完成該做的事。如果行善的動機是爲了獲取利益，如佛教「陰德」之說是祈求福報或解脫，在船山看來便屬僞善。船山強調「行善得福，爲惡有禍」不是要人爲了趨利避害而行善，爲了利害而行善，這種行爲本身就是一種惡，故必定會導致災禍，違背原先的期望。船山之意應是要人依純粹的道德動機而行，不預先期望報酬，但按照天道本身的規律，自然有報酬降臨。佛教因果報應帶有「前世今生」的神秘色彩，船山則只從現世的個人及家族遭遇著眼，對「行善得福，爲惡有禍」做理性的解釋。他認爲「行善得福，爲惡有禍」原因在於眞誠的道德實踐本身就有感動人心的力量，使別人心悅誠服而自願配合，故能全身遠禍或建功立業。如下所云：

2. 依理而行可化解禍害

> 揚雄曰：「鴻飛冥冥，弋者何篡焉？」雄未能踐其言也，若其言，則

〔註17〕見〔明〕王夫之：《讀通鑑論》「漢武帝」第26則，頁148。

固可深長思也。冥冥者時也，飛者道也；鴻以飛爲道，不待冥始飛也，而所以處冥者得矣。弋者之不篡，非有篡之之心，限於冥而罷其機牙也。苟有可篡，則於冥而篡之也滋甚。唯使弋者忘其篡之情，而後鴻以安於雲逵，其以銷弋者之情已久矣。〔註18〕

以道宅心者，天下所不能測也。兵凶戰危，以死爲道者也。以死爲道，然後審乎所以處死之道；審乎所以處死之道，然後能取威制勝，保國全民，不戰而屈人之道咸裕於中而得其理。由其功之已成，觀其所以成功，若有天幸；乃其決計必行之際，甚凶甚危，而泰然不疑，若不曙於禍福生死以儌幸，皆人之所不測也。不測之，則疑其智之度越而善操利鈍之樞，夫豈然哉？知死爲其道，而處之也不惑耳。〔註19〕

第一段引文是船山稱讚何胤、何點守恆安道，受到王弄璋、蕭暢的支持，不爲亂君賊臣所害。船山借用揚雄的「鴻飛冥冥，弋者何篡」一語，以「鴻」比喻有道之士，「弋者」則是外在的災禍。船山認爲身處昏亂之世，最好的方式不是預先揣測弋者之情，而是一切如常，不刺激亂人。鴻不因昏暗而罷飛，常道不因亂世而止息，能夠持守正道，便可贏得眾人尊重，關鍵時刻自然有人挺身護衛，化解殺機於無形；但又非爲求避禍才行善，而是無論世局或個人遭遇爲何，皆應直道而行。

第二段引文是稱讚郭子儀隻身前往敵營談判，令回紇退兵的壯舉。船山認爲子儀是抱持著必死的決心，並未計較個人的生死禍福，而只考慮如何死得其正、死得其宜。正因爲如此，才能發揮道德力量而令回紇折服。非如一般人所想的，子儀事先有預測未來的高明智慧。後文舉出的唐高祖、宋太祖等，亦多有謙讓、寬厚之德，所行能順乎天理、應乎人心，使百姓受其感召而心悅誠服，故能開創一代盛世。在此要特別說明的是：無論是子儀或後文提到的君主，他們的「德」不是狹義的道德，不是說他們的內在動機十分純粹。如司馬氏的寬大，便有收買人心之意。他們不是像理學家那樣，自覺地做道德實踐工夫，而可能是朱子說的「暗合」。但這不妨礙船山說他們有德，因爲他們的德是從「能配合時勢而做出合宜的判斷」、「能滿足人心的要求」、「符合客觀之理」來說的。這樣的德不僅會有福報，且船山更相信「福的大

〔註18〕見〔明〕王夫之：《讀通鑑論》「齊東昏侯」第1則，頁618～619。

〔註19〕見〔明〕王夫之：《讀通鑑論》「唐代宗」第7則，頁887～888。

小與德的高低一致」是不變的法則。上至君王，下至士人、百姓，他們的行動在歷史上會產生什麼樣的後果，皆在這一定律的支配之下。因此船山強調人應該主動學習、掌握這定律，對這法則有充分的了解，以之作爲行動依據。如他著名的「君相可以造命」說：

3. **君相可以造命**

君相可以造命，鄴侯之言大矣！進君相而與天爭權，異乎古之言俟命者矣。乃唯能造命者，而後可以俟命，能受命者，而後可以造命，推致其極，又豈徒君相爲然哉！

天之命，有理而無心者也。有人於此而壽矣，有人於此而夭矣，天何所須其人之久存而壽之？何所患其人之妨己而夭之？其或壽或夭不可知者，所謂命也。而非天必欲壽之，必欲夭之，屑屑然以至高大明之眞宰與人爭蟪蛄之春秋也。生有生之理，死有死之理，治有治之理，亂有亂之理，存有存之理，亡有亡之理。天者，理也；其命，理之流行者也。寒而病，暑而病，飢而病，飽而病，違生之理，淺者以病，深者以死，人不自知，而自取之，而自昧之，見爲不可知，信爲莫之致，而束手以待之，曰天之命也，是誠天命之也。理不可違，與天之殺相當，與天之生相背，自然其不可移矣，天何心哉？

夫國家之治亂存亡，亦如此而已矣。而君相之權藉大，故治亂存亡之數亦大，實則與士庶之窮通生死、其量適止於是者，一也。舉而委之於天，若天之有私焉，若天之纖細而爲蟪蛄爭春秋焉。嗚呼！何其不自揣度，而謂天之有意於己也！故鄴侯之言非大也，非與天爭權，自知其藐然不足以當天之喜怒，而天固無喜怒，惟循理以畏天，則命在己矣。

雖然，其言有病，唯君相可以造命，豈非君相而無與於命乎？修身以俟命，愼動以永命，一介之士，莫不有造焉。禍福之大小，則視乎權藉之重輕而已矣。〔註20〕

「君相可以造命」原爲中唐名相李泌所提出的觀念，船山做了進一步發揮，深入建構此觀念的理論基礎。船山溯及「命」的來源爲「天」，由「受命」至「造命」至「俟命」層層推進。除了被動接受命運（俟命），更強調人的主動參與，以扭轉或改造命運（造命）。但造命也不是憑一己氣性之盲動，

〔註20〕見〔明〕王夫之：《讀通鑑論》「唐德宗」第30則，頁936～937。

而必須有所承、有所受，建立在對天理有正確體認的基礎上（受命）。船山以機械的自然法則來做比喻，認爲天所展示的道德法則也有相同性質，是客觀存在的規律，不隨人的主觀意志、情感而改變。船山所了解的天較少神秘色彩，不像宗教的天有意志、能行賞罰，而是將天當成世間一切規律，包括道德與自然法則的總和，人的主觀期望對天理並無影響。船山所說的「生死、治亂、存亡」之理，如賢才在位，國家便有善治，反之則衰亡，這是客觀存在之理，了解這些道理，並且依理而行，便有德。福的大小便是依照德的高低而定，小至個人生死，大至國家存亡，下至販夫走卒，上至皇帝將相，莫不在理的支配之下。心存天理，其自身乃至子孫經常會有好結果，反之則有壞結果。船山以大量史事證明這一點，或者說船山就是基於這樣的信念來詮釋歷史，道德對個人乃至社會、國家的正面、積極作用，是他面對諸多史事時關注的焦點所在。這雖然不是歷史詮釋的唯一方式，但船山的進路無疑是充滿儒家色彩的。

船山在史論中舉出的實例，以群雄爭戰最爲鮮明。蓋此時既有的政治秩序已被破壞，誰能據有天下，誰又在鬥爭中敗亡，狀況還不明朗。個人的選擇、判斷會更直接地影響往後的遭遇。和平時代則一切都有成規可循，個人努力雖可決定成敗，但在穩定的組織結構中，不易大起大落。君相位高權重，如果心存善念，影響的不只是君相個人，也會帶動整個團體的發展；如果心存惡念，造成的負面後果當然也更大。以下就舉船山對東漢、三國與唐、宋開國君主的論述爲例：

> 得失者，人也；存亡者，天也；業以其身任漢室之興廢，則尋、邑果可以長驅，諸將無能以再振，事之成敗，身之生死，委之於天，而非人之所能強。苟無其存其亡一笑而聽諸時會之量，則情先靡於軀命，雖慷慨痛哭與諸將競，亦居然一諸將之情也。以偶然億中之一策，懷憤而求逞，尤取敗之道，而何愈於諸將之紛紜乎？
>
> 天下之大，死生之故，興廢之幾，非曠然超於其外者，不能入其中而轉其軸。故武王之詩曰：「勿貳爾心。」愼謀於未舉事之前，坦然忘機於已舉事之後，天錫帝王以智，而必錫之以勇。勇者，非氣矜也，泊然於生死存亡而不失其度者也。光武之笑起而不與諸將爭前卻，大有爲者之過人遠也，尤在此矣。〔註21〕

〔註21〕見〔明〕王夫之：《讀通鑑論》「後漢光武帝」第1則，頁216。

這一段是船山對漢光武帝劉秀領導昆陽之戰的評論，昆陽之戰是綠林軍與新朝軍隊的決定性戰役，新朝軍隊號稱百萬，劉秀麾下卻只是各地臨時拼湊而成的義軍。義軍將領主張撤退，劉秀卻決定堅守昆陽，最後大破新莽軍，威震天下，奠定往後稱帝的基礎。船山認爲這不是劉秀有什麼謀略（億中之一策），也不是劉秀發表了熱烈的言論、對諸將動之以情（慷慨痛哭），而是劉秀有超越生死的修養之故。劉秀固然知道一旦撤退，王尋、王邑率領的新朝軍隊必會長驅直入，導致起義失敗；但在兵力懸殊的情況下，劉秀也無必勝的把握，不可能用言語讓諸將心服，故只有憑一己之修養，對將領的爭論笑而不答，下定決心並做好決戰的一切準備。這一「笑」並非裝模作樣，而是早將起義的成敗、個人的生死置之度外，專注於該做的事，展現了比貪生怕死、計較得失的諸將更高的氣度。這是大勇、眞正的勇，而非逞兇鬥狠的泛泛之勇；這種氣度與修養，正是開創王業的先決條件。

> 曹氏之戰亟矣，處中原而挾其主，其敵多，其安危之勢迫，故孫氏之降，知其非誠而受之。敵且盡，勢且安，甘苦自知，而殺戮爲慘。亦深念之矣。孫氏則赤壁之外無大戰也。先主則收蜀爭荊而姑且息也。是以三君者，猶可傳之後裔，而不與公孫、袁、呂同殄其血胤。上天之大命集於有德，雖無其德，而抑無樂殺之心，則亦予之以安全。天地之心，以仁爲復，豈不信哉？
>
> 丕之逆也，權之狡也，先主之愎也，皆保固爾後而不降天罰，以其知止而能息民也。逆與狡，違道甚矣，而惟愎尤甚。先主甫即位而興伐吳之師，毒民以逞，傷天地之心，故以漢之宗支而不敵篡逆之二國。〔註22〕
>
> 曹操以刻薄寡恩之姿，懲漢失而以申、韓之法鉗網天下……司馬懿執政，而用賢恤民，務從寬大，以結天下之心。於是而自搢紳以迨編甿，乃知有生人之樂。……逆若司馬，解法網以媚天下，天且假之以息民。則乘苛急傷民之後，大有爲之君起而蘇之，其爲天祐人助，有不永享福祚者乎？三國鼎立，曹、劉先亡，吳乃繼之。孫氏不師申、韓之報也。〔註23〕

船山認爲三國時代群雄的存心或動機，是其所建立的政權能否延續的關鍵。

〔註22〕見〔明〕王夫之：《讀通鑑論》「三國」第6則，頁379～380。
〔註23〕見〔明〕王夫之：《讀通鑑論》「三國」第31則，頁407。

雖然三國時代並沒有像漢、唐、宋一樣具有高度道德與智慧，能夠創立穩定王朝的偉大君主；但即使是在亂世，天道、天理仍然在默默地起作用，能合乎天理者便有相對的福報。表面上看，此說很容易被誤解爲神秘主義——冥冥之中，一切自有定數；但船山的意思卻不是如此，相反地，他認爲人可以自覺地選擇依照或不依照道理而行，天道、天理在歷史中的作用也可以合理地說明。曹操、劉備、孫權都不是完人，性格中的殘忍、狡猾、剛愎也不比其他君主少，爲何他們能在鬥爭中取得勝利？船山的答案並不是從才智或武力的高低著眼，而是這三人具有「愛民」的品德，足以抵銷其缺陷。能夠愛民、保民，自然能感化百姓，獲得更多人的擁戴而成功。甚至政權滅亡的順序，也與君主創業時的作爲有關。劉備先爲私仇而伐吳，諸葛亮又參雜法家治術，所以蜀漢最早滅亡。曹操只問才幹不問道德，其子孫被爲政寬大的司馬氏篡位。東吳國策著重與民休息，故延續最久。船山的論述雖然可能過分誇大君德對國勢的影響力，無視於各國地理環境、經濟發展、軍事實力的差異，但此論無疑是給當時及後世的政治領導人沈重的警惕，必須時時將百姓幸福放在個人野心之上；同時也再次表達他對「福的大小是依照德的高低而定」這一原則的堅定信仰，只有先實踐道德才能獲得幸福。

> 楊廣之播虐甚矣，而唐爲其世臣，受爵祿於其廷……則隋雖不道，唐未可執言以相詰。天有綱，則理不可踰，人可有辭，則心不易服也。故楊廣惎高祖而屢欲殺之，高祖處至危之地，視天下之分崩，有可乘之機，以遠禍而徼福，然且斂意卑伏而不遽起……至於楊廣棄兩都以流蕩於江都，李密已入雒郛，環海無尺寸之寧土，於斯時也，白骨邱積於郊原，孤寡流離於林谷，天下之毒痛又不在獨夫而在群盜矣。唐之爲餘民爭生死以規取天下者，奪之於群盜，非奪之於隋也。……人謂唐之有天下也，秦王之勇略志大而功成，不知高祖愼重之心，持之固，養之深，爲能順天之理、契人之情，放道以行，有以折群雄之躁妄，綏民志於來蘇，故能折箠以禦梟尤，而繫國於苞桑之固，非秦王之所可及也。〔註24〕

依照歷史學家的判斷，唐朝的創立乃是唐太宗李世民的功勞，唐高祖李淵只是名義上的君主。〔註 25〕船山對此則有不同的看法，李世民的謀略、武功與

〔註24〕見〔明〕王夫之：《讀通鑑論》「唐高祖」第 1 則，頁 733～735。

〔註25〕如唐代詩人杜甫在〈北征〉詩中，稱讚唐太宗的功績：「都人望翠華，佳氣向

治理才能，固然是李氏能夠統一天下、開創盛世的主要因素，但李淵的道德風範才是更重要且根本的原因。儘管全國各地已因隋煬帝的暴虐而紛紛起義，李淵仍然謹守君臣份際；即使受到皇帝的猜忌而有生命危險，也不恐慌動搖。直到煬帝流亡江都，隋朝大勢已去，李淵才爲了安定百姓而起義。表面上看，船山似乎在提倡傳統的「忠君」思想——對君主的絕對服從，很難被具有民主素養的現代人接受。其實船山的用意並非如此，他所要表達的是李淵將政治倫理、百姓安危置於個人野心之上，其他起義者則是將權力與財富的掠奪置於道德之上；且正因爲李淵對道德的堅持，才能發揮感化人心的力量，爭取到多數人民的信任而取得勝利。用儒家的說法就是「先義後利」。儘管古今政治倫理的內涵有所差異，古代有一部分是強調效忠君主及皇室，現代則是忠於民主憲政，但「排除私心欲望、爲百姓謀福利」的原則，古今是一樣的。

> 夫宋祖受非常之命，而終以一統天下，底于大定，垂及百年，世稱盛治者，何也？唯其懼也。……以親，則非李嗣源之爲養子，石敬瑭之爲愛婿也；以位，則非如石、劉、郭氏之秉鉞專征，據巖邑而統重兵也；以權，則非郭氏之篡，柴氏之嗣，內無贊成之謀，外無捍禦之勞，如嗣源、敬瑭、知遠、威之同起而佐其攘奪也。推而戴之者，不相事使之儔侶也；統而馭焉者，素不知名之兆民也；所與共理者，旦秦暮楚之宰輔也；所欲削平者，威望不加之敵國也。一旦岌岌然立於其上，而有不能終日之勢。權不重，故不敢以兵威劫遠人；望不隆，故不敢以誅夷待勳舊；學不夙，故不敢以智慧輕儒素；恩不洽，故不敢以苛法督吏民。懼以生愼，愼以生儉，儉以生慈，慈以生和，和以生文。而自唐光啓以來，百年囂陵噬搏之氣，寖衰寖微，以消釋於無形。盛矣哉！〔註26〕

宋朝在中國歷史上是一個比較弱小的朝代，宋太祖趙匡胤成功的過程，也與漢、唐甚至五代十國的君主有所不同。漢、唐是靠征戰四方的功績而據有天

金闕。園陵固有神，灑掃數不缺。煌煌太宗業，樹立甚宏達？」當代學者黃仁宇也認爲：「唐朝制度從當時的眼光看來近於至善，其中大部之功績應屬於此位青年君主。除了名義之外，李世民實爲朝代的創始人。」見黃仁宇：《中國大歷史》（台北：聯經，1993年），頁130。

〔註26〕見〔明〕王夫之：《宋論》「宋太祖」第1則，收入《船山全書》第11冊（湖南：岳麓書社，2011年新版），頁20～21。

下，五代時期中國則是分裂爲許多地方政權，各地皆由軍閥統治，軍閥內部又常「以下犯上」，導致政權頻繁更替。雖然趙匡胤也是透過政變（黃袍加身）而上台，但他並不像先前的將領那樣，擁有雄厚的政治資本——如身爲皇親國戚，或掌握大權、建立大功等——甚至可說是一介凡夫。無論與歷史上或當時的君主相比，趙匡胤都不算是特別突出，何以他能夠成爲創立穩定朝代的偉大人物？對於這個問題，船山仍然是從道德的角度回應，認爲趙匡胤的弱點正好是他最大的長處——正因爲趙匡胤太平凡，才使他掌權後戰戰兢兢，憂心被推翻而不敢胡作非爲，從而避免步上五代軍閥因驕傲而腐化、滅亡的後塵。這雖然可能有一部分是出自現實考量，但他的謙和卻正好是飽受戰亂之苦的百姓所渴望、所需要的。對權力有自覺的敬畏與警惕，正是合乎天德的表現，也是趙匡胤能成爲媲美漢唐的一代名君的關鍵所在。〔註 27〕

由以上的論述可知，船山的歷史哲學是以他的天道論爲基礎，將他對「道器關係」的獨特分析，應用在歷史——也就是人類整體社會的發展而得出的見解。船山認爲天道論中的「道」與「器」非截然二分，形而上的當然之道，必得藉由各種器物，方能落實、彰顯；形而下的器物也必須依循道德法則，方能以恰當的方式發揮功效。人類社會的發展也是如此，船山認爲歷史不只是客觀記錄往事，也不是供欣賞把玩之用，或權謀機詐的教科書。歷史是人類奮鬥、掙扎的過程，而人類奮鬥的目的，即是追求個人與社會的完善，道德、文化等精神價值的充分展現。儘管社會的發展並不總是直線型的持續進步，過程中可能有曲折、有退步（如船山認爲華北被鮮卑等異族佔據，即是一大退步），但長遠看來，人類社會仍是往更合理、更文明的方向改變。歷史的發展實際上是「道」逐漸呈顯、實現自身於現實世界的過程，所以要了解歷史人物與事件的意義、要評價歷史，便不能離開道德法則；相對地，要了解、充分展現道德法則的豐富意涵，也不能只關注法則本身，須充分理解現實歷史世界當中，時空的變遷、制度的演化及人事物的相互關係，才能靈活運用道德法則，而對往事有適當的評價。將道德與歷史、理與事緊密結合，

〔註 27〕曾昭旭先生對《宋論》此段有以下的評述：「按此從天之佑、人之懼兩面合述此盛美，而天人之二而一者可知矣。天以可懼懼人，天之不測也；人之知懼而懼，人之不自棄也。天德之不測即具於人心之不自棄中，故天德即人心也。天德原無所不在，人心之發用亦無時而不有，獨於此無道之世，無功德可倚之位而特見彰顯。」可見天德在趙匡胤心中的展現。見曾昭旭：《王船山哲學》（台北：里仁書局，2008 年），頁 264。

並以道德爲歷史發展的目的，這表現出船山秉持的儒家立場，也是船山論史有進於前人之處。

第四章　船山對政治制度的省察

如同第一章所說，船山對政治問題的思考，與他身處的時代背景有密不可分的關係。船山念茲在茲的問題，便是爲什麼人力和物資皆遠勝異族的明朝，會在短短數年內就被滿清征服而受其統治？對於這個問題，固然可以從思想、文化、倫理上尋求解答，但最直接、最主要的原因，恐怕還是明朝政治制度的設計有其缺陷，無力解決問題之故。因此船山除了遍注群經，從學術思想上溯本探源，以「正人心、息邪說」而重建正統之外，更在史論中花了極大篇幅，評論歷代政治制度之得失，並與明代的狀況相對照，以豁顯他心中理想國家的組織架構。創建國家的過程，正如社會上其他團體，首先需要一位領導人，在領導人授權之下，建立各個辦事機構，並且選擇合適的人才擔任首長。依照管轄區域的大小，機構也有上、下級之分，而有中央與地方的權限劃分。每個機構專注於解決某項特定問題，如軍事、司法等。以下就分政權之建立與轉移、封建與郡縣、中央政府、人才選拔、法律、經濟、軍事七方面，展示船山在政治制度上的見解。

第一節　政權之建立與轉移

從歷史上來說，人類自部落社會開始，便有「頭目」或「酋長」等政治上的領導職位了。人們出於抵抗災害、謀求利益的需要，必須共同生活而構成群體。但在群體內部，人與人、團體與團體之間又經常產生衝突，爲了解決紛爭，設立一位領袖來聽取各方意見並進行仲裁，便是最可行、最有效率的方式。但這樣的安排卻隱含危機，如康德於〈在世界公民底觀點下的普遍歷史之理念〉一文中所說的：「人是個動物，當他生活在其他同類當中時，需要一個主人。」因爲「這其中的每個人，如果沒有任何人居於其上，依據法律對他行使權力，他總是會濫用其自由。然而，最高元首本身應當是公正的，但卻是一個人。」〔註1〕康德之意爲儘管吾人期待位居於人民之上，被賦予權力的統治者，應當公正無私、維持合理的社會秩序，事實上君主或統治者仍具有人性的一切弱點，甚至統治者本身就是破壞社會正義的根源。但爲了使社會能順利運作，吾人仍須將懲罰犯規者的權力交給某些人來行使，方能有效保障個人自由。這當中就出現了兩難。

對此一問題，當代政治哲學家巴柏（Karl R. Popper）建議我們從另一個角度來思考，他認爲：「『誰該統治』或『以誰的意願爲尊』這種形式的政治問題……創下無休止的混亂。」因爲這個問題的答案通常是「最好的人」、「最聰明的人」、「普遍意志」或「人民」等，這樣的回答其實是藉著將「誰該統治」視爲根本問題，而跳過了政治上的所有問題。如果我們承認統治者實際上並非永遠是「善」或「聰明」的話，我們就應該以「如何建構那些能阻止壞的或無能的統治者做更多傷害的政治制度」來代替「誰該統治」做爲政治上的根本問題。〔註2〕而這也是現代民主政治的理論基礎之一，亦即建立一套完善的制度，透過憲法、法律的制約，使統治者不敢濫權、爲所欲爲，減少政治上的弊端。當然執行法律的還是人，在民主制度完備成熟的國家，依舊會有玩法弄法、以權謀私的狀況產生，只是機率較低罷了。

雖然前述的民主觀念已成爲現代政治思想的主流，但身處十七世紀的船山，對政治的思考仍是恪守儒家「德治」的傳統，將「由誰統治」看成主要問題。他認爲「道德」與「權力」應互相配合，視道德的高低來授予權力，統治者應由最有道德的人擔任。此中是以道德爲主，以道德規範、節制權力的行使。換言之，船山認爲政治的根本始終在人，但這不表示船山完全忽視制度的重要。船山當然知道歷史上許多君主不合乎「德治」理想；但他同時也認爲以制度約束統治者，效果有限，需回歸人的素質、品德，方能解決問題。故在船山的史評、政論中，對制度雖有詳盡探討，但在位階上則屬於第二義。

〔註1〕見康德（Immanuel Kant）著，李明輝譯：《康德歷史哲學論文集》（台北：聯經，2002年），頁12～13。

〔註2〕見卡爾·巴柏著，莊文瑞、李英明譯：《開放社會及其敵人》（台北：桂冠，1992年第五版），頁286～290。

（一）政權的建立——道統優先於治統

既然船山認爲「道德」是擔任統治者的必要條件，面對歷史上政權的建立與轉移，他也會試圖找出能夠維持穩定政權的領袖，在道德上有哪些過人之處，而不將「由誰統治」看成權力鬥爭、優勝劣敗的結果。且船山所強調的道德，不僅是宋明理學家所講求的心性修養，還要進一步了解治亂消長、民心向背等時勢中的理，能掌握這種客觀之理才能得天下。在政權建立上，古代說「打天下」、「逐鹿中原」，表示權力的取得是武力戰鬥的結果，誰善於運用謀略與兵力，誰就有資格當皇帝。但船山不由此立論，他認爲歷史事實恰好與上述說法相反，在鬥爭過程中，權力欲望高張、費盡心機的一方通常會失敗；反之，態度愈謙讓戒慎、心境愈淡然處之的一方，方能取得最終勝利。「力」永遠是勝不過「德」的，這在本論文第三章第三節已有所說明。歷史上雖然也有不少君主，是藉由不合道義的手段取得政權、創建朝代，但船山認爲這些君主的作爲無法使國家長治久安，不足以稱爲天子。他說：

> 稱五代者，宋人之辭也。夫何足以稱代哉？代者，相承而相易之謂。統相承，道相繼，創制顯庸相易，故湯、武革命，統一天下，因其禮而損益之，謂之三代。朱溫、李存勗、石敬瑭、劉知遠、郭威之瑣瑣，竊據唐之京邑，而遂謂之代乎？
>
> 夫相代而王天下者，必其能君天下而天下君之，即以盡君道也未能，而志亦存焉……李克用父子歸韃靼以後，朱溫帥宣武以來，覬覦天步，已非一日，而君臣抵掌促膝、密謀不輟者，曾有一念及於生民之利害、立國之規模否也？所竭智盡力以圖度者，唯相搏相噬、毒民爭地、以逞其志欲。〔註3〕
>
> 統之爲言，合而並之之謂也，因而續之之謂也。而天下之不合與不續也多矣！
>
> 以天下論者，必循天下之公，天下非夷狄盜逆之所可尸，而抑非一姓之私也。惟爲其臣子者，必私其君父，則宗社已亡，而必不忍戴異姓異族以爲君。若夫立乎百世以後，持百世以上大公之論，則五帝、三王之大德，天命已改，不能強繫之以存。
>
> 蜀漢正矣，已亡而統在晉。晉自篡魏，豈承漢而興者？唐承隋，而

〔註3〕見〔明〕王夫之：《讀通鑑論》「五代上」第1則，收入《船山全書》第10冊（湖南：岳麓書社，2011年新版），頁1080～1082。

隋抑何承？承之陳，則隋不因滅陳而始爲君……何統之足云乎？無所承，無所統，正不正存乎其人而已矣。〔註4〕

引文第一、二段是船山對五代的評論。五代篡逆頻仍，君位皆是透過竊奪而得來，繼承五代的宋人，亦將五代列爲歷史上的正統朝代。船山並不滿意宋人對五代的定位，他認爲能夠稱爲「代」、稱爲「正統」的，必是朝代創始人有憂國憂民、平治天下之心，能思考、規劃各項制度，促成國家的長遠發展。但五代的創始人大多是基於對權力與財富的貪欲才出兵篡奪，即位後也是征戰不休、注重物質享受而荼毒百姓，可說是君不君（君無爲君之道）的實例，所建立的朝代也不得民心而迅速滅亡。故「五代」實只能視作地方政權，而不能列入正統。

基於上述觀點，船山對中國歷史上的「正統論」又多所批判，如引文第三、四、五段所示。「正統」是傳統史學的獨特觀念，其理論之主要根據，可上溯至鄒衍的五德終始說，及《春秋公羊傳》的大一統之義。〔註5〕而自漢、晉以降，多有新立的朝代爲前朝修史的作法，其目的也在闡明本朝與前朝有連續性，示其得位正也。故所謂「正史」之「正」，除了意謂代表官方史書之立場之正外，最重要在標舉「正統」。〔註6〕換言之，編撰史書的目的在樹立統治的正當性，史學被利用成爲維護政治權力的工具。船山對這種現象頗爲不滿，他認爲正統的原始意義是時間的連續（因而續之）與空間的統一（合而並之），就歷史事實來說，史書中被列爲「正統」的朝代在時間上未必接續前朝，在空間上也未必都能統一全國，故在邏輯上不合乎正統的定義。於此船山又提出對「正統」的另一種看法：「正不正存乎其人而已矣。」亦即正統與否，需視統治者能否有君德、行君道而定，能夠「循天下之公」便可領受天命，而不是強求「一姓之私」的延續，更不可基於政治考量，將夷狄、盜賊等粉飾爲「正統」。此處可看以出船山有「道統」與「治統」的區分，「治統」是政治權力的傳承問題，傳統史家關注者多在此層面；「道統」則是統治的正當性問題，即在文化傳統下，君主的作爲能否合乎人民對「賢君」的期

〔註4〕見〔明〕王夫之：《讀通鑑論》「敘論一」，頁1176～1178。

〔註5〕見饒宗頤：《中國史學上之正統論》（上海：上海遠東出版社，1996年），頁74～80。

〔註6〕見倪仲俊：〈從傳統正統論，論史學的工具性與當前台灣史論述和教學的茫點〉，《通識研究集刊》第9期（桃園：開南大學通識教育中心，2006年6月），頁169。

待。船山認為唯有「道統」才可稱為正統，而不能強行建構出不合事實、不具備正當性的統系。「道統」相較於「治統」來說有優先性，於此可見船山的儒者胸懷。

（二）君位傳承的依據——傳賢與傳子

除了以「道統」做為政權建立的依據外，關於政權建立後，君位應如何傳承的問題，船山也從道德原則出發，給予諸多具體建議。首先對傳位制度的設計，便有「傳賢」與「傳子」兩種觀點。確定傳位制度及人選後，朝中大臣也需要盡到某些職責。即使君主依制度即位，亦不能保證政治運作順暢，需要以合乎道德的舉措，在臣民心中建立威望，方能長治久安。對於違反制度規範的權力轉移，如弒君、篡位等，船山也認為要視情況來衡量是否妥當。

就君位傳承來說，儒家自孟子起，對政權轉移便有「傳賢」與「傳子」兩種觀點。據《孟子・萬章上》記載，弟子萬章曾經問孟子：「人有言『至於禹而德衰，不傳於賢而傳於子』，有諸？」孟子答曰：「否然也。天與賢則與賢，天與子則與子。」可見「與賢」、「與子」同為儒家肯定的政權繼承方式。至於應採哪一種方式，孟子曰：「莫之為而為者，天也；莫之致而至者，命也。」認為要視具體的歷史情境做合宜的判斷，非人力所能預先掌握、限定。船山身處於專制體制穩固的明代，態度更為保守。他認為應以「傳子」為主，即使要傳賢，也是從皇帝的子孫或養子當中來挑選，並非人人都有機會成為君主。以下先看船山對傳統的「嫡長子繼承制」的評論：

> 與賢者在於得人，與子者定於立嫡，立嫡者，家天下一定之法也。雖然，嫡子不必賢，則無以君天下而保其宗祏，故必有豫教之道，以維持而不即於咎……乃夫人氣質之不齊，則固有左伊尹右周公而不能革其惡者……故漢元、晉武守立適之法，卒以亡國。則知適子之不可教，而易之以安宗社，亦詎不可，古之人何弗慮而守一成之例以不逼其變乎？……擇子之說行，則後世暱寵嬖而易元良，為亡國敗家之本，皆託之以濟其私。君子不敢以一時之利害，啟無窮之亂萌，道盡而固可無憂也。〔註 7〕

在專制政治下，政權之繼承以「血統」為第一義，最高權力掌握在皇室，由皇帝及其家族子孫世代繼承。但除「家天下」格局之政治觀外，儒家尚有以堯舜為代表的「與賢」、「禪讓」等政治理想。就歷史事實來說，皇室子孫亦

〔註 7〕見〔明〕王夫之：《讀通鑑論》「後漢章帝」第 6 則，頁 266～267。

多有愚昧者，既然如此，爲何傳統政治仍堅持世襲，甚至只限定嫡長子有合法繼承權，而不能以賢能與否做爲傳位標準？

船山承認嫡長子繼承制有其侷限，歷史上如漢元帝傳位給漢成帝、晉武帝傳位給晉惠帝，皆因繼承人愚昧而導致亡國。〔註 8〕雖然就這兩例來說，不傳位給嫡長子更有利於國家人民，也是船山所贊同的；但船山仍然認爲嫡長子繼承制在專制政治中有其不可撼動的正當性，原因在於「賢能」的標準言人人殊，各政治勢力認定的「賢能」標準未必一致，所推舉的人選未必相同，易產生政治鬥爭；何況人心難測，難保后妃或大臣不會藉推舉太子，謀求新皇帝即位後的政治利益。嫡長子繼承制雖死板，卻能將爭議降到最低。況且賢能與愚昧的嫡長子，在歷史上都是少數，大多數嫡長子的資質介於賢愚之間，經由皇室教育及大臣輔佐，即使建樹不多，也不至於亡國，有一定的適應性。可見制度設計須從長遠角度著眼、注重穩定性，不宜因特定的人事物而更動。

爲什麼傳統儒家在面對紛雜的政治觀點、相互衝突的政治利益時，無法設計出一套機制來決定執政人選（如現代的民主選舉）呢？船山對所謂的「民意」又是如何看待？就其史論觀之，船山固然有肯定民意的一面，如晉元帝南渡，船山評曰：「扶危定傾，以得人心爲本務。」〔註 9〕認爲元帝之所以能安定江東在其謙讓之德，獲得臣民擁戴之故。但又有懷疑的一面，如武則天即位，士民歌功頌德，船山評曰：「孟子曰：『得乎邱民爲天子。』其三代之餘，風教尚存，人心猶樸，而直道不枉之世乎！若後世教衰行薄，私利乘權，無不可爵餌之士，無不可利囮之民，邱民亦惡足恃哉？」〔註 10〕主張「以賢治不肖，以貴治賤」，才是「萬世不易之大經」，甚至認爲庶民是禽獸。〔註 11〕

〔註 8〕漢成帝寵愛趙飛燕姊妹，縱情聲色；重用外戚，任王鳳爲大司馬大將軍，間接導致王莽篡漢。晉惠帝資質駑頓，《資治通鑑》記載：「時天下荒饉，百姓餓死，帝聞之曰：『何不食肉糜？』」縱容賈后專權，引發八王之亂而導致西晉滅亡。見〔宋〕司馬光等：《資治通鑑・晉紀五・晉惠帝元康九年》，卷 83。

〔註 9〕見〔明〕王夫之：《讀通鑑論》「晉元帝」第 1 則，頁 464。

〔註 10〕見〔明〕王夫之：《讀通鑑論》「唐中宗」第 9 則，頁 809。

〔註 11〕船山說：「庶民者，流俗也。流俗者，禽獸也。」「乃其所以然者，求食、求匹偶、求安居，不則相鬭已耳；不則畏死而震懾已耳。庶民之終日營營，有不如此者乎？」見〔明〕王夫之：《俟解》，收入《船山全書》第 12 冊（湖南：岳麓書社，2011 年新版），頁 478。早於船山的唐代儒者陸贄，也表達了類似的觀點，認爲庶民有「愚」與「神」兩面性格：「所謂民者，至愚而神。夫蚩蚩之倫，或昏或鄙，此似於愚也。然上之得失靡不辨，好惡靡不知，所秘靡依照儒家的性善論，船山肯定庶民理論上有參政的權利，但就現實上庶民的道德和知識水準來看，他們很容易被一時的情緒所支配，或被利益所收買，無力擔負治國重任，故須接受君主與士大夫的領導。〔註 12〕可見船山對遴選統治者的制度，不只從工具性、功能性的角度來考量；儘管這一制度必然蘊含協調、妥協各方利益的成分，但船山最關心的問題，仍然是人的素質，必須以統治者做為榜樣，來帶動、提升社會大眾的道德水準。〔註 13〕所以統治者的選拔，就必然要以教育、文化程度的高下為依據，而不能反過來，以大多數平庸的百姓來決定統治人選。這部分船山的思考還不夠深入，與同時代的黃宗羲（梨洲）相比，梨洲已能檢討「家天下」之弊，認為政權並非一家一姓的私產，是為了保障人民的生存才設立君主，類似西方「主權在民」的思想。故對制度的思考不能只著眼於皇室內部，君主及皇室本身亦應接受法制規範。〔註 14〕依現代民主觀念來說，不僅可以依照制度更換統治者，更可以由不同家族、不同團體的賢才執掌政權，不必如船山拘泥於嫡長子，權力是更向大眾開放的。

船山雖然贊同嫡長子繼承制不容更動，但歷史上嫡長子因鬥爭、疾病等變故而罷黜、身亡，或皇帝未生育男丁，導致嫡長子無法即位的狀況也相當多。這時又該如何處理？船山有云：

> 乃無子而嗣未有定，以及乎危病之際，姦人婦寺挾私意以援立庶支，市德居功，而倒持魁柄，漢唐之禍，率繇此而興。其近正者，則辨

不傳，所為靡不效。」見〔宋〕歐陽修、宋祁：《新唐書》列傳第八十二「陸贄」，卷 157。

〔註 12〕船山說：「是以古之為法，士之子恆為士，農之子恆為農，非絕農人之子於天性之外也，雖欲引之於善，而曈霾久蔽，不信上之有日，且必以白晝秉燭為取明之具，聖人亦無如此習焉何也。」見〔明〕王夫之：《讀通鑑論》「三國」第 2 則，頁 375。

〔註 13〕這一思想可視為北宋新儒學以來共同的傳統，如張君勱所說：「這些思想家都認為教育乃最重要的行政活動，因為他們瞭解，只有教育才可以開化民智。因此，他們重視德育，而智育只為激發讀書、論辯和推理的能力而已，因德育本身就包含智的活動在內。」見張君勱：《新儒家思想史》上冊（台北：中國民主社會黨中央總部，1979 年），頁 53～54。但依照牟宗三先生的說法，民主政治與科學正好是這知性層上的「理性之架構表現」之所成就。在這方面表現不夠，是傳統文化的侷限，故須從理性的「運用表現」轉出「架構表現」。見牟宗三：《政道與治道》，收入《牟宗三先生全集》第 10 冊（台北：聯經，2003 年），頁 49～68。

〔註 14〕詳見本論文第八章第二節之討論。

昭穆，審親疏，弟與從子以序而登，斯亦可以止爭而靖國矣。而於帝王愼重天位之道，固未協也。夫唯適長之不容變置，爲百王之成憲，而賢不肖非所謀耳。無子而授之同產之弟與從子之長，古未有法，道無可執。則天既授我以選賢而建之權，如之何不自化裁，可諉諸後以任臣僚之扳立邪？〔註15〕

如果因爲特殊狀況而導致皇儲懸缺，皇帝又突然死亡，就給了皇帝身邊的各政治集團（如外戚、宦官、大臣等）最好的機會，可藉推舉新皇帝而立功，甚至擁戴傀儡皇帝而獨攬大權。面對此一弊端，船山認爲固然可透過立法，依長幼親疏來規定皇子繼承的順序；但更好的方式則是由皇帝考察皇子的素質，親自指定人選。兩種方式當中無論採取哪一種，都應該盡量避免其他團體的干涉，由皇帝本人來決定。但如果我們進一步問，皇帝指定太子人選的時候，依舊會受到他身邊各政治集團，乃至皇帝本人私心習氣的影響，而可能做出錯誤判斷，這又如何解決？對此船山或許會訴諸皇帝本身的道德修養及明察事理的能力，但聖君、明君也非代代都有，甚至明君亦可能犯錯。缺乏客觀、合理的制度來選出領導人，只依靠個人的主觀判斷，也是傳統政治思想的一大困局。

無子而立族子，因昭穆之序、爲子以奉宗祀，自天子達於士，一也；而天子因授以天下爲尤重。異姓者不得爲後，大法存焉……乃事有至變者焉，則郭氏是已。郭威起於卒伍，旁無支庶，年老無子，更無可立之群從；柴氏之子，既其內姻，從之鞠養，而抑賢能可以託國，求同姓之支子必不可得，舍郭榮亦將孰託哉？〔註16〕

前文提到一旦嫡長子繼承制行不通時，船山主張可由皇帝親自選擇儲君。這一段引文的內容更令人驚奇，除了皇子之外，連養子也可以做爲繼承人，如後周太祖郭威傳位給世宗柴榮，開創了後周的盛世。當然這種打破血緣傳承的方式是極特殊的狀況（至變），須配合特定的歷史條件來看，由於郭威年老無子且身處亂世，柴榮雖賢，畢竟年輕資歷淺，如船山說：「郭氏之興，榮無尺寸之功，環四方而羃立者，皆履虎咥人之武人，榮雖賢，不知其賢也，孤雛視之而已。」〔註17〕如果不正式傳位，郭威死後，諸將必群起奪權，導致

〔註15〕見〔明〕王夫之：《宋論》「宋仁宗」第5則，收入《船山全書》第11冊（湖南：岳麓書社，2011年新版），頁116。

〔註16〕見〔明〕王夫之：《讀通鑑論》「五代下」第14則，頁1156。

〔註17〕見〔明〕王夫之：《讀通鑑論》「五代下」第14則，頁1157。

政局動盪不安，故養子即位有其必要性。當然這只是特例，且即使是賢者，也仍然要取得近似於血統延續的「養子」身分，以強化傳位的正當性，未能直接選賢與能。

（三）大臣在傳位過程中扮演的角色

君主的選拔除了須以身爲嫡長子或具備皇室血統爲先決條件之外，朝中大臣的態度也是關鍵。在皇帝未明確指定繼承人的狀況下，固然容易被有心人操控，藉推舉新君來結黨營私。但即使正式冊封太子，在政爭激烈的狀況下，有時甚至連太子也必須拉攏大臣等各方政治勢力的支持，方能確保政權的順利轉移。船山對這種現象很不以爲然：

> 天位者，天所位也；人君者，人所歸也。爲主器之長子，膺祖宗之德澤，非竊非奪，天人所不能違；而翕訾以相保，呴沫以相憐，私憂過計，貪天功爲己力，此其人亦何足任而戴之不忘乎？〔註 18〕

船山認爲天子之位是「天位」，即上天賦予的，一個人是否出生於帝王家，在帝王家能否生爲嫡長子，皆由人力無法操控的命運所決定。既然太子繼承皇位是天意、命中注定，就不必去拉攏現實的政治勢力。一旦拉攏攀緣，便落入「利益交換」的思維，使原本至高無上的皇位，成爲政治交易的籌碼。新君藉臣子取得政權，臣子亦藉新君取得富貴。原本應該大公無私、超脫現實政治勢力之上的皇帝，卻和少數大臣結成特權集團而假公濟私，這是船山所反對的。民主國家的領袖是透過公開、公正的選舉，無須像傳統那樣，以天命、命中注定等神秘思想來解釋，但船山反對政治分贓的精義，仍值得吾人參考。下文船山又對介入傳位過程的大臣，做了進一步的考察與批判：

> 翼戴者可以居功矣，則異議者惡得而無罪！知異議之必按是非爲功罪，而非異議之即罪，則翼戴者之不可以援立爲功審矣。今夫薦賢才以在位，拔寒素而躋榮，意甚盛也。然苟爲靖共之君子，則必曰吾以事君也，而不敢尸其報以牟利。況夫天子者，天之所命也，天下臣民所欲得以爲父母者也；竊天之權，斂臣民之志欲，而曰我自立之，我可以受翼戴之賞，自以爲功，而求天子之弗我功也，不可得也。自以爲功，天子功之，則不與其議而疑於異己者，惡得而免於罪乎？始之者，大臣也，迨其濫觴，而宦官宮妾進矣。援一人而

〔註 18〕見〔明〕王夫之：《讀通鑑論》「漢元帝」第 7 則，頁 182。

立爲天子，小人之奇貨也……篡奪相仍，皆貪功者之一念爲之也，而徒以咎人主之賞私勞無大公之德哉？〔註 19〕

船山認爲新君有時確實是不得已，如「君父之志未定，姦邪之機方張，嗣子幼沖，或掖之以踐阼」〔註 20〕，必須接受大臣支持方能穩住局面。而人與人之間的相處講究公平互惠，「一飯之德，猶求報之，貢舉之知，猶終事之，中人之情，君子不禁，可謂之私，亦可謂之厚也」〔註 21〕，新君有意報答支持他的大臣，也是人情之常。但接受賞賜的臣子卻犯了大錯。皇子當中由誰接班，常出於諸多考量，如即位的正當性、個人資質、各政治勢力的折衝妥協等，並無絕對的對錯。如果新君即位後，支持他的人獲得賞賜，不支持他的人遭受處罰，等於將權力置於是非對錯之上，忽略了反對者的意見也有相對的合理性，這種傲慢、霸道的態度，當然是船山所反對的。賞罰應以是非對錯來判斷，而不是以支持、效忠某人的程度來判斷。如果大臣接受獎賞，也就等於向天下昭示「推舉新君」是求取富貴的有效手段，這必然會煽動各政治集團爲了立儲而鬥爭的風氣，從而擾亂政局。船山認爲賢良的大臣應有「不接受獎賞」的自覺，因爲君主一職考慮的是爲「公」而不是爲「私」，以船山的話來說，就是「天之所命」、「臣民之志欲」，大臣只是代爲傳達天意、民意而已，應秉持謙卑態度，不能妄自居功。但反過來說，大臣也不能欠缺膽識，對儲君人選不發一言、置身事外：

前有惠帝，後有安帝，皆行屍視肉，口不知味、耳不知聲者也……抑非徒前君之責也，大臣有社稷之任，固知不可，而選賢以更立焉，自靖而憂國如家者所宜然也。〔註 22〕

高宗決策選太祖後立以爲嗣，道之公也，義之正也，保固宗祧之大計也。而其議發於上虞丞婁寅亮。疏賤小臣，言出而天子之位定，大臣無與者，宋之無人久矣！〔註 23〕

船山認爲，像晉惠帝、晉安帝這麼愚笨的皇帝能夠即位，除了前朝皇帝要負部分責任外，大臣早該建議易儲，這也是大臣的職責。宋自宋太宗起，皇位一直是由宋太宗的子孫繼承，直到宋高宗才決定將皇位還給宋太祖的

〔註 19〕見〔明〕王夫之：《讀通鑑論》「唐敬宗」第 1 則，頁 983～984。
〔註 20〕見〔明〕王夫之：《讀通鑑論》「唐敬宗」第 1 則，頁 983。
〔註 21〕見〔明〕王夫之：《讀通鑑論》「唐敬宗」第 1 則，頁 983。
〔註 22〕見〔明〕王夫之：《讀通鑑論》「東晉安帝」第 1 則，頁 520。
〔註 23〕見〔明〕王夫之：《宋論》「宋高宗」第 9 則，頁 236。

子孫。船山認爲這是合乎道義之舉，表現高宗的無私，但立儲是國家大事，竟由小臣首先倡議，可見當時大臣怠忽職守。總而言之，大臣對儲君人選的介入不能出於私利，不能與皇子拉攏攀緣、結黨營私，應站在客觀立場考察儲君人選，爲國家選舉賢才。推舉後便該放下，交由現任皇帝決定。即使皇帝採納自己的意見，也不必居功。這才是大臣面對立儲問題時應有的風範。

（四）新君如何建立威望

雖然新君主是依制度即位，理論上擁有最高權力，但這不表示底下的臣民就會自動服從、積極效忠。消極怠惰甚或在一旁虎視眈眈，等著架空或推翻新君主的人，也不在少數。這時該如何應對，就考驗著君主的智慧：

> 王敦謀篡，而諷朝廷徵己，使帝疑畏憂戚不欲徵、而待其黨之相迫，則敦之橫逞矣。帝坦然手詔徵之，若人主徵大臣之故事，無所疑畏，而敦固心折不敢入也。敦欲以王導爲司徒，聽之也，導本可爲司徒，無所疑也；抑以此獎導爲君子，使浣濯其同逆之恥以乃心王室，而解散群臣阿比王氏之戾氣。於是而導之志移，敦之黨孤，奄奄且死而以篡爲下計……導貽王含之書曰：「昔年佞臣亂朝，人懷不寧，如導之徒，心思外濟。今則不然，聖主聰明，德洽朝野，凡在人臣，誰不憤歎。」導之情可見，從王氏者之情可見，天下之大勢，明帝之大略，從可知矣。〔註24〕

晉明帝雖然是依法繼承皇位的君主，但東晉世家大族的政治勢力強盛，許多世族領袖懷有篡位野心。王敦爲其中之一，他利用新君即位、政權不穩的機會，恐嚇皇帝徵召他，以劫奪君權。儘管晉明帝掌握的政治資本有限，還是大膽徵召王敦入朝，結果王敦反而因恐懼而推辭。王敦又推薦王導任司徒，明帝也同意。因爲明帝知道王導雖與王敦爲同宗，但王導才德兼備，是值得信任的大臣。結果王導果然號召族人共同效忠明帝。明帝之所以能安然度過篡位危機，乃是因爲他依理而行，按照「君臣之義」及「爲國舉才」的原則來行動，故能令王導等重臣心悅誠服。可見除了客觀制度之外，君主的個人聲望，也是政權平穩轉移的重要因素；而聲望的根本，則在於君主的自信，不因現實的利害而驚慌、動搖。

〔註24〕見〔明〕王夫之：《讀通鑑論》「東晉明帝」第1則，頁472。

君主除了在心態上需有充分的自信之外，也要視情況向臣民展現領導力，以杜絕權臣篡奪之心；但又不能過於有爲，干涉官員的職分。船山以宋文帝爲例來說明：

> 文帝親臨延賢堂聽訟，非君天下之道也，然於其時則宜也。自晉以來，民之不治也久矣，君非幼沖則昏闇耳，國事一委之宰輔者幾百年……文帝承其敝而欲理已亂之絲，則更不得高拱穆清以養尊貴。而況羨之、亮、晦殺君立君，威震朝野，民且不知有天子。苟不躬親延訪，則虛懸於上，廢置惟人，亦惡足以制權奸、保大位乎？故急於親臨以示臣民之有主，抑求己自強之道也。
>
> 雖然，以是爲君人之道則已末矣。國之大政，數端而已……乃其緒之委也，則不勝其宂，擇得其人而飭之以法，事不廢，民不困，而權亦不移。若必屈天子之尊，撤瑱纊以下問錐刀子女之淫慝，與民競智而撓之者益工，與庶官爭權而竊之者益密，明敏之過，終之以惛，求以起百年之頹靡，致旦暮之澄清，不亦難乎……親臨聽訟，暫爾權宜，非可法者也。〔註25〕

文帝親自審理訴訟案件，船山認爲這雖然不是治國常道，卻是對治時代風氣的良方。魏晉南北朝篡弒頻仍，權力掌握在世族領袖手上。世族領袖兼任宰相，皇帝常只有象徵意義而無實權。這種「以下犯上」的習慣，自是不合正常體制。文帝知道要扭轉這種風氣，就必須時常在臣民面前展現自己有處理政事的意願與能力，令臣民覺察到皇帝的存在，才能樹立統治的公信力，獲得眾人支持。船山雖然肯定文帝的做法乃順應時勢之舉，但也提出警告，如果君主力求表現、「事必躬親」的話，便會侵犯官員的職權、在民間引起紛爭。皇帝的職責不在過問細節，而在決定大政方針，並且選擇合適的人才執行政策。細節就交給臣下，信任臣下的判斷即可。這體現了對體制的尊重，君、臣、民各有職分而不越權。「聽訟」就船山看來太過瑣碎，在新君權力基礎未穩固時，或可用作權宜之計，但不可做爲長久之道。

（五）不合乎制度的權力轉移

一般來說，無論是傳統的史學家或船山，對破壞制度規範的「弒君篡位」，基本上都抱持否定態度，尤其是「弒君」，奪權後不顧君臣情分而趕盡殺絕，有違仁厚之德。但在某些特殊狀況下，船山可以肯定易君之舉：

〔註25〕見〔明〕王夫之：《讀通鑑論》「宋文帝」第3則，頁556～557。

> 宋得天下與晉奚若？曰：視晉為愈矣，未見其劣也。魏、晉皆不義而得者也，不義而得之，不義者又起而奪之，情相若、理相報也……宋乃以功力服人而移其宗社，非司馬氏之徒幸人弱而掇拾之也。
> 宋武興，東滅慕容超，西滅姚泓，拓拔嗣、赫連勃勃斂迹而穴處。自劉淵稱亂以來，祖逖、庾翼、桓溫、謝安經營百年而無能及此。後乎此者，二蕭、陳氏無尺土之展，而浸以削亡。然則永嘉以降，僅延中國生人之氣者，唯劉氏耳。
> 君天下者，道也，非勢也……漢之後，唐之前，唯宋氏猶可以為中國主也。〔註 26〕

歷史上的開國君主，不盡然如東漢光武帝、唐高祖、宋太祖那樣，具備高度的道德情操。也有不少開國君主是以不正當的手段奪取政權。取得政權的方式，就成為船山評判君主優劣的標準。雖然曹魏安定中國北方，西晉也曾經短暫統一中國，兩者都有一定的功績，但是魏、晉兩朝的建立，都是「以下犯上」，由人臣獨攬朝中大權後，欺侮軟弱無力的君主而取代之。船山不欣賞這種藉由權謀取勝的手段，稱之為「不義」。南朝宋的開國君主劉裕，則是憑北伐中原的戰功、出生入死來建立政治聲望，劉裕的北伐也是南方六朝當中最接近成功的一次。在船山的觀念中，驅除胡虜、復興華夏永遠比一家一姓建立的政權更重要〔註 27〕，儘管劉裕最終仍是以下犯上而篡位，道德上並非毫無瑕疵，但船山認為劉裕的氣度是值得肯定、欣賞的。除立下曠世功勳外，在君主太昏庸而有亡國之虞時，也可以合理地易君：

> 貴戚之卿，有易位之責，而越不能；養昏汶之主以速即於亡，而抑不可；顧懷帝之尚可有為，而非惠帝之死弗能立也。決出於倒行之一計，而扳懷帝以立，己無私焉，故天下且如釋重負而想望圖存之機。故一時人心翕然，胥為隱諱，以免越宮官之辟；後世亦存為疑案，而不推行鴆之人。夫人苟處不得已之勢而志非逆者，則天討不加，而清議不相摘發。弗能事也，弗能廢也，社稷且岌岌焉，為天下任惡，天下所矜而容之者也。〔註 28〕

〔註 26〕見〔明〕王夫之：《讀通鑑論》「宋武帝」第 1 則，頁 548。
〔註 27〕這一點可參考本論文第七章第一節「華夷之辨」的論述。
〔註 28〕見〔明〕王夫之：《讀通鑑論》「晉惠帝」第 12 則，頁 446～447。

前述的宋武帝劉裕，船山在肯定其功績之餘，仍貶斥劉裕的弑君之舉：「所惡於裕者，弑也，篡猶非其大惡也。」〔註 29〕對劉裕殺害東晉末代皇帝甚感不滿。但船山對弑君的譴責依舊有特例，如晉惠帝的死。惠帝雖然很有可能是被司馬越毒殺，但史書上對此事卻輕描淡寫。〔註 30〕船山由西晉末年的政治局勢，推想是當時人爲司馬越掩飾之故，後代也無意查明才成爲懸案。〔註 31〕從船山的論述可看出：由於晉惠帝資質太差，使野心家競相奪權，皇帝本身就是禍國殃民的最大亂源。如果犧牲掉皇帝一人的性命，能挽回整個國家的局勢；司馬越也只是代行民意，自己並無篡位野心的話，船山認爲是可以不必爲司馬越安上罪名的。船山雖尊重君主權威，但在君權與國家、人民的福祉衝突時，仍以後者爲重，並非盲目忠君。可見船山對政權的思考，未必如某些學者所說的保守。〔註 32〕

第二節　封建與郡縣

在中國政治制度的發展史上，由「封建制」轉變爲「郡縣制」是一項重大的變革。「封建」與「郡縣」不僅表示中央與地方政府權力關係的轉換，也改變了執政者的身分。在權力關係上，原先的地方分權，各地諸侯互相征伐、戰亂不止的狀況，被中央集權的大一統政府所取代。在執政者身分方面，也由少數貴族轉向對全民開放。這轉變非一時、一地、一人可成，乃是長期演變的結果。由戰國初年廢除井田制、秦始皇統一天下，再到漢初的郡國制（封建、郡縣並行），經七國之亂，至漢武帝削藩，郡縣制才確立，成爲中國兩千年來地方制度的主流。

對於中國歷史上的這項重大課題，學者們也有不同的解釋。如牟宗三先生從政治型態的角度切入，認爲封建轉變爲郡縣的意義，在於政治的客觀化，他說：「法家廢除封建而壓抑了貴族，使元首得到解放，另方面士興起而參與政治，這就含有將政治客觀化的意義。在貴族時代，元首和貴族的血緣關係太密切了，因此政治的客觀性不顯……士和元首沒有血緣上的牽連，而靠著個人的知識、

〔註 29〕見〔明〕王夫之：《讀通鑑論》「晉安帝」第 20 則，頁 544。

〔註 30〕《晉書》只記載了：「後因食餅中毒而崩，或云司馬越之鴆。」見〔唐〕房玄齡：《晉書・帝紀第四・孝惠帝》，卷 4。

〔註 31〕當然也可能是因爲西晉末年局勢太混亂，諸王混戰不休，朝廷等於不存在，才使惠帝之死的眞相被埋沒。

〔註 32〕如勞思光，見本論文第一章第一節之論述。

才能來參與政治，因而較易表現政治的客觀性。」〔註33〕歷史學家黃仁宇對此一課題也很重視，他認爲秦始皇樹立了中央集權的傳統，這種「政治上初期的早熟」，乃是中國歷史和其他各國文化最重要的歧異。〔註34〕他又從地理與經濟的角度，認爲唯有建立一個中央集權的政府，才可以集合民力，應付黃河氾濫、氣候不穩定引起的災荒，及塞外游牧民族的入侵。中國的團結出於自然力量的驅使。〔註35〕

船山也非常關心封建轉變至郡縣的問題，且極力贊成實行郡縣制。但船山的觀點並不是基於「參政權」等抽象的政治原理（如牟先生），也不是著眼於地理環境、自然災害等（如黃仁宇），而是從實際效益的角度來思考，認爲郡縣制是最能減少「人禍」、保障百姓生存的制度。〔註36〕此處有一項觀念上的分歧需釐清，雖然在中國歷史發展上，封建是與地方分權、郡縣是與中央集權一同形成；古代儒者（如船山）也多將封建與地方分權、郡縣與中央集權合而論之，但「封建／郡縣」與「中央集權／地方分權」是兩種不同的分類方式。「封建／郡縣」主要是就「領導人是否爲世襲」而論；「中央集權／地方分權」則是就「中央與地方的權限大小」而論。換言之，封建可能是中央集權，郡縣亦可能是地方分權，如美國之聯邦制，便是接近郡縣制而又採取地方分權的制度。從船山的立場來看，他雖然力倡郡縣，卻沒有強烈支持中央集權的想法，而是認爲中央與地方應各守本分、各司其職。〔註37〕故本

〔註33〕見牟宗三：《中國哲學十九講》（台北：學生書局，1983年），頁180。牟先生在《政道與治道》一書中，又另以政權與治權之區分來探討「世襲」問題。他認爲：「政權本當爲『不可變滅者』，其本身確是一靜態之實有，然既寄託在具體個人或一家之血統上，與可變滅者凝合爲一，則雖有法度以延續之，實不能完成其爲一不可變滅者。」見牟宗三：《政道與治道》，收入《牟宗三先生全集》第10冊（台北：聯合報系文化基金會，2003年），頁7。簡言之，牟先生認爲政治乃眾人之事，人人皆有參與政治的權利（政權），元首、官吏雖有管理公共事務之權（治權），卻不能剝奪人民的權利，不能將「政權」與「治權」混合爲一。牟先生說：「繼體之君不能常有德而合乎君之理」，即指元首、官吏可能濫權，故在治權上政府官員需時常輪替，但政權則不變地掌握在人民手中。由封建至郡縣，形成中央集權的文人政府，士大夫握有治權，可參與政府事務的管理，並可以調動及免職，可說是完成了政權與治權分離的初步轉變；但政權仍操於世襲君主之手而不夠徹底，須進至民主憲政方可。

〔註34〕見黃仁宇：《中國大歷史》（台北：聯經，1993年），頁22。

〔註35〕見黃仁宇：《中國大歷史》，頁26～32。

〔註36〕這一點在本論文第三章第二節已略有提及。

〔註37〕見本論文第五章第四節「治國的原則」下，有關「分層負責」的說明。

節的討論以「封建／郡縣」為焦點，「中央集權／地方分權」暫不涉及。

（一）封建之弊與郡縣之利

中國封建制度自周朝起，至春秋戰國逐漸敗壞。春秋戰國時代最明顯的特徵就是各國君主為擴張勢力而混戰不休，給人民帶來極大痛苦。故無論是提倡仁政的孟子，或崇尚霸道的秦始皇，在政治上都以「大一統」為終極理想。船山身為儒者，對孟子的仁政與大一統觀念自是肯定無疑；但在具體制度上，卻認為秦朝的郡縣制，更能保障人民的生命與財產。牟先生所說的「政治客觀化」，船山亦有所留意，並反映在他對用人的論析。以下就從軍事、經濟、用人三方面，探討郡縣制的優越性。

1. 軍事

> 選舉之不慎而守令殘民，世德之不終而諸侯亂紀，兩俱有害，而民於守令之貪殘，有所藉於黜陟以蘇其困。故秦、漢以降，天子孤立無輔，祚不永於商、周；而若東遷以後，交兵毒民，異政殊俗，橫斂繁刑，艾削其民，迨之數百年而不息者亦革焉，則後世生民之禍亦輕矣。〔註 38〕

船山認為居於君主與人民中間的官員，無論是封建制下的諸侯、家臣，或郡縣制下的州牧、守令，都有腐化的可能；但郡縣制之官吏由皇帝任免，尚有更正的機會，封建制則因為官位世襲，更易徹底腐化，無法控制。〔註 39〕船山也見到封建有「鞏固君權」的優點，雖然春秋時代周王室衰微，至戰國更無實權，但至少大多數時間周天子仍為共主，社稷亦得保全。〔註 40〕但這不

〔註 38〕見〔明〕王夫之：《讀通鑑論》「秦始皇」第 1 則，頁 68。

〔註 39〕船山這一論點與唐代柳宗元的〈封建論〉非常相似，柳宗元認為：「漢興，天子之政行於郡，不行於國；制其守宰，不制其侯王。侯王雖亂，不可變也；國人雖病，不可除也。」只能等諸侯叛亂才能一次削平。郡縣制下的官吏則「有罪得以黜，有能得以獎。朝拜而不道，夕斥之矣；夕受而不法，朝斥之矣」，官吏更能服從並妥善執行國家的政策，而使百姓安定。見柳宗元：〈封建論〉，收入王松齡、楊立揚譯注，周勛初審閱：《柳宗元詩文》，台北：錦繡文化，1992 年。

〔註 40〕在「封建能否鞏固君權」的問題上，船山的觀點和立場，與柳宗元及南宋理學家胡宏（五峰先生）皆有所不同。柳宗元認為封建並無鞏固君權的效果，他說：「魏之承漢也，封爵猶建。晉之承魏也，因循不革。而二姓陵替，不聞延祚。今矯而變之，垂二百祀，大業彌固。」所以君主也不應採用封建制度。五峰在《知言》中說：「聖人制四海之命，法天而不私己，盡制而不曲防，分天下之地以為萬國，而與英才共焉。誠知興廢之無常，不可以私守之也。」

足以抵銷封建制下諸侯交兵的禍害，可見船山認爲民重於君。

2. 經濟

> 天子之畿千里；諸侯之大者，或曰百里，或曰五百里，其小者不能五十里。有疆埸之守，有甲兵之役，有幣帛饔飧牢餼之禮，有宗廟社稷牲幣之典，有百官有司府史胥徒祿食之眾，其制不可勝舉。〈聘義〉所云：「古之用財者不能均。」如此是已。
>
> 自秦而降，罷侯置守矣。漢初封建……其官屬典禮又極簡略，率天下以守邊，而中邦無會盟侵伐之事。若郡有守，縣有令，非其伯叔甥舅之交，而饋問各以其私。社稷粗立，而祀典不繁。一郡之地，廣於公侯之國，而掾史郵徼，曾不足以當一鄉一遂之長。合天下以贍九卿群司之內臣，而不逮《周禮》六官之半。是古取之一圻而用豐，今取之九州而用儉，其視三代之經費，百不得一也。〔註41〕

船山認爲封建制下，各諸侯國內典禮、軍備、官員人數繁多，其開銷最後還是要由人民負擔。從成本效益的角度來說，郡縣制下可以裁汰冗員及軍備；守令非世襲貴族，也不需要太多繁文縟節，可節省大量稅金。船山此說固然有其合理性，但封建制實爲一「自由競爭」的格局，春秋戰國無論是經濟、軍事、科技乃至學術思想，較之前代皆突發猛進，其中關鍵之一，就在於不存在大一統的中央政府，人才可在各國流動，學術思想不易受單一權力所掌控。各國的混戰雖出於君主之私而令百姓痛苦，卻也使君主更注重富國強兵，

楊祖漢先生認爲此處五峰明顯有反對家天下之意。他應是認爲秦漢以後之君主專制，以中央集權之方式統治全國，視天下爲一家所有，嚴防反側，以武力把持天下，是完全表現了人的私心。而一旦有勝於己者起來，便篡弒奪取，而原來之君主一家，便遭滅絕。見楊祖漢：〈胡五峰之體用論與朱子「中和舊說」的關係〉，收入《含章光化——戴璉璋先生七秩哲誕論文集》（台北：里仁書局，2003 年），頁 26～28。五峰在《知言》中也認爲封建較郡縣更能抵禦外侮，捍衛王室：「則必封建諸侯，藩垣屏翰，根深蒂固，難於崩陷。」船山與五峰都贊同封建有助於鞏固君權，船山說：「晉保社稷於百年，而魏速淪亡於三世，其於君天下之道，得失較然矣。晉武之不終也，惠帝之不慧也……然而遲之又久，非安帝之不知飢飽，而劉裕功勳赫奕，莫能奪也。謂非大封同姓之有以維繫之乎？」認爲晉之優於魏就在於晉分封同姓宗室較爲徹底。見〔明〕王夫之：《讀通鑑論》「晉武帝」第 1 則，頁 416～417。船山也承認從個人道德的角度來說，三代王者爲公，秦始皇爲私。但船山並不認爲維持皇室傳承就一定對國家最有利，封建雖出於道德考量且對君主有利，諸侯卻可能彼此爭鬥不休而禍及百姓，不能爲了鞏固君權而倡導封建。

〔註41〕見〔明〕王夫之：《讀通鑑論》「漢文帝」第 21 則，頁 114。

發展新的生產技術及管理方式，無形間推進了文明的發展，筆者認爲這種自由競爭格局所帶來的好處，是船山所忽視的。

3. 用人

> 古者諸侯世國，而後大夫緣之以世官，勢所必濫也。士之子恆爲士，農之子恆爲農，而天之生才也無擇，則士有頑而農有秀；秀不能終屈於頑，而相乘以興，又勢所必激也。〔註 42〕

封建制度下社會地位的高低主要仰賴血統，出生在貴族家，即使昏庸無能，也永遠居於統治地位；反之即使再有才能，只要出生在平民家，就永遠無法出人頭地。船山覺得這種現象並不合理，人才的優劣應視其本身秀頑而定，而非出身背景，如此才有客觀性〔註 43〕，這也是大勢所趨。又封建制度下，國內的官吏多是家臣，與君主一家有著千絲萬縷的關係，在處理政治、司法事務時，難免會受私情恩義的牽累，無法秉公辦事：

> 法與情不兩立，亦不可偏廢者也。閭井相比，婚媾相連，一旦乘權居位，而逮繫之、鞭笞之，甚且按法以誅戮之，憯焉不恤，曰「吾以奉國法也」，則是父子、昆弟、夫婦、朋友之恩義，皆可假君臣之分誼以摧抑之，而五倫還自相賊矣。於是乎仁心牿喪，而民競於權勢以相離散，非小禍也。若欲曲全恩義，而骫法以伸私，則法抑亂，而依倚以殃民者不可勝詰。然則除諸侯私土私人之弊政於九州混一之後，典鄉郡、刺鄉州、守鄉邑，其必不可，明矣。〔註 44〕

船山認爲法與情不可偏廢，甚至在儒家的觀念裡，情是比法更根本的。封建制度下，高官既是國家的官吏，又是君主的家屬、親信，一旦官員犯了法，君主如果完全按照國法來處罰，不免於心不忍；如果讓官員逍遙法外，又破壞了國家的秩序。這裡可以看出同一個人身上兼有「親屬」與「官員」兩種

〔註 42〕見〔明〕王夫之：《讀通鑑論》「秦始皇」第 1 則，頁 67～68。

〔註 43〕船山這一論點也與柳宗元相近，柳宗元說：「使賢者居上，不肖者居下，而後可以理安。今夫封建者，繼世而理。繼世而理者，上果賢乎？下果不肖乎？則生人之理亂，未可知也。」船山與柳宗元對政治上的現實都有清醒的認識。柳宗元甚至說：「彼封建者，更古聖王堯舜、禹湯、文武而莫能去之。蓋非不欲去之也，勢不可也」，認爲古代聖王行封建乃是基於現實局勢考量。「夫殷周之不革者，是不得已也。蓋以諸侯歸殷者三千焉，資以黜夏，湯不得而廢；歸周者八百焉，資以勝殷，武王不得而易」，湯武須爭取各方勢力支持，方能穩住政權。

〔註 44〕見〔明〕王夫之：《讀通鑑論》「唐高祖」第 10 則，頁 747～748。

身分，是容易產生衝突的。郡縣制下官員主要是由全國各地考選而來，雖然無法完全排除攀親帶故的可能，但官員與君主沒有直接的親屬關係，較能秉公辦事。就維持法治的立場來說，已比封建進一大步了。

（二）郡縣制下治理地方之道

前文已經說明了船山支持郡縣制的理由，但郡縣制在中國歷史上各朝代，也有不同的運作方式。船山對這些運作方式的優劣得失，也有所評論。從這些論述當中，也可以進一步了解船山對郡縣制的想法，知道郡縣制要如何運作才能造福人民。船山在這方面的論述可分兩類，一是人事，一是組織。從人事層面來說，船山主張不限地域，找出最熟悉狀況的人；且追求各地區的均衡發展，尤其重視邊疆等戰略要地。從組織層面來說，應以寬厚爲原則，不宜施行禁止遷徙、保甲等箝制人民自由的惡法。以下分別論之。

1. 人事方面

古代士人通過科舉考試，獲得任官資格後，下一步就是分發到政府機構的各單位。新進的官員通常會先到地方上歷練幾年，再回中央政府擔任要職。問題就在於如何分發這些士人？古代政府對此也有一套完整的規範：首先本地人不得當本地官，以免受人情請託干擾。其次則是將州郡依經濟發展狀況分爲不同等級，再依照科舉的名次高低排序，名次高者在內地，反之則分配到偏遠地區。這兩種安排看似公平客觀，船山卻不滿意，他說：

> 名爲一省，而相去千里者多矣；名爲異省，而雞犬相聞者多矣……豈天限地絕，一分省而遂不相及哉？此適足爲笑者也。或爲婚姻，或相對治，情相狎，過相匿，所必慮也，而又奚必婚姻對治之相臨乎！
>
> 夫防之嚴，而適以長欺……若夫捐禁而鄉郡可守，尤有利焉。自賢者而言之……審土之宜以益民，視習之趨以正士，則利果利而教果教矣。自不肖者而言之……居其土、與其人俱，當官則吏也，歸里則鄉曲也，刑罰科斂之加，非以其正，而鄉人可報之於數十年之後……害亦有所懲矣。〔註45〕
>
> 州郡亦猶是也，政有勞逸，民有淳澆，賦役有多寡，防禦有緩急，而人才有長短，惡容不爲之等邪？

〔註45〕見〔明〕王夫之：《讀通鑑論》「後漢靈帝」第4則，頁323～324。

> 朱异之法，以異國降人邊陲之地爲下州，則亂政也。以安富遂巧宦之欲，而使頑懦之夫困邊民、開邊釁，日蹙國而國因以危……邊之重於腹也，瘠之重於饒也，拔邊瘠之任置之腹饒之上，以勸能吏，以賤貪風，是在善通其法而已矣。〔註 46〕

本地人不得當本地官的規定，起自漢桓帝的「三互法」。《後漢書・蔡邕傳》記載：「初，朝議以州郡相黨，人情比周，乃制婚姻之家及兩州人士不得對相監臨。至是復有三互法，禁忌轉密，選用艱難。」李賢注：「三互謂婚姻之家及兩州人不得交互爲官。」船山認爲防弊的關鍵不在制訂嚴格的迴避法令，而在於從根本做起，提升士人的道德品行。在大一統帝國的格局下，結黨、關說原不限於本地人，迴避的效用有限。任用本地人當官反而有好處，從好的方面說，對當地事務較爲熟悉，有助於行政管理。從壞的方面說，官員以當地爲故土，做官時也需要考慮到家族名聲，而不敢有太過踰矩的舉動，以免退休後遭到報復。在州郡排名方面，船山認爲幅員廣大的中國，各地狀況複雜，分類排名在治理上實有其必要性。但讓有才華的官員在內地安享富裕生活，庸劣的官員發配邊疆，卻很不妥當。富裕的州郡本來就容易治理，才能不高也可以勝任。相反地，邊疆反而是最不容易照顧到，也是最容易出問題的區域。所以邊疆反而要指派最優秀的官員治理，以達成均衡發展。由於明代滅亡的主因之一就是邊患，這也可以看成船山基於歷史教訓所給出的建議。

2. 組織方面

古代除了在全國各地設郡縣之外，在郡縣之下還有次級的地方行政單位，如今之鄉鎮市、鄰里等。行政區域內的人民，必須向當地政府申報戶籍，以利管理。但戶籍制度在歷史上卻被一些政府濫用，變成迫害百姓的工具，如下所示：

> 民不可使有不服籍者也，客勝而主疲，不公也；而新集之民，不可驟役者也。生未定而力不堪也。若夫撿括之而押還故土，尤苛政也。民不得已而遠徙，抑之使還，致之死也。開元十年，敕州縣安集逃人，得之矣，特未問其所以安集之者奚若也。安集之法，必令供所從來，而除其故籍，以免比閭宗族之代輸，然後因所業而徐定其賦役，則四海之內，均爲王民，實不損，而逃人之名奚足以立乎？〔註 47〕

〔註 46〕見〔明〕王夫之：《讀通鑑論》「梁武帝」第 24 則，頁 650。
〔註 47〕見〔明〕王夫之：《讀通鑑論》「唐玄宗」第 13 則，頁 845。

> 三長之立，李沖非求以靖民，以覈民之隱冒爾。拓拔氏之初制，三五十家而制一宗主，始爲一户，略矣，於是而多隱冒。沖立繁密之法，使民無所藏隱，是數罟以盡魚之術，商鞅之所以彊秦而塗炭其民者也。且夫一切之法不可齊天下，雖聖人復起，不能易吾說也。地有肥瘠，民有淳頑，而爲之長者亦異矣。〔註48〕

上述第一段引文是船山對戶籍制度的看法。他認爲戶籍的建立有其必要性，因爲政府必須以戶籍資料做爲納稅、服役的依據。但戶籍制度卻不能濫用，如發生天災人禍時，政府以戶籍爲理由，將逃出災區的農民送回災區，這等於讓人民餓死，是極不人道的做法，故受到船山抨擊。船山除了從原則上肯定人民在國內有遷徙自由，反對限制人民移動的法令外，還另外提出了幫助災民的福利措施，如註銷原戶籍、在一定時間內減免賦稅等。凡此皆可見船山的愛民之心。第二段引文討論「保甲法」，這也是船山反對的。保甲最早可追溯到商鞅變法，是一種帶有軍事管理色彩的戶籍制度，由若干戶組成一甲，若干甲組成一保，互相監視告密，並規定連坐處罰，以收維持秩序之效。北魏孝文帝時，李沖奏請實行「三長制」，以五家爲一鄰，五鄰爲一里，五里爲一黨，各設一長，也是保甲法的一種。船山認爲保甲是透過嚴密監管的手段，迫使人民服從，以滿足統治者的私心欲望，對人民有害無益，不應推行。且保甲過於機械化，忽略了地理環境與人民素質的差異，而將各戶強行組織在一起，在現實上恐怕也窒礙難行。船山又說：「蘇威效之，令五百家而置鄉正，百家而置里長，以治其辭訟，是散千萬虎狼於天下，以攫貧弱之民也」，這是因爲「鄉里之豪，測畜藏以側目，挾恩怨以逞私，擁子弟姻亞以橫行。」鄉里長的權力太大，容易腐化而成爲土豪劣紳，使弱勢者受害更深。凡此皆是船山反對保甲的理由，亦可見船山對人民的寬厚。

　　如同以上各段所說的，船山對封建與郡縣制度的思考，是以「愛民、保民」爲大前提，認爲郡縣制最能達成安定百姓的目標。對郡縣制度下的人事與組織等地方政策，也提出了建議。至於爲什麼船山只從實際利益的角度立論，而不採取牟先生與黃仁宇等現代學者的觀點，筆者推測，可能是古人的思考習慣與現代人不同之故，他們不擅長將人權、法制等觀念從具體的政治運作中抽離出來，當作獨立的主題去思考，而專注於現實問題的解決。「人是政治之本」的觀念，也使船山傾向於不將自然環境當作推動歷史發展的主要

〔註48〕見〔明〕王夫之：《讀通鑑論》「齊武帝」第4則，頁607。

因素。船山不支持孟子或五峰等儒者的復古政策，則是從「守經行權」與「因革損益」的觀點來考慮。封建、井田雖然是先王之道，但這些政策的用意是照顧百姓。如果後世發現更能保民、愛民的方法，也就不必死守那些做法。三代的形勢與後代不同，三代接近上古，保留部落社會的遺跡，無法立即剷除，封建是先王順應當時需要，不得已而爲之的折衷做法。〔註 49〕後代既然沒有三代的歷史包袱，可直接採取最佳方案，不必一切重來。於此亦可見船山思想之開明。

第三節　中央政府

出於輔佐君主處理政事的需要，中國從周朝開始，就有「冢宰」一職的設立。其後文武逐漸分立，文官除了以宰相爲領袖外，還設有監察機構。如秦朝就有丞相、太尉、御史大夫，合稱「三公」，爲國家最重要的官職。其後各朝代也大致承繼這架構，而在各單位的組織與功能上迭有調整。直到明太祖出於專制集權的考量，才廢除宰相一職。〔註 50〕船山在比較了歷史上各朝代的中央政府架構後，認爲隋唐之制最有助於通盤考量國家發展而減少弊端。首先船山認爲應設置獨立的軍事訓練與指揮機構，如晚唐的樞密院。第二，高級文官應仿效隋唐「三省制」，區分出決策機構與執行機構，決策時由大臣共同商議，以收高瞻遠矚、集思廣益之效。第三，諫官接受宰相的指示與監督，糾正皇帝的過失。以下就詳細說明船山認爲唐制較優的理由。

（一）文武分立，以文統武

軍隊的訓練與作戰有其專業性。歷史上雖然也有「寓兵於農」的政策，

〔註 49〕船山說：「三代沿上古之封建，國小而君多，聘享征伐一取之田，蓋積數千年之困敝，而暴君橫取，無異於今川、廣之土司，吸齕其部民，使鵠面鳩形，衣百結而食草木。三代聖王，無能疾出其民於水火，爲撙節焉以漸蘇其生命，十一者，先王不得已之爲也。」見〔明〕王夫之：《讀通鑑論》「唐高祖」第 9 則，頁 746。

〔註 50〕明代的政治制度是皇帝親自處理一切政事，但政事千頭萬緒，爲了輔佐皇帝而設立「內閣」，內閣中的大學士向皇帝提供建議，做爲施政的參考。其後閣權漸重，一切奏疏先由大學士審閱並建議如何批示，再由皇帝裁決，稱爲「票擬」。但內閣的職權無法與正式的宰相相比，如張居正當政時，因爲大學士在制度上無權直接處理政事，唯有勾結宦官，確保其決定能獲得皇帝支持，方能推行改革。從法理觀點看這是越權，因而受到許多朝臣的反對。見錢穆：《中國歷代政治得失》（台北：素書樓文教基金會，2001 年），頁 108～116。

而將行政與軍事合一，但船山認爲這已不合時宜，唐末、五代的樞密制度，才能有效因應戰爭的需要：

> 若以古今之通勢而言之，則三代以後，文與武固不可合矣……所以必然者，三代寓兵於農，兵不悍，而治民之吏即可以治兵。其折衝而敵愾者，一彼一此，疆埸之事，甲未釋而幣玉通，非有獯夷大盜爭存亡於鋒刃之下者也。而秦、漢以下不然，則欲以三公制封疆原野之生死，孰勝其任而國不爲之敝哉？〔註51〕
>
> 五代分中書、樞密爲二府……固三代以後保國之善術也。
>
> 至其爲謀之得失，有宰相以參酌于前，有諫官以持議於後，亦不患其擅國柄而誤封疆矣。漢舉朝政盡委之大將軍，而丞相聽命，五代使樞密察宰相，固欹重而貽權姦之禍。唐、宋之失，在任劉光琦、童貫，蓋所任非人，而非其設官之咎。〔註52〕

船山認爲三代封建制度下，由於各諸侯國疆域狹小，即使有戰爭也規模不大，無須設置專門的軍隊，可實行「寓兵於農」的政策。大一統帝國建立後，敵人不再是諸侯，而是外患入侵與民變，需建立大批常備軍，壓制各地的動亂。軍隊的徵召、管理、訓練、調度都需要有專人負責，作戰時尤其需要敏捷果斷的指揮。宰相未必有充分的專業知識，也很難在日理萬機之餘抽空處理。所以船山贊成「樞密院」這一機構的設立，雖然晚唐以宦官擔任樞密使而有許多弊端，但只要改派適當人才，便可鞏固國防。又將領雖然有相對獨立的職權，但反過來說，依照文武分立的原則，將領也不該干涉國政，且須受文官節制，以免像漢代大將軍或晚唐樞密使那樣，時常發生軍事政變。

（二）宰相制度

宰相制度自秦朝起，至漢朝確立後，便成爲中國政治制度的一項重要特色。基於此一制度，而有所謂「內朝」與「外朝」的區分。「內朝」指皇室及宮廷，「外朝」即指政府。天子在理論上爲全國之業主，但其管理權僅及於內朝。外朝之首領爲宰相，由宰相主持國政。天子有易相或罷相之權，但不能直接管理外朝。天子與丞相之權力，互有制衡作用。現代史學家錢穆很看重這一區分的作用，認爲可以免除君主專制的弊病。〔註53〕勞思光亦認爲漢代

〔註51〕見〔明〕王夫之：《讀通鑑論》「漢成帝」第8則，頁190～191。

〔註52〕見〔明〕王夫之：《讀通鑑論》「唐憲宗」第5則，頁955～956。

〔註53〕見錢穆：《中國歷代政治得失》第一講「漢代」與第二講「唐代」論宰相制度

的宰相與選舉制度，最合先秦儒家之思想。〔註 54〕倘論中國政府組織之演變，則相權之衰落亦可作爲一主要線索，即君權日益擴大而侵佔相權。船山在史論中雖然未直接評論明代的君主集權，但卻非常肯定宰相存在的必要性。歷代的宰相制度，其差異主要在於宰相人數的多寡，如果由多人擔任，各人的職權又應如何劃分？以下先從宰相的價值談起：

> 若治教政刑，雖頒典自王，而諸侯自行於國內，不仰決於六官。如是，則千里之王畿，政亦簡矣，其實不逾今一布政使之所理也。郡縣之天下，攬九州於一握，卑宂府史之考課，升斗銖絫之金粟，窮鄉下邑之獄訟，東西萬里之邊防，四瀆萬川之堙洩，其繁不可勝紀，總聽於六官之長，而分任之於郎署。其或修或廢，乃至因緣以雠私者，無與舉要以省其成，則散漫委弛而不可致詰。故六卿之上，必有佐天子以總理之者，而後政以緒而漸底於成，此秦以下相臣之設不容已也。

船山認爲封建小國政事簡單，可由君主直接處理；大一統帝國成立後，事務極端複雜，如吏治、稅收、司法、國防等，皇帝一人很難全部掌握，需要由大臣協助彙整，才能妥善處理。至於宰相人數，船山又說：

> 乃相臣以一人而代天子，則權下擅而事亦宂，而不給於治；多置相而互相委，則責不專，而同異競起以相撓；於是而隋文之立法爲得矣。左右僕射皆相也，使分判六部，以各治三官，夫然，則天子統二僕射，二僕射統六卿，六卿統庶司，仍《周官》分建之制，而以兩省分宰相之功，殆所謂有條而不紊者乎！〔註 55〕

在宰相制度上，隋唐與秦漢不同之處是漢代爲「領袖制」，由一位宰相掌握全國行政大權；唐代爲「委員制」，將相權分割成幾個部門，由許多人共同負責，凡事經各部門之會議而決定。〔註 56〕宋代又將軍事、財政、用人從相權分割出去，導致相權低落。〔註 57〕船山認爲只設一位宰相，皇帝的權力易被宰相侵奪，且工作量過重。宰相太多則容易互相推卸責任。隋唐由兩位長官共同

的部分。

〔註 54〕見勞思光：《新編中國哲學史（二）》（台北：三民書局，1984 年增訂初版），頁 1～12。

〔註 55〕見〔明〕王夫之：《讀通鑑論》「隋文帝」第 4 則，頁 700。

〔註 56〕見錢穆：《中國歷代政治得失》，頁 41。

〔註 57〕見錢穆：《中國歷代政治得失》，頁 78～80。

領導尚書省〔註 58〕，折衷於漢、宋之間；雖然在實際運作上不免與當初的立意有落差〔註 59〕，但從制度本身的觀點來看，隋唐的設計還是比較合理。此處以尚書省長官爲宰相，其實依唐制，尚書省只執行命令，決策、下達命令由中書省與門下省負責。船山對「三省」的職權劃分也相當讚許：

> 唐初定官制，三公總大政於上，六省典機務於中，九寺分庶政於下……然而唐多能臣，前有漢，後有宋，皆所不逮，則勸獎人才以詳治理，唐之斟酌於周者，非不審也。〔註 60〕
>
> 唐制：軍國大事，中書舍人各陳所見，謂之五花判事，而宰相審之，此會議之始也；敕旨既下，給事中黃門侍郎駁正之，則抄參封駁之始也。夫六官之長貳，各帥其屬、庀其事、以待軍國之用，乃非體國如家者，則各炫所長、匿所短，互相推移而避其咎。使無總攝而通計之者，將飾文具以應，而不恤國事之疏以傾也，此不可聽庶司之汎應，而無與折中之者也；統之以宰相，而推諉自私之弊去矣。然宰相之賢者，且慮有未至而見有或偏，不肖者之專私無論也；先以中舍之雜判，盡群謀以迪其未達，而公論以伸，則益以集而權弗能擅，其失者庶乎鮮矣。猶且於既審之餘，有給事之駁正以隨其後，於是而宰相之違以塞，而人主之愆以繩，斯治道之至密，而恃以得理者也。〔註 61〕

船山認爲歷代的中央政府設計，以唐朝最爲合理。漢代政府由三公九卿組成，九卿〔註 62〕原是處理皇室事務的官員，至漢代職權逐漸演變爲管理國家政務。唐代依照《周禮》設置六部〔註 63〕，這六部是正式的政府部門，脫離了宮廷私職的氣味，職權劃分亦更爲清楚。此後千餘年中央政府之變動，只在中書、門下發佈命令的一部分，至於執行命令的尚書省六部制度，則從未有

〔註 58〕唐太宗即位前曾做過尚書令，因此朝臣無人敢再當尚書令之職，尚書令常虛懸其缺。僅有兩個副長官，即尚書左僕射及右僕射。見錢穆：《中國歷代政治得失》，頁 45。

〔註 59〕隋文帝表面上設置了尚書令，卻在自己做皇帝的整整二十四年中，不任命人選。見朱浤源等：《中國政治制度史》（台北：國立空中大學，2002 年），頁 208。

〔註 60〕見〔明〕王夫之：《讀通鑑論》「唐高祖」第 8 則，頁 742。

〔註 61〕見〔明〕王夫之：《讀通鑑論》「唐太宗」第 5 則，頁 758。

〔註 62〕漢代九卿爲：太常、光祿勳、衛尉、太僕、廷尉、大鴻臚、宗正、大司農、少府。

〔註 63〕唐代六部爲：吏部、户部、禮部、兵部、刑部、工部。

大變更。〔註 64〕除了將六部列爲正式機構外，唐制還有下述優點：

首先，這有助於矯正各部門的本位主義傾向。六部長官的眼光受限於職務，爲了增添該部門的功績，掩飾該部門的缺陷，容易互推責任，未考量整體的需要，損害了國家利益。故必須由宰相站在更高層次，統一協調、管制各部門，將有限的資源做最有效的利用。〔註 65〕

第二，宰相人數眾多可收集思廣益之效。唐代政府的決策流程，是先由中書省之中書舍人撰寫幾份草案，再由中書省長官選擇一稿，送皇帝畫「勅」成爲正式詔書，最後由門下省長官審查，通過即成爲正式命令，送尚書省執行；不通過則退回中書省重擬。後來又演變成中書省與門下省先在政事堂集會商議，確保命令能通過。〔註 66〕唐代的法律和命令在正式頒佈前，都需要經過層層把關，不僅能夠及早發現法案當中的缺陷而予以修正；由多人共同負責，也降低了專制獨裁、以權謀私的可能性，更能照顧到公共利益。此制頗有現代民主的精神。〔註 67〕

第三，有助於培養人才，如船山所說「勸獎人才以詳治理」。六部長官各有執掌，依法處理日常行政事務，「官各有司，司各有典，典各有常」，很容易形成慣性，「因循相襲，以例爲師」〔註 68〕，盲目維持既有體制的運作，忽略體制建立的用意，及如何順應時代需要加以改進。宰相一職給予士人機會，擺脫日常事務的負擔，訓練士人以通盤眼光考察國政，充分表現其才華。〔註 69〕故唐

〔註 64〕見錢穆：《中國歷代政治得失》，頁 48～51。

〔註 65〕依照陳遠寧的研究，船山處理中央政府的集權與分權問題，是依照法與理、合與分相結合的原則。按照法，就是要循名責實，各級官吏有法定的、明確的職責與分工；按照理，則不應把分工絕對化、機械化，應允許各級官吏按照實際情況而有所變通。見陳遠寧：《中國古代政治觀的批判總結——王船山政治觀研究》（長沙：湖南出版社，1992 年），頁 55～62。

〔註 66〕見錢穆：《中國歷代政治得失》，頁 43～48。

〔註 67〕現代民主制度下，法案亦需要經由議會公開討論、審查通過才能成立。當然唐代文官與現代議員的產生方式仍有不同。

〔註 68〕見〔明〕王夫之：《讀通鑑論》「唐高祖」第 8 則，頁 743。

〔註 69〕船山說：「夫人之才，如兩目之互用，交相映而合爲一見也。取一體而分責之，無所合以相濟，將司農不知司馬之緩急，司馬不知司農之有無……雖有長才，徒爲太息，固將翱翔於文酒琴弈之中，而不肖者持祿容身，不復知有清議，賢愚無別，誰復戮力以勤王事哉？是故三公六省無專職，而盡聞國政以佐天子之不逮，國多才臣，而雖危不亡，唐之所以立國二百餘年，有失國之君，而國終存，高祖之立法持之也。」可見宰相制度在培養人才上的作用。見〔明〕王夫之：《讀通鑑論》「唐高祖」第 8 則，頁 744。

代的宰相制度可說是最理想的。

（三）皇帝、宰相與諫官

如前所述，傳統上中央政府的組成是行政、軍事、監察三權分立，並以行政（宰相）為中心。前文已說明船山對行政權的看法，及行政與軍事的關係。除此之外，政府部門的另一重要分支——監察機構，也值得探討。中國古代的監察權，原有「諫議」與「監察」的區分，兩者同是國家機器的監督機制，但監督對象不同。「諫」專指皇帝，是針對皇帝的決策提出批評；「監察」則是糾察、彈劾各級官員。〔註 70〕船山基本上對諫官的存在是持肯定態度，但職權應限制在監督皇帝的範圍內，且必須接受宰相領導，不可妄發議論、掀起政爭。皇帝、宰相、諫官三者構成一種相互制衡的關係。船山認為唐代的諫議制度最好，宋以後則敗壞：

> 若夫必置諫官以贊其不逮者有故：大臣者，一諫而善道之，再諫而昌言之，三諫而危言之；然而終不庸焉，則引身以退，大臣之道也。故唯宗社安危，賢姦用舍，生民生死之大司，宰相執之，以弼正天子之愆，而自度其去就。若夫天子一言之不合，一動之不臧，好尚之不端，喜怒之不節，見端於微，未形於大，宰相屑屑然以力爭，爭而不從，不從而不去，則辱其身；不從而急去，則遺其君。故宰相必靳於其小，而以封駁爭論之權授之諫官，而後宰相得以持其大，而為進退之大經。故唐之制猶善也。
>
> 宰相之用舍聽之天子，諫官之予奪聽之宰相，天子之得失則舉而聽之諫官；環相為治，而言乃為功。諫官者，以繩糾天子，而非以繩糾宰相者也。天子之職，止此一二日侍密勿心膂之大臣，弗能決擇而委之諫官，則天子曠矣。天子曠而繁言興，如是而不亂者，未之或有。仁宗詔宰相毋得進用台官，非中丞知雜保薦者毋得除授，曰：「使宰相自用台官，則宰相過失無敢言者。」嗚呼！宋以言語沓興，而政紊於廷，民勞於野，境蹙於疆，日削以亡，自此始矣。
>
> 自仁宗之為此制也，宰執與台諫分為敵壘，以交戰於廷。台諫持宰執之短長，以鷙擊為風采，因之廷叱大臣以辱朝廷，而大臣乃不惜

〔註 70〕見汪德邁（Leon Vandermeersch）：〈中國諫議制度〉，收入龍巴爾（Denys Lombard）、李學勤主編：《法國漢學（第一輯）》（北京：清華大學出版社印行，1996 年），頁 41。

> 廉隅，交彈而不退。其甚者，有所排擊以建其所欲進，而巨姦且託台諫以登庸，害乃伏於台輔。宰執亦持台諫之短長，植根於內廷，而假主威以快其報復。於是或竄或死，乃至褫衣受杖，辱當世之士，而好名者且以體膚之傷毀爲榮。〔註71〕

船山認爲皇帝、宰相、諫官三者環環相扣。諫官監督皇帝，皇帝任命並監督宰相，宰相任命並監督諫官。明清以前的皇帝並不直接處理政事，政事委託宰相處理，宰相有權決定國家大政方針。但宰相由皇帝任命，皇帝通常傾向於任命與自己政治主張相近者，而對國政起間接影響。如果宰相與皇帝意見不合則會辭職，由皇帝另擇其他人選。皇帝與宰相的政見雖然大體相合，但在細節上仍可能有不一致之處；尤其是在皇帝的私德方面，宰相不便直接與皇帝起衝突，故由宰相所任命的諫官提出批評，間接表示宰相的看法，較爲委婉圓融。在唐朝的制度下，儘管皇帝仍掌握最後的人事任命權，宰相、諫官未必能充分監督皇帝，但至少皇帝必須和宰相、諫官溝通協調，才能有效治理國家，較難一意孤行。

宋代雖仍設有宰相與諫官，但卻破壞了皇帝、宰相、諫官三者之間的平衡，自宋仁宗起，諫官改由皇帝任命，職責亦由監督皇帝轉爲監督宰相。如此一來，皇帝的權力是提升了，但卻助長了士大夫相互攻擊的風氣。宰相必須討好皇帝，藉皇帝來壓制諫官的言論，才能辦事；諫官也藉抨擊宰相來提高政治聲望，試圖由外操控政事，而不問其批評是否合理。宰相忙著進行政治鬥爭；諫官只發言論，卻不負決策、執行之責，政府中的兩大機構，都不能發揮原有的功能，對國事有實際的助益，這種設計是不合理的。由此可見，船山雖然尊重君主的權威，但並不是崇尚專制獨裁，相反地，他認爲宰相必須獲得充分的信任與授權，君主也必須接受諫官的監督；君主、宰相、諫官都有屬於自身的明確職責，互相補充又不致互相掣肘，才是最理想的制度。

由以上的討論可知，船山多從實質運作的角度，探討中央政府的組成。雖然漢朝的宰相制度，最能達成限制君權的效果，但在船山看來，唐朝的宰相與諫議制度，才能提升立法與決策的品質。從實務上看，船山的主張很有說服力，他所設想的中央政府架構確實較爲合理。但他對「權力根源」的問題卻很少探討，仍將之歸於天命或開國君主之德。由於法律上君主的權力不

〔註71〕見〔明〕王夫之：《宋論》「宋仁宗」第7則，頁122～125。

受限制，不能還政於民，即使有良好的組織設計，也仍然有可能被君主破壞，喪失原初的美意。於此亦可見船山思考的長處與不足。

第四節　人才選拔與考核

中國在由封建演變至郡縣的過程中，官員身分的變化是一項顯著的特徵。在封建制度下，官員多由諸侯的家屬或親信擔任，並且世代傳承。郡縣制下官員不再世襲，在官位有限的情況下，如何從全國各地選出優秀人才，以利處理國政，就成爲歷代政府所要面對的另一項重要課題。船山對此亦有所論述，他贊成科舉取士，但科目宜限於經義與詩賦，排除策論等講求實效的內容。因爲他繼承的是儒家「尊賢」的傳統，對人才的要求以品德爲主，能力則是其次。以下先從船山論人才選拔的原則談起，再看他對歷史上各朝代的選才有哪些評論，對船山心中理想的人才選拔方式便可有一了解。

（一）基本原則

船山主張政府選拔人才時，應以「教化」，亦即對人民的品德有正面影響爲優先考量。他說：

> 夫貢舉者，一事而兩道兼焉。選天下之才，任天下之事，以修政而保國寧民，此一道也。別君子於小人，榮之以爵，養之以祿，俾天下相勸於善，而善者不抑，不善者以悛，此又一道也。兩俱道，而勸民以善之意，尤聖人之所汲汲焉。〔註72〕

> 流及於宋，竊竊然唯恐天下之異心也，師武曌之智，開籠絡之術，廣進士，明經、學究之科……夫天下，恩之不勝恩也，怨之不勝怨也，恩之所止，怨之所流。

> 裁生徒，節貢舉，省進士，謹資格，持之以難，擇之以慎，天下乃曉然知上所尊尚之旨，其不容苟且如此，而抑歡然奉養於長吏孝秀而永謝其望心。〔註73〕

船山認爲，由於官員是眾人注目的焦點，一言一行都會對社會產生重大影響，所以在選拔時除了留意其才幹，需具備處理實際事務的能力之外，還必須考量官員的道德素養，甚至後者才是更重要的。

〔註72〕見〔明〕王夫之：《讀通鑑論》「唐玄宗」第15則，頁847。

〔註73〕見〔明〕王夫之：《黃書・愼選第四》，收入《船山全書》第12冊（湖南：岳麓書社，2011年新版），頁520～522。

爲了提升官員素質，建立官員在人民心中的良好形象，以收教化之效，船山反對任意擴增官員名額。中國實施科舉制後，士人以參政爲正途，政府組織有逐漸擴大之趨向，造成冗員充斥。〔註 74〕船山認爲這種「浮濫化」的政策是出自皇帝的私心，企圖以爵祿籠絡士人，避免士人造反。但官位畢竟有限，即使再怎麼擴充，能夠做官的仍是少數，大多數無官可做的知識份子必定心生不滿。與其如此，不如一開始就精簡名額，只錄取優秀人才，避免給士人太多希望。如果廣開門路，讓士人燃起做官希望後又破滅，挫折感反而更大。

對於官員名額的問題，與船山同時代的黃宗羲（號梨洲）有不同看法。梨洲認爲科舉如果只錄取少數人，許多有才華之士就沒機會出人頭地，而考上科舉的人則會開始怠惰。如果廣開科舉名額，大家都可考上，錄取後需經過長期歷練與嚴格篩選才授予官職，較能杜絕上述弊端。〔註 75〕梨洲比較像是將科舉看成一種培養人才的機制；船山雖然也同意政府有教化的責任，但不必將大批讀書人直接納入政府管轄，以免開銷太大。筆者認爲船山的主張是較爲合理的。

（二）選拔方式

中國歷史上的人才選拔制度，可大略分成三階段：漢代建立察舉制，由地方長官在轄區內考察、選取人才並推薦給上級或中央，經過試用考核再任命官職。至魏晉，察舉轉變成九品中正制，世家大族掌握政治特權。隋唐科舉制再將這種狀況予以打破，以客觀的考試做爲任官標準，大多數人民皆可報考。科舉在唐代確立後，宋至清代皆以科舉爲政府官員的主要來源。船山

〔註 74〕見錢穆：《中國歷代政治得失》，頁 61～62。

〔註 75〕梨洲說：「古之取士也寬，其用士也嚴；今之取士也嚴，其用士也寬。古者鄉舉里選，士之有賢能者，不患於不知。降而唐、宋，其爲科目不一，士不得與於此，尚可轉而從事於彼，是其取之之寬也。……論定然後官之，任官然後爵之，位定然後祿之。一人之身，未入仕之先凡經四轉，已入仕之後凡經三轉，總七轉，始與之祿……是其用之之嚴也。寬於恥則無枉才，嚴於用則少倖進。今也不然，其所以程士者，止有科舉之一途，雖使古豪傑之士若屈原、司馬遷、相如、董仲舒、楊雄之徒，舍是亦無由而進取之，不謂嚴乎哉！一日苟得，上之列於侍從，下亦置之郡縣；即其黜落而爲鄉貢者，終身不復取解，授之以官，用之又何其寬也。嚴於取，則豪傑之老死丘壑者多矣；寬於用，此在位者多不得其人也。」見〔明〕黃宗羲：《明夷待訪錄・取士下》，收入《叢書集成初編》760（北京：中華書局，1985年），頁 11～12。

對上述三種制度都有所評述，認爲察舉弊端最大，九品中正利害參半；科舉雖佳，但要留意考試內容。以下分別論之：

1. 漢代察舉制

以文取士而得僞飾之文，以行取士而得僞飾之行，則僞行之以害人心、壞風俗、傷政理者，倍於僞飾之文，支離浮曼，而害止於言也。且設科以取士，則必授之以式矣……行而務爲之成法，則孝何據以爲孝之程，廉何據以爲廉之則邪？不問其心，而但求之外……極其弊，委之守令，而奔走於守令之門，臨以刺史，而奔走於刺史之門，以聲譽相獎，以攀援相競，乃至以賄賂相要，父母爲羔鴈，廉恥爲優俳，其不率天下以狂趨者能幾也？

鄉舉里選，三代之法也。而殷之大國方百里，周之大國五百里而止，其小者五十里耳，即其地，選其人，官其土，君大夫世與相狎，而賢姦易辨，猶今置鄉耆於一村一社而已，則公議固不容掩也。乃以四海之遼絕，刺史守令三載之乍臨，求知巖穴之行履，責以知人之哲，而升朝以任天下之大，何易易邪？〔註 76〕

漢代的「察舉」是政府規定地方長官每年推薦一、兩名賢才到中央，由於是定期推薦，人數眾多，漸漸成爲官吏的主要來源。〔註 77〕其中「孝廉」是主要的察舉科目之一。這一制度最大的弊病是主觀性強，很難有公平客觀的標準，如船山所說：「孝何據以爲孝之程，廉何據以爲廉之則邪？」道德價值雖然是先天的、普遍的，但每一個人基於後天教養的差異，對哪些行爲合乎道德、哪些行爲不合乎道德都會有不同的判斷。從外表看來合乎道德的行爲，可能是出於自私的動機；表面上違反道德的行爲，可能是出自善意。所以道德與否，不應當從行爲本身來判斷，而應當從行爲的動機來判斷，才能保住道德的普遍性。察舉制在船山看來正是違反上述原則，只從外在行爲判斷是否合乎道德，將道德變成僵化的教條。如此一來，只要表面上服從這些教條就可以稱爲道德，道德就成了作僞而喪失其內在精神。

除了選拔人才的標準外，負責選才的官員動機是否純正，也需要考慮。如果官員選拔人才是出於私利考量，被聲譽、政治勢力甚至錢財收買的話，就會選出一批表面合乎道德，實則奸詐陰險的小人，顛倒了是非黑白。即使

〔註 76〕見〔明〕王夫之：《讀通鑑論》「唐代宗」第 2 則，頁 847。
〔註 77〕見錢穆：《中國歷代政治得失》，頁 17～22。

我們假設官員選拔人才時公正無私，仍需透過長久觀察，方能掌握人才的素質。封建時代官員世襲，長久居住在本國，觀察人才的機會很多；郡縣制下官員在全國各地輪調，對當地人了解有限，要選出適當人才並不容易。〔註 78〕國家需要的是道德高尚之士，隋唐科舉只能測出士人的文采與知識水準，無法測量道德，表面上這似乎不符合國家的需要，但船山認爲虛假的道德行爲產生的弊病，比不實的言論更大。可見船山對察舉制是很不認同的。

2. **魏晉九品中正制**

> 魏從陳群之議，置州郡中正，以九品進退人才，行之百年，至隋而始易，其於選舉之道，所失亦多矣……雖有英才勤勞於國，而非華族之有名譽者，謂之寒人，不得與於薦紳之選。其於公天爵於天下，而獎斯人以同善之道，殊相背戾，而帝王公天下之心泯矣。
>
> 然且行之六代而未嘗不收人才之用，則抑有道焉。人之皆可爲善者，性也；其有必不可使爲善者，習也。
>
> 是以古之爲法，士之子恆爲士，農之子恆爲農，非絕農人之子於天性之外也，雖欲引之於善，而曀霾久蔽，不信上之有日……則靳取之華胄之子、清流之士、以品隲而進退之，亦未甚爲過也。〔註 79〕

九品中正制是在中央政府所在地設置大小中正之官，由大小中正調查、記錄來自各地的人才並評定等級，分爲九等，做爲官吏任用或升降的依據。此制原是爲了解決漢末選舉制度毀壞，朝廷用人漫無標準的問題，實施後卻產生官吏競逐社會名譽、不務正業的弊端。〔註 80〕船山認爲政治乃眾人之事，治理天下的重責大任，應當由天下人共同承擔，錄取各階層的優秀人才，而不應有特權階級，這是相當開明的態度。九品中正由於中正官出身世族，舉薦的人才也多侷限在世族當中，違反了上述的大原則，故不爲船山所喜。儘管如此，船山還是肯定此制有部分的好處。雖然世族子弟未必是賢才，寒微之

〔註 78〕船山此說與西哲海耶克的想法有相近之處，海氏說：「就德業而言，吾人亦願就每一事例，獲知其差異及特點，但極難精確辦到。除非吾人確知行動之人所能處理的一切知識，包括其技能及信仰、心境及情緒、精力及毅力乃至遇事留心之注意力，無所不知，方能作成較正確之判斷。總之，正確評斷德業之可能，有待於上述基據之完全把握，此則決無可能。」可見很難用道德做爲評估人才優劣的標準。見海耶克（Friedrich Hayek）著，周德偉譯：《自由的憲章》（台北：台灣銀行發行，1973 年），頁 137。

〔註 79〕見〔明〕王夫之：《讀通鑑論》「三國」第 2 則，頁 374～375。

〔註 80〕見錢穆：《中國歷代政治得失》，頁 55～58。

士未必是庸才，但世家大族從政已久，子弟都有政治素養，亦以社會上的領導人物自許，雖不一定賢能，起碼有一定的文化傳統、禮教薰陶。〔註 81〕寒門子弟擁有的政治、社會資源較少，欠缺專業訓練，驟然從政可能應付不來。所以大體來說，世族執政仍有一定的合理性。船山肯定人人皆可爲善、從政的理想，但也很重視現實上出身背景的差異，對人所產生的影響，兼顧理想與現實兩面。

3. 隋唐科舉制

科舉試士之法有三：詩賦也，策問也，經義也。宋皆用之，(並)〔互〕相褒貶，而以時興廢。夫此三者，略而言之，經義尚矣。策問者，有所利用於天下者也。詩賦者，無所利用於天下者也。則策問之賢於詩賦，宜其遠矣。乃若精而求之，要歸而究之，推以古先聖王涵泳之仁、濯磨之義，則抑有說焉。

經義之制……抑使天下之士，成童以後，日紬繹於先聖之遺書，以厭飫於道腴，而匡其不軌。故曰經義尚矣。然而不保其不敝者，習之斯玩之，玩之斯侮之，以仁義中正之格言，爲弋利掠名之捷徑。而支離者旁出於邪，疲茸者偷安於鄙，彫繪者巧亂其眞，拘攣者法傷其氣，皆所謂侮聖人之言者也。〔註 82〕

隋唐確立科舉制後，千餘年來中國皆以此制爲人民參政的主要途徑。科舉是透過統一、公開的考試甄選政府官員，爲人才選拔樹立了客觀標準。由於科舉有固定的考試內容，可達成統一思想的效果，有助於提升社會凝聚力及人民的讀書風氣。在科舉制度下，只要努力就有掌權的機會，與魏晉南北朝權力被世族壟斷相比，要來得更加開明、進步。透過考試篩選，也可以確保政府由具有一定知識水準的菁英份子來領導。西方現代民主政治有「政務官」與「事務官」之分〔註 83〕，政務官以投票方式選出，就政策成敗向人民負責；

〔註 81〕牟宗三先生在評論春秋戰國政治型態的演變時，亦頗能欣賞貴族政治的優點，他說：「齊桓公、管仲就是春秋時代的貴族社會、文化傳統所陶養出的人物。左傳充分表現了春秋時代高度的文化教養……由此應知我們不能輕視貴族社會。」當然牟先生也認識到貴族社會的沒落乃大勢所趨，政權向全民開放代表社會體制的進步。見牟宗三：《中國哲學十九講》第八講「法家之興起及其事業」、第九講「法家所開出的政治格局之意義」，頁 157～201。

〔註 82〕見〔明〕王夫之：《宋論》「宋仁宗」第 10 則，頁 131。

〔註 83〕見錢穆：《中國歷代政治得失》，頁 58～62。又牟宗三先生在《中國哲學十九講》亦提到「政務官」與「事務官」的分別，他說：「『政治』不同於『吏治』，但在主導決策的政務官之外，還有實際執行工作的事務官。事務官的選拔便是參考中國的科舉，以公開考試的方式招募，以確保公務員的專業性、中立性，可見考試制度的價值。

科舉考試的內容，唐代是以詩賦爲主，宋代是以策論爲主，王安石變法後又取消詩賦，以經義爲主要內容。船山認爲考試內容以儒家的《四書》、《五經》爲主是很恰當的，但亦有其流弊。研讀儒家經典雖可接受道德薰陶，但由於科舉是將《四書》、《五經》變成書面考試內容，只要擅長鋪排文字，在字面、文義上合乎經典所說，便可獲取功名，卻不能保證其內心動機是否純粹。至於詩賦與策論，前者是文學創作，後者是對時政發表個人見解。表面看來策論比詩賦更能滿足政治上的需要，但船山卻認爲詩賦更適合做爲考試內容。這是因爲船山認爲考試不只是測驗士人的專業能力、知識水準〔註 84〕，更重要的是對社會起教化作用。他說：

> 道莫亂於多歧，政莫紊於爭訟，士莫惡於揣摩天下之形勢而思以售其所欲爲。夫苟以策問進之，則士皆於策問習之……於是詭遇之小夫，心胥史之心，學幕賓之學，依附公門以察其條教，窺探時局以肆其褒譏。人希范、蔡之相傾，俗競儀、秦之互辯，而淳龐簡靜之休風，斬焉盡矣。〔註 85〕

> 以爲人之樂於爲善而足以長人者，唯其清和之志氣而已矣。不使察乎天下之利，則不導以自利之私；不使揣於天下之變，則不動其機變之巧；不使訐夫天下之慝，則無餘慝之伏於心；不使測夫天下之情，則無私情之吝於己……養其未有用之心，爲有用之圖，則用之

故至今仍有政務官與事務官的分別。政務官要參與決策，因而有政治的意義；事務官則不參與決策，只負責決策的執行，是所謂的官吏，亦即西方人所謂的『文官制度』（civil service），這代表吏治。中國以前雖然有士階級興起而參與政治，且後來演變成宰相系統，但政治與吏治的分別始終並不清楚。」見牟宗三：《中國哲學十九講》，頁 179。

〔註 84〕船山此說與英國二十世紀初的公務員制度有相近之處，重視通才的養成。當時英國公務員「考試的標準，不是特殊技能，只考其一般的智識及能力……題目的範圍，完全屬於下列各科的學理，如歷史、算學、古文、今文、哲學、經濟學、政治學、自然科學等」，因爲「只要他的智識完備，人格健全，必能由低級漸陞至高級……官吏所須要的一切特殊技能，均可在此任職期間逐漸養成」。見張雲伏：《歐美公務員制》（上海：上海商務印書館，1935 年），頁 56～57。

〔註 85〕見〔明〕王夫之：《宋論》「宋仁宗」第 10 則，頁 132。

也大；矜其無可尚之志，爲所尚之道，則其所尚也貞。詠歌愾歎於人情物態之中，揮斥流俗以游神於清虛和暢之宇……蓋詩賦者，此意猶存焉。〔註86〕

船山的理想政治是以和諧爲本，對於知識份子公開討論、批判時政，抱持較爲負面的態度，認爲辯論不僅無助於解決問題，還會引起更多爭執，使政局複雜化。策論是討論政策的得失，如果將策論列爲考試科目，士人就會用心揣摩利害禍福，喪失純樸之風。如果士人的動機不純正，即使提出種種對策，也只是打著「造福國家」的口號來謀求私利，如先秦縱橫家。詩賦表面上是風花雪月，卻可使士人跳脫現實利害的考量，在藝術的天地裡悠遊涵詠，陶養出清高的品格，這正是做官時最需要的。〔註87〕

由以上的討論可知，船山雖然以品德修養、社會教化爲取士的首要標準，但卻反對「直接」考核外在行爲的察舉制，而贊成以筆試爲主的科舉制。對於擇取有德者的目標來說，科舉可說是一種「間接」手段。但在科舉制度下，船山又認爲應以超功利的經義與詩賦爲考試科目，「直接」薰陶士人品格；對辯論、策論等偏向思辨的方法不表贊同。其實從本論文第二章第一節船山對「格物致知」的重視來看，他應不致如此排斥知識性的思考。思考與論辯固然可能被濫用而成爲謀求私利的工具，但這未必是其本質。如現代的民主政治，辯論早已成爲選舉領導人、議會立法、司法判決的重要輔助工具。百花齊放的言論，不僅展現人民對公共事務的關切，也是社會充滿活力、持續進步的象徵。如西哲彌爾說：「如果那種意見是對的，那些不同意的人會因它的不能發表，失去了以錯誤交換眞實的機會；而如果它是錯的，他們也損失一個差不多同樣大的利益，那就是追究其錯誤所在，會對眞實有更清晰的觀念和更生動的印象。」〔註88〕可見言論之價值。如果能藉由論辯凝聚共識，找出國家發展的適切方向，未嘗不是促成道德實踐的一種「間接」方法。故對策論、辯論實不必如船山所說的拘束。科舉考試的科目更是如此，除了經義

〔註86〕見〔明〕王夫之：《宋論》「宋仁宗」第10則，頁133。

〔註87〕藝術固然有前述作用，但也有沈溺於「軟性物化」而不可自拔的危險，未必有助於品行。如牟先生說：「縱淫欲而自曰適性，猖狂于風月而自謂雅趣。詩、詞、歌、賦盡成淫靡之具，佛、禪、三玄徒爲遊談之資。」見牟宗三：《歷史哲學》，收入《牟宗三先生全集》第9冊（台北：聯經，2003年），頁246～249。

〔註88〕見約翰·彌爾（John Stuart Mill）著，郭志嵩譯：《論自由》（On Liberty）（台北：臉譜，2004年），頁44。

與詩賦，更可以依照官員的工作性質，將自然與社會科學等各類專門知識納入，方能適應現代社會多元發展的需求。

（三）考核方式

既然船山主張人才選拔以德爲先，士人經由考試進入政府後，職位的升降也不宜依照機械化的外在標準，而要看官員的用心：

> 京房考課之法，迂謬而不可舉行；即使偶試而效焉，其不可也固然。何也？法者，非一時、非一人、非一地者也。
>
> 其間損乃以益，殺乃以生，簡乃以備，一視爲吏者居心之仁暴、憂國之誠僞。而唯考課其一切之功能，此王莽所以亂天下者，房爲之開先矣。塾師之教童子也有定課，而童子益愚；耕夫之馭牛也有定程，而牛以斃。桔四海九州彊智柔和於房一人之意見，截鶴脛以續鳧，其不亡也何待焉？〔註89〕

漢代儒者京房針對「如何考察官員表現，作爲職位升降的依據」這一問題，設計出「考課法」，他說：「古帝王以功舉賢，則萬化成，瑞應著；末世以毀譽取人，故功業廢而致災異。宜令百官各試其功，災異可息。」〔註90〕可見在京房提出此法前，是以「毀譽」（名聲高低）評量升官與否，從而導致官吏譁眾取寵、逢迎上意的不良風氣。京房認爲應該設定客觀標準來評量官吏，表面上看這似乎更合理，何以船山反對？最大的問題在於「客觀標準」由誰訂定？如果是由京房來訂定，以一人的學識，勢必無法掌握龐雜的政務。而且適合某地的評量標準，也不一定適合另一地，要找出全國一致通行的標準，幾乎是不可能的任務。故無論如何設計，都會有「將主觀意見強加給眾人」的弊病。

船山指出考課法的弊端，所言甚諦。但如果捨棄考課法，以毀譽取人也不夠客觀的話，就很難建立一套考核官員的制度。如前文船山論察舉制所說的，任何外在評量都無法測出內心是否純正。也許我們不一定要接受船山的答案，仍可依照京房的思路，以「功業」做爲考核官員的標準；功業的種類與高低，則可以由各地方、各單位訂定個別的標準而自行判定。這或許是較爲完善的方法。

〔註89〕見〔明〕王夫之：《讀通鑑論》「漢元帝」第6則，頁180。

〔註90〕見〔漢〕班固：〈眭兩夏侯京翼李傳第四十五〉，《新校本漢書并附編二種》第4冊（台北：鼎文書局，1991年），頁3160。

第五節　法律思想

儒家自孔子起，便以「人」爲政治之本。如孔子說：「道之以政，齊之以刑，民免而無恥；道之以德，齊之以禮，有恥且格。」〔註 91〕治國除了法律，還有更高的道德層次存在。道德要從君主自身做起，成爲全社會的表率。故在傳統儒家的觀念中，政治的良窳最終仍須視君主的道德修養而定，法律只居於輔助地位。〔註 92〕現代民主社會則以「法治」爲根本原則之一。「法治」是指在某一社會中，法律具有淩駕一切的地位，不只任何人都必須遵守，法律的制訂者和執行者本身亦必須守法。政府（特別是行政機關）的行爲必須是法律許可的，而這些法律本身是經過某一特定程序產生的。法律是社會最高的規則，沒有任何人或機構可以淩駕法律，如憲法便是國家的根本大法。

船山對法律的態度也是繼承儒家傳統而來，雖然強調法律是君主治國的必要工具而不可廢，卻不足以成爲高於君主的根本原則。他說：

> 法不可以治天下者也，而至於無法，則民無以有其生，而上無以有其民。故天下之將治也，則先有制法之主，以使民知上有天子、下有吏，而己亦有守以謀其生。〔註 93〕

船山認爲「徒法不足以自行」。不但良善的法律有待明君的開創，且再好的法律制度，如果沒有良善的人維持、執行，也終究會衰敗。反過來說，如果只有人而沒有法律制度，政治也無法順利運作。這裡船山強調「以使民知上有天子、下有吏，而己亦有守以謀其生」，法律的目的在確保上下秩序、君臣倫理。倫理道德才是國家的根本原則。由於道德需視個人修養及長幼尊卑、親疏遠近等人倫關係而定，便很難以形式性的法條去規範。這和現代強調「法律之前人人平等」，將每個人視作獨立個體的態度是很不同的。〔註 94〕

〔註 91〕見《論語・爲政》。

〔註 92〕牟宗三先生說：「中國以往的政治思想，無論儒家、道家，或法家，皆是「內容表現」之路數；而在此路上，嚴格言之，只有人治主義，而無眞正的法治主義。惟近代的民主政體之政治，始有眞正的法治出現。而此法治是就第一義的法（即憲法）說，不就第二義的法說。」見牟宗三：《政道與治道》，《牟宗三先生全集》第 10 冊（台北：聯經，2003 年），頁 152。

〔註 93〕見〔明〕王夫之：《讀通鑑論》「五代下」第 13 則，頁 1154。

〔註 94〕牟宗三先生說：「蓋中國所無之『個體性』（西人所特彰著者），只是國家、政治、法律與邏輯、數學、科學兩系所表現之個體性。前一系由『政治的主體自由』表現個體性，後一系由『思想主體』（精神之知性形態）表現『個體性』。此兩系之個體性皆不同於道德的與藝術的（中國所具者）。其所透露之普遍者由於「法治」已取代「人治」，成爲現代社會普遍接受的觀念；船山的說法不免給人陳舊過時之感。但法治與人治也不是徹底互斥。儘管從「最高規則」的問題上看，「法治」與「人治」針鋒相對；但在立法的依據及適用範圍上，兩者也存在相通之處。以下就從立法與執法兩方面，探討船山的法律思想，並從現代觀點評論其得失。

（一）法律的制訂

在法律的制訂上，船山秉持儒家傳統，認爲在法律之上，還有更高的「道」與「理」存在，做爲法律的來源和依據：

1. 法律以道德為依據

> 天下有定理而無定法。定理者，知人而已矣，安民而已矣，進賢遠姦而已矣；無定法者，一興一廢一繁一簡之間，因乎時而不可執也。〔註95〕
>
> 法先王者以道，法其法，有拂道者矣；法其名，並非其法矣。道者因天，法者因人，名者因物。道者生於心，法者生於事，名者生於言。言者，南北殊地，古今殊時，質文殊尚；各以其言言道、言法；道法苟同，言雖殊，其歸一也。
>
> 以道法先王而略其法，未足以治；以法法先王而無其道，適足以亂；以名法先王而並失其法，必足以亡。〔註96〕

船山認爲政治清明之「道」在於君主有識人之明，讓道德操守或能力卓越者主政，才能安定百姓。法律只是用來輔助賢能之士統治，卻不能取代或限制執政者個人的判斷。因爲歷史、政治環境不同，法律也常隨之改變，不像道德是永恆不變。政治繫於個人道德，道德又出自仁心，所以說「道者生於心」。法律則是爲解決現實問題所設計的客觀制度，所以說「法者生於事」。「名」則是語言概念，用來描述、解釋道德與法律。某一職務或機構在政治組織中發揮的作用，常常是相近的，只是隨著時代與地域不同，而用不同的詞語來

皆是抽象的，有界線的，與個體性分離爲二的。其背後之精神，吾將名之曰『分解的盡理之精神』。」西方的法治是將個人當成獨立而平等的個體，以普遍性的原則籠罩之，而與中國傳統強調以倫常關係爲法律基礎的想法不同。見牟宗三：《歷史哲學》，收入《牟宗三先生全集》第9冊（台北：聯經，2003年），頁93。

〔註95〕見〔明〕王夫之：《讀通鑑論》「後漢光武帝」第19則，頁232～233。

〔註96〕見〔明〕王夫之：《讀通鑑論》「梁敬帝」第2則，頁667。

描述，如古代的「皇帝」與現代的「總統」皆是國家最高領導人。名稱雖異，實質功能卻類似。改善政治的關鍵，並非一味模仿古代的名言概念或組織結構，而是把握並實踐「賢者在位」的最高原則。反過來說，「法」與「名」也不是毫無價值，僅憑賢者不足以解決千頭萬緒的政治問題，仍須「法」與「名」輔助，只是不以「法」與「名」爲優先罷了。

船山的思想與西方的「自然法」學說有相近之處，但也有其差異。「自然法」一概念在西方有悠久的歷史，大體說來，「自然法」是指在自然狀態中固有的正義法則，所有對人爲法的評價，應以其與自然法的一致性爲標準。如近代民主憲政理論的奠基者約翰·洛克便是以自然法爲其學說的起點，他說：「理性，也就是自然法，教導著有意遵從理性的全人類：人們既然都是平等和獨立的，任何人就不得侵害他人的生命、健康、自由或財產。」〔註 97〕又說：「自然法是所有的人、立法者以及其他人的永恆的規範。他們所制定的用來規範其他人的行動的法則，以及他們自己和其他人的行動，都必須符合於自然法、即上帝的意志。」〔註 98〕

從相信在現實的法律制度之上還有更高的理想、原則，做爲法律背後的應然規範，而不只將法律當成維護特權的工具這一點來說，船山和西方的自然法學說相同。但雙方所認識到的原理、原則顯然有別，洛克的原則是強調個人的自由性、平等性、獨立性，去除個人的殊異性，將個人當成抽象的個體來看待。而洛克提出「上帝的意志」，亦是在西方基督教文化傳統下的思考。船山既然強調「知人」、「安民」、「進賢遠奸」，就必然要考慮到人的道德素質，而道德素質則存在極大的個別差異；個人與個人、團體與團體重視的價值，常是互相衝突的。即使有賢者出現，能把握更崇高、寬廣的道德價值，但在社會生活中，賢者把握並實踐的仍然只是無限價值當中的一小部分。「智者千慮，必有一失；愚者千慮，必有一得」，我們一方面固然可以同意船山所說，充分利用賢者的道德及天賦才能，促進社會的進步；另一方面也要吸收西方自然法學說中的平等精神，避免盲目崇拜權威。

船山雖然沒有接觸西方的法治，但對傳統思想中較重視法律的法家一派，也提出了批評：

〔註 97〕見約翰·洛克（John Locke）著，葉啓芳、瞿菊農譯：《政府論次講》（台北：唐山出版社，1986 年），頁 4。

〔註 98〕見約翰·洛克著，葉啓芳、瞿菊農譯：《政府論次講》，頁 83。

申、商之言，何爲至今而不絕邪？志正義明如諸葛孔明而效其法，學博志廣如王介甫而師其意，無他，申、商者，乍勞長逸之術也……李斯曰：「行督責之術，然後絕諫爭之路。」申不害曰：「有天下而不恣睢，命之曰以天下爲桎梏。」諫爭絕，桎梏脫，則雖日勞於刑名文籍之中，而耽酒嗜色、佚游驕樂，可晏享而不輟。苟未忘逸豫之情者，惡能不以此爲兩得之術哉！〔註 99〕

這裡船山對以申不害、韓非爲代表的法家思想提出猛烈批評，其理由爲法家思想會造成君主「懶惰」，也就是一切依法辦事，不對具有爭議性的政治、道德問題做任何評斷，甚至禁止臣下進諫或爭論這些問題。如此一來，一切依照制度運行，君主就有充裕的時間從事休閒娛樂，而不影響國家的治理。船山認爲這種想法是出於君主的私欲，違反道德原則。船山的說法固然可成立，但從另一方面來說，法家更能將法律從人際關係當中解放出來，獲得客觀的地位。〔註 100〕故我們也可以從制度上看出法家的意義，不必訴諸道德動機。

2. 法律應盡量求簡

船山主張法律應盡量求簡〔註 101〕，這與西哲康德所說「自由以不侵犯他人的自由爲限度」的道理相通。只要制訂防止人民互相侵害的法律即可，不需過於繁密。當然船山並無西方的人權、自由等觀念，「求簡」多是基於歷史經驗而來。雖然船山認爲法律應以道德原則爲依據，但卻不宜在法律上做過多管制，反對以法律提升人民的道德素養：

蘇威以五教督民而民怨，黃霸以興化條奏郡國上計而民頌之。蓋霸以賞誘吏，而威以罰督民，故恩怨殊焉，而其爲治道之蠹，一也。堯有不令之子，舜有不恭之弟，周公有不道之兄，孔子有不朽不雕之弟子，艸野無知，而從容中道於道路，有是理哉？以法制之，以

〔註 99〕見〔明〕王夫之：《讀通鑑論》「秦二世」第 3 則，頁 72。

〔註 100〕此說是參考牟宗三先生的說法，牟先生說：「客觀的事業則不屬於個人，而是公共的事。公共的事就當有一客觀的標準，所以當時提出『法』的觀念來作爲辦事的客觀標準是必要的，並不算壞。在井田制中，人民、土地都隸屬貴族，都是主觀的，由此解放出來就有了客觀性，有客觀性當然就得有法。」見牟宗三：《中國哲學十九講》，頁 167。

〔註 101〕錢穆說：「船山因此而主爲政最要之綱領曰『簡』。」又說：「船山論治論學，旨多相通。惟論學極斥老莊之自然，而論治則頗有取於老莊在宥之意，此尤船山深博處。」見錢穆：《中國近三百年學術史》（北京：北京商務印書館，1997 年），頁 131～132。

> 刑束之，以利誘之，民且塗飾以自免；是相率爲僞，君子之所惡也。〔註 102〕

蘇威與黃霸都想以賞罰等客觀法律規範來改造人民的道德素質。船山認爲人本來就有智愚、賢不肖等自然差異，即便是堯舜、周孔等聖人，也無法將親近的兒子、兄弟、學生改造得和自己一樣。法律能夠控制的只有外在行爲，而且是最基本的外在行爲，如不可偷竊、不可殺人等。道德應從內心的動機而非外在行爲來考量，如果將高層次的道德，制定成法律來要求人民，即使人民表面上做到這些行爲，也只是出於好利惡害的本能，喪失道德之所以爲道德、自發自律的意義，製造出許多假道德。道德領域不宜用法律管控，船山對這一點是很清楚的。〔註 103〕法律的功用有限，不可能阻止一切罪惡的發生。法律只是維持人與人共同生活在社會當中，最低限度、最基本的的秩序而已：

> 夫法之立也有限，而人之犯也無方。以有限之法，盡無方之慝，是誠有所不能該矣。於是而律外有例，例外有奏準之令，皆求以盡無方之慝，而勝天下之殘。於是律之旁出也日增，而猶患其未備。夫先王以有限之法治無方之罪者，豈不審於此哉？以爲國之蠹、民之賊、風俗之蜚蜮，去其甚者，如此律焉足矣，即是可以已天下之亂矣。若意外無方之慝，世不恆有，苟不比於律，亦可姑俟其惡之已稔而後誅，固不忍取同生並育之民，逆億揣度，刻畫其不軌而豫謀操蹙也。律簡則刑清，刑清則罪允，罪允則民知畏忌，如是焉足矣。〔註 104〕

船山認爲只有被國家人民、社會風俗普遍認爲是罪惡的事，才需要以法律去禁止。法律的訂定以普遍性爲原則，無論涉及何時、何地、何人，都會被視

〔註 102〕見〔明〕王夫之：《讀通鑑論》「漢宣帝」第 16 則，頁 169～170。

〔註 103〕這可說是孔子「道之以德，齊之以禮」思想的延伸，亦符合現代民主政治的精神。牟宗三先生說：「經過外延的表現、形式概念之限定，則政治是政治，教化是教化，政治自成一獨立領域，自不可涉教化。此是第一步限定。復次，在就個體而順成上，只須說自由、平等、人權、權利諸外延的形式概念，即已足，不必就『生活之全』上，說及『教化的意義』此是第二步限定。」見牟宗三：《政道與治道》，《牟宗三先生全集》第 10 冊（台北：聯經，2003 年），頁 137。船山以道德爲本，法律爲末，不以法律來要求道德，隱然有將「政治」與「教化」區分爲兩獨立領域之意，但對政治領域當中的形式概念之展開仍不夠充分。

〔註 104〕見〔明〕王夫之：《讀通鑑論》「漢宣帝」第 4 則，頁 159～160。

爲罪惡的事，才適合納入法律規範。某些行爲是否爲罪惡，需視具體情況而定，政府和人民無法預先設想〔註 105〕，這類行爲就不宜納入法律，以免掌控過嚴、傷害人民，等狀況發生後，再斟酌處理即可，可見船山之開明。對於中國歷史上以嚴刑峻法著名的秦朝，他也有以下評論：

> 孰謂秦之法密，能勝天下也……法愈密，吏權愈重；死刑愈繁，賄賂愈章；塗飾以免罪罟，而天子之權，倒持於掾史。〔註 106〕
>
> 律令繁，而獄吏得所緣飾以文其濫，雖天子日清問之，而民固受罔以死。律之設也多門，於彼於此而皆可坐，意爲重輕，賄爲出入，堅執其一說而固不可奪。於是吏與有司爭法，有司與廷尉爭法，廷尉與天子爭法，辨莫能折，威莫能制也。巧而強者持之，天子雖明，廷尉雖愼，卒無以勝一獄吏之姦，而脫無辜於阱。〔註 107〕

秦代法令多如牛毛，皇帝一人不可能全部掌握，勢必交給底下的法律專家來研究、執行，導致皇帝權力被架空。政府對人民的控制過於嚴格，人民爲了逃避刑罰，必定會設法賄賂官吏，導致政治風氣的腐敗。法律過於繁複易引發爭辯，同一案件適用哪些法條、判刑輕重等，皇帝、廷尉、有司、吏的看法可能都不同，但皇帝、廷尉對法律的熟悉程度不如吏，吏容易玩弄法律而傷害人民。船山所述可能是古代的眞實狀況，但這不必然可導出「法律應盡量簡化」的結論。法律的目的即在保障人民的基本生存，吏的水準固然可能參差不齊或受賄賂影響，皇帝也可能日理萬機而無暇深究，此時可授權專業法官裁決，以審愼、嚴謹的程序，將誤判機率降到最低。「保障人民」與「簡化法律」並無必然關係，問題不在法律的繁簡，繁複的法律程序或許更能避免冤獄，達成保障人民的效果。

船山對「簡」的堅持雖然與現代觀念相近，但他支持「簡」的理由並不是很有說服力，以下是另一個例子：

> 以贓吏論，古今無道之世，人士相習於貪叨，而其得免於逮問者，蓋亦鮮矣。夫苟舍廉恥以縱朵頤，則白晝攫金而不見人，豈罪罟之

〔註 105〕船山此說對於現代因科技進步而產生的法律問題，也可有所啓發。如古代無電腦網路，預先訂定與網路犯罪有關的法律，就顯得不必要。法律的制訂者並無法事先預測一切科技的發展，須等科技成熟並在社會上普及到一定程度後，方可在事後斟酌管制。

〔註 106〕見〔明〕王夫之：《讀通鑑論》「秦二世」第 6 則，頁 74。

〔註 107〕見〔明〕王夫之：《讀通鑑論》「漢宣帝」第 4 則，頁 159。

所能禁乎？無道以止之於未淫，則察之愈密，誅之愈亟，夤緣附託行賄以祈免之塗愈開，賄不給而虐取於民者愈劇。究其抵法而無爲矜宥者，一皆拙於交遊、吝於薦賄、谿壑易厭之細人而已。以法懲貪，貪乃益滋，而上徒以召百官之怨讟，下益以甚窮民之朘削，法之不可恃也明矣。〔註 108〕

船山認爲再怎麼嚴格禁止貪污，官員還是找得到法律漏洞。嚴查貪污只能抓到人脈不廣、賄款不多的小貪官，貪污、索賄的價碼卻會因爲雷厲風行而更高。貪污在古代可能是制度性問題，古代政治環境不如現代公開、透明，法制也不夠完善，這是時代的限制，但不能因爲這樣就降低標準，將貪污合理化。船山在此求簡化是會引起爭議的。問題也許不在繁簡，而在於法律能否達成保障人民生命、財產安全的效果。

（二）法律的裁決

在法律的裁決上，船山認爲應考量審判過程付出的成本，從速、從寬處置，方能保全百姓。又法律雖然具備客觀化、普遍化等特質，但任何法律都無法自行運作，必須倚靠人執行。既然涉及「人」這一主觀因素，將法律應用在實際案例上所做出的裁決，就必然會出現分歧。船山也注意到客觀的「法」與主觀的「人」如何協調的問題，並提出「立法宜嚴，執法宜寬」的主張。以下就從這兩方面來論述：

1. 審判宜「明慎」而「知止」

漢武帝任杜周爲廷尉，一章之獄，連逮證佐數百人，小者數十人，遠者數千里，奔走會獄，所逮問者幾千餘萬人。嗚呼！民之憔悴，亦至此哉！緣其始，固欲求明愼也。非同惡者，不能盡首惡之凶；非見知者，不能折彼此之辯；非被枉者，不能白實受之冤。三者具，而可以明愼自旌矣。居明愼之功，謝虛加之責，而天下絡繹於徽纆，明愼不知止而留獄，酷矣哉！〔註 109〕

杜周擔任廷尉時大量傳喚證人，務必將相關事實調查得一清二楚，以免判決有誤。船山認爲杜周的做法非常擾民，人民受罪犯欺壓已經是一度傷害，古代交通不便，被衙門傳喚又是二度傷害。船山此論是從現實功利著眼，忽略實現正義是需要付出代價的。孟子認爲伯夷、伊尹、孔子「行一不義、殺一

〔註 108〕見〔明〕王夫之：《讀通鑑論》「唐宣宗」第 2 則，頁 1014。
〔註 109〕見〔明〕王夫之：《讀通鑑論》「漢武帝」第 24 則，頁 146～147。

不辜而得天下，皆不爲也」〔註 110〕，如果犧牲正義、犧牲無辜者的生命，即使能夠取得政權，聖賢也不會去做。依儒學的精神，應當將對正義的追求置於利益之上。法律程序如果有擾民之處，固然要給予適當補償，但不能因此否定「查明眞相」、「勿枉勿縱」的原則。當然船山亦是從百姓的福祉爲出發點來考量，既希望查明案情、實現公道而肯定「明愼」，又不希望付出太多成本而主張「知止」，希望在兩者之間求得平衡。這就又回到前文所說：問題重點不在於公共利益，而在於法律制訂的目的爲何。

2. 立法宜嚴，執法宜寬

> 法嚴而任寬仁之吏，則民重犯法，而多所矜全。法寬而任鷙擊之吏，則民輕犯法，而無辜者卒罹而不可活。景帝詔有司讞不能決，移讞廷尉，讞而後讞不當，讞者不爲失，立法寬矣。乃郅都、甯成相繼爲中尉，則假法於殘忍之小人，姑寬爲之法，以使愚民輕於蹈阱，而幸其能出而終不免也。且也讞不當而不爲罪，無論失入之憯也，即數失出而弗譴，亦以導賕吏之鬻獄，而淫威之逞，冤民且無如之何也。於是而高帝寬大之意斬，武帝嚴酷之風起矣。嚴之於法而無可移，則民知懷刑；寬之以其人而不相尚以殺，則民無濫死。故先王樂進長者以司刑獄，而使守畫一之法，雷電章於上，雨露潤於下，斯以合天理而容保天下與！〔註 111〕

船山的說法與《左傳》「子產論政寬猛」一段有相近之處，子產說：「唯有德者，能以寬服民，其次莫如猛。夫火烈，民望而畏之，故鮮死焉；水懦弱，民狎而翫之，則多死焉；故寬難。」〔註 112〕刑罰嚴格可對人民起威嚇作用，使人民不敢隨便犯法，對人民反而是一種保護。這裡的「寬嚴」可以用疏密來解釋，「寬」表示法律對人民行動的限制較多（密），人民容易犯法。「嚴」表示法律對人民行動的限制較少（寬），只有最基本的行爲規範，但犯法後刑罰很重，使人民知所畏懼。船山認爲立法應採後者，但即使犯法了，也應以寬厚之吏主持審判，給人民法外開恩、悔過自新之路。夏青、劉伯蘭在《王夫之法律思想研究》書中也認爲：「王夫之所贊賞的是法貴簡而能禁，刑貴輕而必行。小過不察，則無煩苛，大罪不漏，則止奸

〔註 110〕見《孟子・公孫丑上》。
〔註 111〕見〔明〕王夫之：《讀通鑑論》「漢景帝」第 5 則，頁 120～121。
〔註 112〕見《左傳・昭公二十年》。

慝。」〔註113〕無論立法或執法，重點都在愛民、保民，可見船山之寬厚，亦符合儒家的「仁政」傳統。

第六節　經濟思想

船山在國家經濟上的主張有兩大原則：一是以農爲本、以農立國，認爲農業是國力的基礎，政府的各項政策，都要考量到對農業有正面或負面的影響。二是市場經濟、自由貿易，將貧富歸因於個人的勤惰，個人應對其際遇負責，政府非必要不應干預。以下就從租稅、貨幣與土地政策三方面，說明其經濟思想。

（一）租稅

爲了公共服務或建設的需要，政府必須依法律規定，對個人或團體徵收貨幣或資源，稱爲「租稅」。租稅制度的發展從古埃及起，已有四千多年的歷史了。在漫長的演進過程中，形成複雜的體系，而可依照不同的方式分類。首先依照徵收方式的不同，可分爲依人頭課稅與依收入課稅等。依照徵收與支用稅收的機構來說，又可分爲中央稅與地方稅。在種種複雜的稅制當中，該選擇哪一種方式對國家、人民最有利，便是船山在史論中所深思的。大體上說，船山贊成實物稅與人頭稅，且主張給予地方較大權限。以下分析船山支持這些政策的理由。

1. 徵收方式

依照徵收方式的不同，稅收可分爲依「人頭」與依「收入」課稅兩類，前者是向每個人課相同、定額的稅，後者是依照財產多寡、所得高低課稅。雖然現在世界各國已極少或幾乎不採用人頭稅，但船山卻支持人頭稅，認爲人頭稅可鼓勵農業發展。在中國歷史上，人頭稅的代表是唐初的「租庸調法」；依收入課稅則是從中唐「兩稅法」開始，逐漸成爲主流。以下就從船山對這兩種制度的評論，說明人頭稅有助於農業的原因。

> 租、庸、調之法，拓拔氏始之，至唐初而定……重之於調、庸，而輕之於粟，三代以下郡縣之天下，取民之制，酌情度理，適用宜民，斯爲較得矣。

〔註113〕見夏青、劉伯蘭：《王夫之法律思想研究》（北京：中國人民公安大學出版社，2007年），頁80。

> 地產之有餘者，桑麻金錫茶漆竹木欆葦之屬，人不必待以生，而或不勞而多獲，以資人君爲民立國經理綢繆之用，固當即取於民以用者也。酌之情，度之理，租不可不輕，而庸、調無嫌於重……民乃知耕之爲利，雖不耕而不容偷窳以免役。
>
> 官吏胥役百工之給，皆以庸、調之所輸給之，使求粟以贍其俯仰，皆出貨賄以雠糴於農民，而耕者鹽酪醫藥昏喪之用，粟不死而貨賄不騰。調、庸之職貢一定於户口而不移，勿問田之有無，而責之不貸，則逐末者無所逃於溥天率土之下，以嫁苦於農人。徭不因田而始有，租以薄取而易輸，汙吏猾胥無可求多於阡陌，則人抑視田爲有利無害之資，自不折入於疆豪，以役耕夫而恣取其半。〔註 114〕

船山認爲唐初的「租、庸、調」法，可說是最適合大一統帝國的租稅制度。丁男每年納租粟二石或稻三斛，謂之「租」。每丁每年服役二十天，如不服役，每天輸絹或布，叫做「庸」。視鄉土所產，納絹絁、綿或布、麻，亦可折納錢、米以及其他可以久貯之物，叫做「調」。〔註 115〕「租庸調」規定以人丁爲本，不論土地、財產多少，都要按丁交納同等數量的絹、粟等。稅率又以糧食（租）爲輕，貨物如絹（庸、調）較重。船山認爲農業是國力的根本，糧食又是生活必需品，低稅率可鼓勵農業發展；貨物的流通多由商人（逐末者）進行，政府難以掌握其收入，如果以收入高低做爲衡量稅率的標準，商人必定會設法逃漏稅，將稅負轉嫁給農人。政府直接徵收貨物還有另一好處，就是可將這些貨物再與農民交易，雙方皆可得利，避免奸商居間哄抬價格。

船山在史論中別處也有支持人頭稅的言論：「商賈者，王者之所必抑……然而抑之而且張，禁之而且偷，王者亦無如民何。而惟度民以收租，而不度其田。」「田已去而租不除，誰敢以其先疇爲有力者之兼併乎？……則度人而不度田，勸農以均貧富之善術，利在久長而民皆自得，此之謂定民制也。」〔註 116〕他認爲無田產的人要繳稅，可以迫使這些人努力開墾，無暇從商；有田產的人也不敢將田賣給地主。雖然船山舉出不少理由，但現代卻幾乎不徵收人頭稅，原因在於人頭稅的效率雖高，但最不公平。「效率高」是指可以用很小的成本徵收到較多的稅收，政府只要建立健全的戶籍制度即可，不

〔註 114〕見〔明〕王夫之：《讀通鑑論》「唐高祖」第 9 則，頁 744～746。

〔註 115〕見張豈之主編，張國剛、楊樹森著：《隋唐宋史》（台北：五南，2002 年），頁 106～107。

〔註 116〕見〔明〕王夫之：《讀通鑑論》「東晉孝武帝」第 4 則，頁 512。

必調查每個人的財產多寡。「最不公平」指的是收入最豐的富人和幾乎無收入的窮人繳納同樣多的稅款，富人的福利損失微乎其微，而窮人則可能把最必要的福利損失掉。就船山認可的人頭稅來說，商人固然無法直接繳交農產品，但可在市場上以金錢或貨物換糧食再給政府，對商人影響不大，卻會使窮人更貧困。即使商人如船山設想的減少，在現代以商業爲國力基礎的經濟體制下，也不利於國家發展。

蓋後世賦役虐民之禍，楊炎兩稅實爲之作俑矣。

實皆國計軍需，在租、庸、調立法之初，已詳計而無不可給者也……量其入以爲出，固不待因出而求入也。〔註 117〕

唐初去古未遠，銀未登於用，鑄錢尚少，故悉徵本色可也……金錢大行於上下，固無如折色之利民而無病於國也。〔註 118〕

租庸調制敗壞後，唐德宗宰相楊炎實行「兩稅法」，爲中唐以後重大的稅制改革，要點有二：一是「量出爲入」，依政府收入來決定稅率高低；二是稅收由徵收實物改爲徵收貨幣。船山反對「量出爲入」，但對「貨幣稅」則予以肯定。「量出爲入」缺少對政府財政的監管，易導致稅率節節高升，自是惡法。「貨幣稅」在繳納和管理上甚爲便利，也是值得效法的優點。

2. 中央與地方權限

除了徵稅方式之外，稅收由哪個單位支用，也是稅制當中值得注意的問題。這一點唐、宋的政策適成鮮明對比。唐朝傾向地方分權，物資交給各州郡；中晚唐以後藩鎮割據，中央還喪失了向許多州郡徵稅的權利。宋朝則採中央集權，將稅收統一儲存在位於首都的國庫。船山認同唐朝的做法，認爲讓地方使用會比較有效率：

夫大損於民而大傷於國者，莫甚於聚財於天子之藏而枵其外，窘百官之用而削於民，二者皆以誨盜也。

輦天下之金粟錢貨於內帑，置之無用之地，積久而不可用，愈積愈宂，而數不可稽，天子莫能問也，大臣莫能詰也，則一聽之宦豎戚畹及主藏之姦胥，日竊月匿，以致於銷耗；且復以有爲無，欺嗣君之闇，而更加賦以殫民之生計，是盜國而民傷也。〔註 119〕

〔註 117〕見〔明〕王夫之：《讀通鑑論》「唐德宗」第 4 則，頁 900。
〔註 118〕見〔明〕王夫之：《讀通鑑論》「唐德宗」第 34 則，頁 942。
〔註 119〕見〔明〕王夫之：《讀通鑑論》「唐玄宗」第 21 則，頁 857。

> 夫財上不在國，下不在民，爲有國者之大蠹，而唐養天下之力以固國者，正善於用此。其賦入之富有，自軍府以至於州縣，皆有豐厚之積，存於其帑，而節度、觀察、刺史、縣令、皆得司其出納之權。故一有意外之變，有司得以旋給，而聚人以固其封守。〔註 120〕

在財政收支的劃分上，船山認爲應讓地方儲備充分的財富，不要一味收歸到中央。首先，無論是米糧、布帛等實物或錢幣，長途運輸都有損耗的風險。運送到中央後，依古代的科技水準，如何存放、清點又是一大問題。時間一久，不僅會腐朽浪費，在法治不健全的狀況下，亦可能遭不肖官員侵佔，導致政府又在百姓身上增加各種苛捐雜稅。簡言之，船山對於經濟權力（金錢）的集中抱持戒慎態度，他認爲地方官員運用這些金錢與物品，會比完全由中央掌控來得有效率。畢竟天高皇帝遠，各地狀況千差萬別，只有當地人最清楚；一旦有緊急狀況，也只有當地官員才能臨機應變、妥善處置。所以船山頗稱許唐初將財富散置各州的設計，對唐末宣宗中央集權式的改革則不以爲然，認爲這動搖了唐的國本。〔註 121〕但是否政府的收支應完全交給地方負責，中央不必插手呢？船山也不採取這種極端立場，中央政府仍須負一定職責，如下所示：

> 財用出納消息之權，必操之朝廷而後張弛隨宜，裕於用而民不困。爲苟且之術者，規一時之簡易，而鹵莽滅裂之禍不可言。如嘉靖間因吉囊、俺答之患，陝西三邊用兵孔棘，遂將陝西一應錢糧盡行截作三邊之餉……當時在民則免於解京之難而利解邊之近，在户部則免接濟不及之咎，以委之總制之自爲催督，而以速濟邊事、減省路費爲辭。
>
> 催督之權一歸總制，任非其人，則胥吏威行於郡邑……民日死於催科桁楊之下，水旱流離，莫能告緩，故激而爲流寇。
>
> 窮鄉遠徼之民，皆知輸正供於京師而饑饉可以望恩，行伍之士，亦知待養於司農而節宣皆唯廟算，然後兵民之分義明，中外之血脈通，而無痿痺隔壅之病。〔註 122〕

〔註 120〕見〔明〕王夫之：《讀通鑑論》「唐懿宗」第 3 則，頁 1029。

〔註 121〕船山說：「宣宗非有奢侈之欲，而操綜覈之術，欲盡攬天下之利權以歸於己……於是搜括無餘，州郡皆如懸罄，而自詡爲得策……亂乃起而不可遏矣。」見〔明〕王夫之：《讀通鑑論》「唐懿宗」第 3 則，頁 1030。

〔註 122〕見〔明〕王夫之：《噩夢》，收入《船山全書》第 12 冊（湖南：岳麓書社，2011 年新版），頁 583～584。

明朝採行了一種非常特殊的財政制度，如黃仁宇說：「當稅收以實物繳納時，全國充滿了交錯的短距離補給線……一個邊防的軍事機構可能接收到一打以上縣分的款項，同樣的一州一府也可能向數以十計的倉庫庫房繳納。」〔註 123〕也就是說，地方政府的開銷，乃至邊疆用兵的軍費，並不是由國庫支應，而是由鄰近的地方政府負責；中央政府只監督鄰近的地方政府之間物資、金錢的相互輸送，導致「這帝國的資源才不易收集作有效使用」。〔註 124〕這做法當然有好處，可減少物資運送到首都途中的損耗，中央政府也不必耗費大量人力來管理這些物資。但地方官員良莠不齊，中央又給予他們過大權力，難免出現剝削、貪污等不法現象；且陝西等邊疆地區本就窮困，再怎麼互通有無，效果也有限，必須靠首都或江南等富裕地區的支援，這就要靠中央政府對全國財政進行統籌規劃才行。明朝的制度是放棄了中央政府的職責，其後果則是西北流寇興起，爲朝代滅亡的主因之一。船山固然認爲物資應儲存在州縣而不必全部收歸中央，但中央仍要清楚掌握各地物資分配的狀況，並且「損有餘以補不足」，才能暢通活絡全國經濟，有效因應內亂外患。

（二）貨幣

在貨幣方面，船山認爲銅錢最適當，反對使用紙幣。這雖然不合現代觀念，卻可能是受到歷史經驗的影響。據現代學者彭信威研究，中國在南宋時代便出現過濫發會子（一種紙幣）而造成會子嚴重貶值的現象。〔註 125〕明代的「大明寶鈔」自發行起幣值便不斷下降。如明太祖洪武九年（1376 年），寶鈔一貫可折米一石；洪武三十年（1397 年），寶鈔二貫五百文折米一石；明英宗正統九年（1444 年），寶鈔竟貶值到一百貫折米一石，喪失購買力，民間皆改以銀、銅爲貨幣。〔註 126〕船山也看出了古代政府發行紙幣的種種弊端：

> 交子變而爲會子，會子變而爲鈔，其實皆敝紙而已矣。
>
> 金、銀、銅、鉛者，產於山，而山不盡有；成於煉，而煉無固獲；造於鑄，而鑄非獨力之所能成，薄貲之所能作者也。其得之也難，而用之也不敝；輸之也輕，而藏之也不腐。

〔註 123〕見黃仁宇：《中國大歷史》，頁 238。

〔註 124〕見黃仁宇：《中國大歷史》，頁 238。

〔註 125〕見彭信威：《中國貨幣史》第五章第二節、第五小節「南宋會子的膨脹」（上海：上海人民出版社，1958 年），頁 323～343。

〔註 126〕見彭信威：《中國貨幣史》第七章第二節、第一小節「大明寶鈔的膨脹」，頁 461～468。

> 交子之制……有楮有墨，皆可造矣，造之皆可成矣；用之數，則速裂矣；藏之久，則改制矣。以方尺之紙，被以錢布之名，輕重唯其所命而無等，則官以之愚商，商以之愚民，交相愚於無實之虛名，而導天下以作僞。
> 俸有折鈔以代米，乃至一石而所折者數錢；律有估物以定贓，乃至數金而科罪以滿貫。俸日益薄，而吏毀其廉；贓日益重，而民極於死。〔註 127〕

船山認爲紙幣無論命名或外型爲何，其本質都是一堆廢紙。由於古代的防僞技術不發達，只要有楮皮紙和油墨，便可以在家自行印製鈔票，使紙幣的公信力一落千丈。又由於古代政府缺乏財政知識，發行紙幣前並無一定的金屬或資產做準備，發行後又不易回收，紙鈔在市場上數量愈來愈多，導致嚴重的通貨膨脹，如船山所指出的，官吏實際上獲得的俸祿逐漸下降，對人民的懲罰卻日漸苛刻，實爲害民。金、銀、銅等金屬取得不易，較能避免前述問題。其中銅又比金銀更適合作爲貨幣，如船山所說：「銀之爲物也……采之自上，而禁下之采，則上積其盈。」「若其不禁而任民之自采乎？則貪惰之民，皆舍其穡事，以徼幸於詭獲。」「吏之貪墨者，暮夜之投，歸裝之載，珠寶非易致之物，則銀其最便也。」〔註 128〕以銀爲貨幣會鼓勵皇帝與官員搜刮，或人民上山採礦而不務正業等不良後果。銅在自然界含量豐富，可減少前述弊病。現代經濟日趨複雜化，金屬貨幣在大額交易中，其重量與體積過於龐大，已不能滿足人們的需求，故仍有必要採用紙幣。船山所指出的紙鈔之弊，亦可以在現代的知識與技術下獲得解決。

（三）土地政策

中國古代以農立國，「土地」是國家財富的根本。中國土地利用方式的特色是小農經濟，即國家由大多數小自耕農所構成。在朝代創始時，政府可以向農民直接抽稅，有足夠的資源確保社會安定。但隨著經濟發展，小自耕農逐漸爲地主併吞，政府的統治力量衰退，便容易落入割據局面。所以各朝代政府都將「豪強兼併」視爲重要問題，實行各種政策扭轉局勢，如西漢的「限田」、隋唐的「均田」等。船山雖然也反對地主對佃農的剝削，但卻不贊成政府以強力手段與地主對抗，以免與民爭利。他說：

〔註 127〕見〔明〕王夫之：《宋論》「宋仁宗」第 3 則，頁 111～112。
〔註 128〕見〔明〕王夫之：《讀通鑑論》「唐太宗」第 13 則，頁 769～770。

> 封建之天下……天子不獨富，農民不獨貧，相倣相差而各守其疇。降及於秦，封建廢而富貴擅於一人。其擅之也，以智力屈天下也……乃欲芟夷天下之智力，均之於柔愚，而獨自擅於九州之上，雖日殺戮而祇以益怨……限也者，均也；均也者，公也。天子無大公之德以立於人上，獨滅裂小民而使之公，是仁義中正爲帝王桎梏天下之具，而躬行藏恕爲迂遠之過計矣。〔註 129〕

這一段是船山對董仲舒「限田」政策的評論。「限田」即限制私人佔有土地的最高數額，其目的在調和貧富差距以穩定社會，減緩「富者田連阡陌，貧者無立錐之地」的現象。船山主要是從道德與權力的角度來考慮，反對董仲舒的主張；他認爲王者應該做到大公無私，而大公無私又必須反求諸己。「限田」表面上是爲百姓好，但從另一面看，也是爲了統治者的私利著想，削弱地方豪強的勢力來鞏固中央的權威。如果要實行「限田」，就必須從政府本身減輕賦稅做起，以身作則才有說服力，而不是以政治權力強行壓制。現代的自由經濟也反對政治權力介入市場運作，但其出發點與船山不同，是考量到人的有限性，「無論他的興趣以他本人的物質需求爲中心，還是熱衷於他所認識的每個人的福利，他所能關注的種種目標對於所有的人的需求而言，僅僅是九牛一毛而已」〔註 130〕，所以交由市場自由競爭來決定，才是合理而有效率的。

> 人則未有不自謀其生者也，上之謀之，不如其自謀；上爲謀之，且弛其自謀之心，而後生計愈蹙。故勿憂人之無以自給也，藉其終不可給，抑必將改圖而求所以生，其依戀先疇而不舍，則固無自斃之理矣。上唯無以奪其治生之力，寬之於公，而天地之大，山澤之富，有餘力以營之，而無不可以養人。今隋之所謂户口歲增者，豈徒民之自增邪？蓋上精察於其數以斂賦役者之增之也……非民之數盈，地之力歉，而實籍其户口者之無餘，而役其户口者不酌其已盈而減其賦也。乃欲奪人之田以與人，使相傾相怨以成乎大亂哉？
> 均田令行，狹鄉十畝而籍一户，其虐民可知矣，則爲均田之說者，王者所必誅而不赦，明矣。〔註 131〕

〔註 129〕見〔明〕王夫之：《讀通鑑論》「漢哀帝」第 2 則，頁 193～194。

〔註 130〕見海耶克（Friedrich Hayek）著，王明毅等譯：《通往奴役之路》第五章「民主與計畫」（北京：中國社會科學出版社，1997 年）。

〔註 131〕見〔明〕王夫之：《讀通鑑論》「隋文帝」第 11 則，頁 710。

這一段是船山對「均田制」的評論。均田制最早由北魏創始，隋、唐繼之。歷代對均田制的評價大多相當正面，依現代學者蔡敏的研究，均田制有以下好處：（一）限制了土地兼併的狂潮；（二）對恢復生產有重要的作用；（三）增加了政府財政收入；（四）北魏拓跋氏實現了漢化，促進各民族的融合。〔註 132〕均田法的首要目的是企圖達到耕地與人口的合理配合，不要留下大片荒田，也不要有過多的人口在宗族首領庇護下擠在一起。政府可以從豪強手中挖出大量的蔭戶，使之獨立耕種，向國家繳納賦稅。〔註 133〕但船山對均田制卻不以爲然，均田制下無地可耕的農民，因爲由政府授予田地，要納入政府的戶籍交稅；有地可耕的農民，只要在戶籍名冊上，一樣要交稅。這是政府剝削人民的一種手段，是出自統治者的私欲。船山認爲政府對經濟的管制愈少愈好，即使在戰爭結束後，土地產權常有糾紛的狀況下，政府也不應介入，應由民間自行處理。

上述問題牽涉到政治權力與經濟活動的關係，依現代觀念來看，政府固然不應該直接介入經濟活動，但保障人民基本生存，創造一個自由競爭的環境，則是政府的職責所在。均田制固然如船山所說，並不是一項能夠長久實施的制度；單以幾條簡單的法令，難以適應千變萬化的土地狀況。歷史經驗也顯示，均田制至武周末年已形同虛設，無多餘的田地可分配。但至少在均田制實施初期，確實使許多流離失所的農民獲得生存的保障，有穩定社會之功；進一步使小自耕農勢力壯大，能夠與豪強競爭。均田制增加了政府財政收入，也是隋唐得以統一天下的基礎；所以均田制未必如船山想的負面。至於政府對人民的剝削，問題可能在於稅率太高，不能因爲這樣就放棄了政府的職責。

第七節　軍事思想

船山身處鼎革之際，「明代滅亡」是他關切的一大問題。滿清以有限兵力，竟能在短短數年內席捲人口、領土大數倍的全中國，軍事上的慘敗，必定使船山痛切思索，明朝在軍隊的組成與作戰上，究竟出了什麼問題？船山本人雖然從政時間不長，但也曾經舉兵和清軍對抗，有領導戰爭的經驗。〔註 134〕

〔註 132〕見蔡敏：〈土地制度的重大變革——以北魏均田制爲中心的考察〉，《凱里學院學報》第 28 卷第 4 期（2010 年 8 月），頁 28。

〔註 133〕見趙岡、陳鍾毅：《中國土地制度史》（台北：聯經，1982 年），頁 37。

〔註 134〕見本論文第一章第四節。

本節即在探討船山基於歷史經驗歸納出的戰爭致勝之道，分平時「嚴格訓練」與戰時「以逸待勞」兩點來論述。

（一）平時嚴格訓練

要取得戰爭的勝利，在平時就要建立一支強大的軍隊。要建立強大的軍隊，就必須有傑出的人才，並且施以良好的訓練才行。前者牽涉到兵力的來源，後者牽涉到管理的機構。船山對這兩點都有所論述，就兵力來源言之，他認爲募兵制才有「汰弱留強」的效果，提升軍隊素質。就管理機構來說，他主張劃分職權，兵部與樞密院各司其職，方能強化戰力。先從募兵制談起：

> 三代寓兵於農，封建之天下相承然也。……然而農民方務耕桑、保婦子，乃輟其田廬之計，奔命於原野；斲其醇謹之良，相習於競悍；虔劉之，熗亂之，民之憔悴，亦大可傷矣！
>
> 若夫四海一，戰爭休，爲固本保邦之永計，建威以銷夷狄盜賊之萌，則用武用文，剛柔異質，農出粟以養兵，兵用命以衛農，固分途而各靖。〔註135〕
>
> 夫民之任爲兵者，必佻宕不戢、輕於死而憚於勞之徒，然後貪釃酒椎牛之利、而可任之以效死。夫府兵之初，利租庸之免，而自樂爲兵，或亦其材勇之可堪也。迨其後著籍而不可委卸，則視爲不獲已之役，而柔弱願樸者，皆垂涕就道以赴行伍。〔註136〕
>
> 慓輕鷙悍之材，誠思得當以自效，不樂於負耒披蓑，寧忘身以一逞，其材質不任農而任兵，性以成、情以定也。然則拘府兵之故紙，疑彍騎爲虛文，困天下材勇於隴首，蕩泆遊閒，抑不收農民之利者多矣。〔註137〕
>
> 府軍之制……星列碁布於隴畝，乃至白首而不知有行陳，季冬習戰，呼號周折，一優人之戲而已。
>
> 尤可嗤者，兵械甲裝，無事則輸之庫，征行而後給之，刃鏽不淬，矢屈不檠，晴燥不潤，雨溽不暴，甲齣胄穿，刀刓弓解，典守之吏，取具而止，倉卒授之而不程以其力，莫能詰也。〔註138〕

〔註135〕見〔明〕王夫之：《讀通鑑論》「梁簡文帝」第2則，頁659～660。
〔註136〕見〔明〕王夫之：《讀通鑑論》「唐玄宗」第11則，頁842。
〔註137〕見〔明〕王夫之：《讀通鑑論》「唐玄宗」第20則，頁855。
〔註138〕見〔明〕王夫之：《讀通鑑論》「唐太宗」第14則，頁771。

現代國家的兵役制度主要可分兩種：義務役（包括徵兵制、民兵制）與志願役（包括義勇兵、募兵制）。對照中國歷史來看，唐代府兵類似現代的徵兵制。「唐之府兵，言軍制者競稱其善」〔註 139〕，但船山卻強烈批評府兵，堅決主張採精兵政策及募兵制，這可能是受到明代滅亡經驗的影響。〔註 140〕船山支持募兵制的理由可歸納爲：(1) 三代寓兵於農，農民形成相互鬥毆的風氣，死傷慘重。兵民分途才是愛民之舉。(2) 農民與士兵的特質不同，農民純樸保守，士兵卻要大膽冒險。府兵制強迫人人當兵，無法適才適用。軍隊充斥沒有意願或能力的人，適合當兵的人反而無法一展抱負。(3) 府兵訓練時間短，易流於形式。武器平日缺少維護，破爛不堪，毫無戰力可言。(4) 強迫人民當兵實爲擾民，如引文說「垂涕就道以赴行伍」，亦妨礙農業生產。

船山所論似乎是以府兵制腐化後產生的弊病來批評府兵制，府兵制本身是否一無可取，現代學者仍有不同看法，如錢穆說：「府兵制並不是『全農皆兵』，而是『全兵皆農』……唐制在整個農民中挑選其合格的充當府兵，既不需國家特別的俸給，而一般農民從此可以脫免充兵的義務。」「府兵和進士，實爲農民出身發迹之兩條途徑……古代社會中武力與智識兩項，爲貴族階級所專有，平民不得預。現在則武力與智識，即從平民階級中培養。」〔註 141〕並無船山所論之弊，還可減少國庫開支、促進社會平等。船山自己也承認府兵制初期能培養出可用之兵，府兵的問題在於職業世襲、過於僵化，無法汰舊換新，而不在於以農爲兵。

唐始置樞密使以司戎事，而以宦官爲之，遂覆天下。夫以軍政任刑人，誠足以喪邦；而樞密之官有專司，固法之不可廢者也。

兵戎者，國之大事，汎然而寄之六卿一官之長，執其常不恤其變，變已極，猶恐不守其常，文書期會，煩苛瑣屑，以決呼吸之安危，兵無異於無兵，掌征伐者無異於未嘗掌矣。屬吏各持異議，胥史亦握樞機，奏報會議喧騰於廷，閑諜已輸於寇，於是天子有所欲爲而不敢洩者，

〔註 139〕見〔明〕王夫之：《讀通鑑論》「梁簡文帝」第 2 則，頁 659。

〔註 140〕船山說：「故衛所興屯之法，銷天下之兵而中國弱，以坐授洪圖於異域，所由來久矣。」見〔明〕王夫之：《讀通鑑論》「梁簡文帝」第 2 則，頁 661。衛所是明代的兵制，在全國的各軍事要地，設立軍衛。一衛有軍隊五千六百人，其下依序有千户所、百户所、總旗及小旗等單位。軍户即户籍種類屬軍籍之户，軍户的主要的義務，便是出一丁男赴衛所當兵。軍户爲世襲，且管理頗嚴格，除籍十分困難。這與唐代的府兵制頗爲類似。

〔註 141〕見錢穆：《國史大綱》（北京：商務印書館，1996 年），頁 413。

不得不寄之奄人。故曰無異於無兵，無異於無掌征伐者也。〔註142〕

兵部統銓敘功罪，稽核門廕，制卒伍之踐更，清四海之郵傳，覈屯田之租入，督戎器之造作，百端交集，宵旦不遑，乃欲舉三軍生死之命，使乘暇而謀之，其不以國與寇也，不亦難乎？兵部所掌者，兵籍之常也；樞密所領者，戰守之變也。

至其（樞密）爲謀之得失，有宰相以參酌於前，有諫官以持議於後，亦不患其擅國柄而誤封疆矣。〔註143〕

「樞密使」是晚唐設立的新職務，由宦官擔任。樞密使的職務本來只是接受表奏，上呈皇帝，又將皇帝意圖傳達給宰相，起上傳下達的作用。但樞密使既接近皇帝，預聞機密，皇帝意旨又由他傳達，就易於弄權用事。唐代後期，神策軍中尉與樞密使擁立皇帝、任免宰相、處理軍國要務，有時成爲實際上的最高決策者。五代時戰爭頻繁，軍事機密處於最重要的地位，樞密使也常任用武官，逐漸形成樞密專掌軍事的傾向。〔註144〕船山認爲以宦官任樞密使固然不妥，但政府當中實應設立專業、獨立的軍事指揮機構。雖然中央政府六部已包含掌管軍事的兵部，但兵部與樞密院的作用並不相同。兵部是行政機構，首長由文人擔任，主管平時建軍，如人事升降、調動、兵役及戰備等；樞密院是指揮機構，於戰時統一發令，策定並執行作戰計畫。以台灣軍事體制來說，兵部相當於軍政系統（國防部），樞密院相當於軍令系統（參謀本部）。船山認爲兵部官員要有強大的組織、管理、營運能力；樞密使則要有靈活調度兵力，以達成戰略目標的才華，尤其在作戰時更需要掌握時機、大膽行動，並且對敵方絕對保密，方能獲得最大戰果，不能像一般行政單位那樣，進行長期的公開討論。故將樞密院由兵部分離出來，實有其合理性和必要性。當然爲了防止軍人濫權，船山認爲樞密使仍然要受文官系統的節制，這也符合現代民主國家「文人領軍」的原則。

（二）戰時以逸待勞

在戰爭開打後，如何運用謀略以取得勝利，也是非常重要的問題。首先船山基於儒家及傳統哲學的立場，認爲致勝關鍵在「道」不在「術」：

〔註142〕見〔明〕王夫之：《讀通鑑論》「五代上」第14則，頁1098～1099。

〔註143〕見〔明〕王夫之：《讀通鑑論》「唐憲宗」第5則，頁955～956。

〔註144〕見《中國大百科全書》「樞密使」條目，http://203.68.243.199/cpedia/Content.asp?ID=52419。

操之所以任天下之智力，術也，非道也。術者，有所可，有所不可；可者契合，而不可者弗能納，則天下之智力，其不爲所用者多矣。〔註 145〕

曹操雖以善於用兵聞名，卻未達用兵的最高境界，因爲曹操是依靠「術」（含謀略與武力），故只能吸引與他一樣崇尚謀略與武力的人，成爲一方霸主。眞正的王者是依靠「道」，只有道德感化的力量，才能使天下心服。而船山也將儒家的「己立立人，己達達人」之道運用在戰略上，認爲在多重勢力交戰時，雖可視情況盡量爭取盟友，但我方仍然要具備充足的實力，方能以逸待勞。只有我軍才是致勝關鍵，不可養成依靠別人或地利之便的懶惰心態。「依靠別人」包括外部的盟友、敵軍內部的背叛者、我軍內部的降軍等：

1. 自立自強

石亭之役，賈逵以虛聲怖吳而吳退，吳望蜀之乘之，蜀不能應也。陳倉之役，張郃以偏師拒蜀而蜀沮，蜀望吳之牽之，吳不能應也。兩國異心，謀臣異計，東西相距，聲響之利鈍不相及，聞風而馳，風定而止，恃人者，不敗足矣，未有能成者也。德必有鄰，修德者不恃鄰；學必會友，爲學者不恃友；得道多助，創業者不恃助。不恃也，乃可恃也。〔註 146〕

在多重勢力爭鬥的狀況下，船山對「聯盟」的效果，基本上是抱持著懷疑的態度。以三國爲例，吳、蜀北伐常期待另一方同時出兵，以收集中火力及牽制敵軍之效。但兩國領導階層包括君主、謀臣等都有各自的盤算，古代交通、通訊又不便，無法充分溝通、協調，使魏國得以各個擊破。當然以吳、蜀的單一國力，要攻下魏國有實際上的困難；船山這裡強調的只是一種積極主動的心態，認爲唯有奮發自強，才能獲得盟友的認同。

兩敵相持，而有起兵於腹裏者以遙相應，見爲可恃，恃以夾攻內應者必敗；勿問其爲義也、爲賊也，皆不可恃以冒進者也。其爲義也，忠臣志士，孤憤蹶起，而成敗非其所謀，且其果懷忠憤者，一二人耳，其他皆徼利無恆，相聚而不相攝者也。若其爲賊也，則妄人非分之圖，假我以惑眾而亡實者耳，如之何其恃邪？〔註 147〕

〔註 145〕見〔明〕王夫之：《讀通鑑論》「漢獻帝」第 23 則，頁 361。
〔註 146〕見〔明〕王夫之：《讀通鑑論》「三國」第 14 則，頁 387。
〔註 147〕見〔明〕王夫之：《讀通鑑論》「三國」第 9 則，頁 382。

仰賴盟友固然不可，但與敵人內部的叛亂者結盟，船山也不認爲有效。如果這些叛亂者是有感於我方的正義，一定是下了必死的決心，才會冒著被敵人發現的風險而投靠我方，故很容易意氣用事而失敗。且眞正的義士只有少數，內應之所以願意背叛敵人，常是出於利欲之心，希望取敵方領導階層而代之，但實力又不足，才想借重我方力量。倚靠這類既無道德、也無實力的小人，是很難取勝的。

> 討賊易，平亂難；誘賊降己易，受賊之降難；能受降者，必其力足以殲賊，而姑容其歸順者也。威不足制，德不足懷，賊以降餌己，己以受降餌賊，方降之日，即其養餘力以決起於一旦者也。……重兵以臨之，屢挫而奪其魄，如諸葛公之於孟獲，岳鵬舉之於群盜，而後可開以自新之路，而不萌反復之心。〔註148〕

這一段仍是強調「我方應具備充足實力」的重要性，亦與《孫子兵法》所論相合。孫子曰：「昔之善戰者，先爲不可勝，以待敵之可勝。不可勝在己，可勝在敵。」「故善戰者，立於不敗之地，而不失敵之敗也。」〔註149〕敵人有其自由意志，依靠陰謀詭計誘騙敵軍投降，即使成功也是僥倖，難令對方心服，甚至埋下了再叛亂的禍根。唯有務實經營，使我方擁有足以壓制敵方的實力，才是正途。但這又不是說陰謀詭計全無價值，兵不厭詐，若能善用計謀，使我方損失降到最低，確實是好事，只是不能以此爲主。

> 夫欲有事於天下者，莫患乎其有恃也。己恃之矣，謀臣將帥恃之矣，兵卒亦恃之矣，所恃者險也，而離乎險，則喪其恃而智力窮。曹操曰：「任天下之智力，以道御之，無所不可。」在山而用山之智力，在澤而用澤之智力，己無固恃，人亦且無恃心，而無不可恃，此爭天下者之善術，而操猶未能也。〔註150〕
>
> 後主失德而亡，非失險也，恃險也，恃則未有不失者也。君恃之而棄德，將恃之而棄謀，士卒恃之而棄勇。伏弩飛石，恃以卻敵；危石叢薄，恃以全身；無致死之心，一失其恃，則匍伏奔竄之恐後；扼之於蹊徑，而淩峭壁以下攻，則首尾不相顧而潰。〔註151〕

〔註148〕見〔明〕王夫之：《讀通鑑論》「唐肅宗」第9則，頁873。

〔註149〕見《孫子兵法・形篇》。

〔註150〕見〔明〕王夫之：《讀通鑑論》「漢獻帝」第23則，頁360～361。

〔註151〕見〔明〕王夫之：《讀通鑑論》「三國」第37則，頁413。

船山認爲用兵大忌在「恃」,「恃」是一個相當廣泛的概念,從具體的層次來說,指的是依靠崇山峻嶺、大江大河等自然地形,做爲進攻或防守的憑藉;從抽象的層次來說,依靠「術」取得勝利也是一種「恃」。無論是自然天險或城牆、要塞,都需要配置良好的人員與武器,才能發揮效果,不能只靠硬體。船山分析曹操成功與劉禪失敗的原因,認爲曹操的根據地無險可守,這可以刺激、提振人的精神,知道必須發奮圖強、鬥智鬥力才能生存。反之,劉禪在四面環山的四川盆地裡,謀臣、將帥易養成懶惰心態,鬆懈戰備;一旦敵人翻山越嶺攻入內部,所受到的震驚與混亂,遠較無險可守者爲多。「險要之地」表面上有利,其實在心理上易產生負面影響,而心理正是戰爭勝利的關鍵。

2. 後發制人

除了我方應具備充足實力而「自立自強」之外,在與敵方交戰時,還應秉持「後發制人」原則,不可躁進。這是因爲「一鼓作氣,再而衰,三而竭」,叛軍心理上會希望儘速取得戰功,才有後續發展;我方應「避實擊虛」,消磨其士氣再徐圖進攻:

> 天下方寧而寇忽起,勿論其爲夷狄、爲盜賊,皆一時傈悍之氣,暋不畏死者也。譬如勇戾之夫,忿起而求人與鬬,行數里而不見與鬬者,則氣衰而思遁矣。故乍起之兵,所畏者莫甚於曠日而不見敵。〔註152〕
>
> 古今文臣授鉞而墮功者,有通病焉,非怯懦也。怯懦者,固藏身於紳笏,而不在疆場之事矣。其憂國之心切,而憤將士之不效死也,爲懷已夙,一旦握符奮起,矜小勝而驚喜逾量,不度彼己而目無勍敵,聽慷慨之言而輕用其人,冒昧以進,一潰而志氣以頹,外侮方興,內叛將作,士民失望而離心,姦雄乘入而鬬捷,乃以自悼其失圖,而歎持重者之不可及,則志氣愈沮而無能爲矣。〔註153〕

對於國家的內亂外患,船山大致上是傾向以「老成持重」甚至「堅壁清野」的策略來處置。船山認爲在天下太平之時,敵人常只是憑藉一股氣而起兵。也就是說,只要朝廷施政不太差,大多數百姓還是希望過安居樂業的生活,有意造反的只是少數人;這少數人必是下了很大決心,但受大環境影響,其

〔註152〕見〔明〕王夫之:《讀通鑑論》「梁武帝」第16則,頁641。
〔註153〕見〔明〕王夫之:《讀通鑑論》「唐僖宗」第7則,頁1046。

氣勢仍會逐漸消磨、衰弱。站在朝廷的立場，出現少數叛軍不足以撼動帝國全局；但站在叛軍的立場，必先取得軍事上的勝利，打響名號之後，才能吸引更多人加入而成功。朝中大臣憂憤心切，接獲叛亂消息後，總是急著撲滅，立即解決問題，殊不知叛軍一開始氣勢正盛，大膽進攻正好給叛軍取勝之機。最有效的方法反而不是直接進攻，而是嚴密防守、靜待時機，這亦可說是「間接路線」〔註154〕戰略的一種運用。

雖然船山有上述種種戰略，但如果局面惡化到我軍主帥，甚至皇帝本人都受到敵軍威脅時，又該如何應對？是否與敵軍拚鬥到最後一刻，以身徇國？又或者事緩則圓，先逃亡再求中興？船山也有自己的答案：

> 天子者，天下之望也，前之失道而致出奔，誠不君矣；而天下臣民固倚以爲重，而視其存亡爲去就；固守一城，而或死或辱於寇賊之手，於是乎寇賊之勢益張，而天下臣民若喪其首，而四支亟隨以仆。……天子撫天下而爲主，都京師者，其擇便而安居者爾。九州莫非其土，率土莫非其人，一邑未亡，則猶奉宗祧於一邑，臣民之望猶繫焉，弗難改圖以光復也。〔註155〕

船山認爲一旦局勢惡劣到首都被敵軍攻陷，爲了國家著想，皇帝不該死守到最後一刻，應該遷都或逃亡，領導軍民繼續抗戰，才是正途。這一段是評論唐玄宗及中晚唐皇帝出奔避亂之事，但也可能暗指晚明局勢。崇禎末年李自成進逼北京，曾有朝臣建議遷都，卻被明思宗以「國君死社稷」爲理由駁回。〔註156〕船山認爲「國君死社稷」是指諸侯，諸侯領土只限於一國，流亡到他國便失去諸侯身分，故不如一死。天子領土卻是遍及天下，即使逃亡到別處

〔註154〕西方戰略思想家李德哈特說：「從古到今，在戰爭中除非所採取的『路線』（approach）是具有某種程度的『間接性』（indirectness），以使敵人感到措手不及、難以應付的話，否則很難獲得有效的結果。這種『間接性』常常也是物質性的，但卻一定總是心理性的。」又說：「戰爭也和摔角一樣，假使不先使敵人自亂步驟和自動喪失平衡，而企圖直接把敵人弄翻，結果只會使自己搞得筋疲力竭——用力愈大則輸得愈慘。」見李德哈特著，鈕先鍾譯：《戰略論：間接路線》（台北：麥田，1996年），頁24。

〔註155〕見〔明〕王夫之：《讀通鑑論》「唐玄宗」第22則，頁858。

〔註156〕據《明史》記載：「十七年二月，李自成陷山西……中允李明睿疏言南遷便，給事中光時亨以倡言洩密糾之。帝曰：『國君死社稷，正也，朕志定矣。』」最後明思宗自縊於煤山，南明諸王則在缺少領導中心的狀況下，爲了誰代表正統而爭鬥不休，無法團結抗清。如果明思宗接受遷都，歷史可能有不同的發展。見《新校本明史・列傳第153・李邦華》，卷265。

也仍然是天子。縱使因為放棄首都而使宗廟受破壞，只要繼續抗戰，將來還有光復的機會。輕易捨棄生命反而是捨棄了身為皇帝的職責，愧對列祖列宗。

第五章　政治活動中道德實踐的作用

船山對政治的態度，是以儒家的「義利之辨」爲最根本原則。但在政治活動當中，「權力」又是政治人物關切的重心，不只小人貪圖權勢，即使是君子也要掌握一定的權柄，才能推行自己的理想。儒家的宗師孔子周遊列國，其目的便是要「得君行道」，以道德理想來指導權力的運用。「道德」與「權力」的衝突，實爲儒家政治觀當中的核心問題。船山身爲儒者，對這項問題也有深切的思考，他雖然秉持儒家「以道德爲首出」的立場而堅定不移，但他對道德的理解，卻有別於以往的宋明理學家。如同本論文第三章所說的，船山所強調的道德，並不是只從君主或個人行爲背後的動機之善惡來判斷；他更注重在具體情境中、能維繫群體存在的客觀之理，依理而行便有好的結果。他在評論歷史人物時，也是以其能否實現「時勢中的理」爲標準。這就不只要求動機純正，還要讓道德充分發揮作用、解決當前的問題才行。船山所秉持的可說是以「義」（道德）爲首出，而試圖綜合義利（道德與權力）的立場。本章即以船山的人物評論爲焦點，探討他認爲從政時應遵守的道德，包括是否應該出仕、仕宦時的個人心態與施政綱領、如何表達政見等。

第一節　義利之辨：論君子

儒家自孔子起，便有對歷史、政治人物給予道德評價的傳統，如大歷史家司馬遷所總結的：

> 余聞董生曰：「周道衰廢，孔子爲魯司寇，諸侯害之，大夫壅之。孔子知言之不用，道之不行也，是非二百四十二年之中，以爲天下儀

> 表，貶天子，退諸侯，討大夫，以達王事而已矣。」子曰：「我欲載之空言，不如見之於行事之深切著明也。」夫春秋，上明三王之道，下辨人事之紀，別嫌疑，明是非，定猶豫，善善惡惡，賢賢賤不肖，存亡國，繼絕世，補敝起廢，王道之大者也。〔註 1〕

孔子作《春秋》「貶天子，退諸侯，討大夫」便是對歷史人物的作爲，進行論析與褒貶。船山撰寫史論時，也繼承了儒家的這項傳統，在探討道德時，不只從抽象的原則本身來看，還要藉由對具體情境的反覆思辨，判斷出當下最合宜的行動。這可以說是「別嫌疑、明是非、定猶豫」的落實實踐，也符合「載之空言不如見之行事」的《春秋》精神。船山也常基於對人物行動的分析，提出他個人認爲更圓融、更完善的做法，表現出靈活的智慧，而可爲讀者所吸收、採納。就政治方面來說，船山認爲「自信」實爲根本原則。所謂「自信」就是不藉由外物來增添自己的價值，相信最可貴的良知良能、善良本性就存在於自身當中，不假外求。如同孟子所說的：「求則得之，舍則失之；是求有益於得也，求在我者也。求之有道，得之有命，是求無益於得也，求在外者也。」〔註 2〕「求在我者」是道德，「求在外者」是世間的功名利祿。政治的目的就是將善良的自我、眞我充分展現出來，能做到這點就是君子，與此背道而馳便是小人。以下就分別從君子與小人兩方面，看船山如何將「自信」原則運用在對眾多政治人物的評論上。

就君子來說，船山認爲關鍵在具備「與強權抗衡」的精神，不畏威脅利誘，說該說的話、做該做的事，堅持心中認定的正義而不退縮，這種「剛直」的人物是船山最欣賞的。以下分「言語」與「行爲」兩方面觀之。

（一）言語上

言語上的剛直，可以虞寄、馬伸兩人爲例。遭受亂人逼害時，兩人都能堅守道義、直言不諱：

> 以亂人爲可畏者，懦夫也；以亂人爲不可畏者，妄人也。莊周氏自謂工於處亂人矣，一以爲猛虎，一以爲嬰兒……懦夫聞之，益喪其守；妄人聞之，益罹於凶。……虞寄僑處閩海，陳寶應連周迪、留異以作亂……寄愈危，責寶應也愈厲。如寄者，豈不戒心於亂人之

〔註 1〕見〔漢〕司馬遷：《史記・太史公自序第七十》，卷 130。

〔註 2〕見《孟子・盡心上》。

> 鋒刃，而任氣以行邪？乃終嶽立千仞而不以寶應之凶悖爲疑，非妄以輕生、狎暴人而姑試也，求諸己者正而已矣。浸令不然，心非之，抑詭隨之；私議之，而面諱之；亟於求去，而多方以避之；放言毀度，佯狂閔默以順之；皆莊周所謂緣督之經也。而早爲亂人之所測，祇以自辱而無補於禍難……亂人雖逆，凋喪之天良未盡絕於夢寐，天可恃也；即不可恃，而死生有命，何所用吾術哉？是以知虞寄之可爲君子矣。〔註3〕

> 馬伸於張邦昌之僭立，上申狀以請復辟，至再至三而不已，邦昌懼而從之；弗畏於逆臣，弗懼於狡虜，弗憂於吳开、莫儔之群小，志至氣充，不知有死，而死亦終弗及焉。然則士苟有志，昭昭然揭日月而行之，夷、齊扣馬之諫，奚必武王而後可施哉！〔註4〕

虞寄是南朝梁、陳之際江南望族虞氏子弟。陳寶應是地方豪強，利用陳霸先篡梁的機會，在閩中割據作亂。虞寄上書列舉十事勸陳寶應歸順陳朝，並表示：「寄感恩懷服，不覺狂言，斧鉞之誅，其甘如薺。」陳寶應大怒。〔註5〕馬伸是北宋大臣，靖康之難後金人立張邦昌爲傀儡皇帝，馬伸在北方不懼金兵威脅，再三上書要求張邦昌取消帝號，迎立宋高宗爲正統，使張邦昌「氣沮謀喪」。〔註6〕船山對虞寄、馬伸評價甚高，虞寄「可爲君子矣」，馬伸「志至氣充」，具備孟子所說的浩然正氣。

此處又涉及儒道兩家對理想人格的看法。儒家以仁義爲宗，成就的是直道而行的君子。道家以自然爲宗，不以仁義爲唯一的價值判斷標準，面對兇惡之徒，主張順勢而爲，互動時應如遇到猛虎般避其鋒頭，或如嬰兒般放下成見。〔註7〕這和儒家堅守道德原則的立場是很不同的。虞寄、馬伸犯顏直諫，

〔註3〕見〔明〕王夫之：《讀通鑑論》「陳文帝」第4則，收入《船山全書》第10冊（湖南：岳麓書社，2011年新版），頁677～678。

〔註4〕見〔明〕王夫之：《宋論》「宋欽宗」第4則，收入《船山全書》第11冊（湖南：岳麓書社，2011年新版），頁212。

〔註5〕見〔宋〕司馬光等：《資治通鑑・陳紀第三・世祖文皇帝下天嘉四年》，卷169。

〔註6〕見〔元〕脫脫等：《宋史・列傳第二一四・忠義十》，卷455。

〔註7〕船山此處所引用的應是《莊子・人間世》篇中顏闔與蘧伯玉的對話：「彼且爲嬰兒，亦與之爲嬰兒；彼且爲無町畦，亦與之爲無町畦；彼且爲無崖，亦與之爲無崖。達之，入於無疵。汝不知夫螳螂乎？怒其臂以當車轍，不知其不勝任也，是其才之美者也。戒之，慎之！積伐而美者以犯之，幾矣。汝不知夫養虎者乎？不敢以生物與之，爲其殺之之怒也；不敢以全物與之，爲其決之之怒也；時其飢飽，達其怒心。虎之與人異類而媚養己者，順也；故其殺

可說是合乎儒家的人格典範。

虞、馬二人這種剛直的作風，很容易受到來自另一立場（如道家）的質疑，認為這樣做很難保住生命，或產生令對方順服的效果。但船山恰好從與道家相反的觀點立論：他認為作亂者對一般人遭遇危難時所做的表面工夫，如故做恭順、無辜等，早已了若指掌。所以用道家的方式面對兇惡之徒，效果極其有限。必須回歸到人性深處，從「天良」、「心之所同然」處指點、啓發對方的蒙昧，才能感化對方。即使感化不了而被殺，也無愧於心。從船山相信「天良」、相信每個人（包括亂賊）內心深處有相同的正義感來看，他還是站在儒家的立場上來回應道家之說。儒家雖然未必時時以剛直的態度示人，也有「寬柔以教，不報無道」〔註 8〕的一面，但在涉及大是大非的關鍵時刻，必須有挺身而出、從容就義的風骨，這是船山所強調的。〔註 9〕

（二）行為上

除了在言語上挺身而出、對抗暴徒之外，在政局混亂時，也要能夠成為國之棟梁，不考量個人生死，出面扶危定傾、撥亂反正，而有「勇於任事」的精神。如唐末宰相李石、鄭覃：

> 夫二子之受相位而不辭，非乘間以希榮，蓋誅夷在指顧之間而有所不避也。六巡邊使疾驅入京，聲言盡殺朝士以恐喝搢紳，李石安坐省署以弭其暴橫。於斯時也，石固以腰領妻孥為社稷爭存亡，為衣冠爭生死，可不謂忠誠篤悱、居易俟命之君子乎？江西、湖南欲為宰相召募衛卒，而石不許，刺客橫行，刃及馬尾，固石所豫知而聽之者也。薛元賞之能行法於神策軍將，恃有石也；宋申錫之枉得以復伸，覃為之也。止滔天之水者，因其潰濫而徐理之，卒之仇士良之威不敢逞，文宗得以令終，而武宗能弭其亂，自二子始基之矣。〔註 10〕

者，逆也。」

〔註 8〕《中庸・第十章》：「寬柔以教，不報無道，南方之強也，君子居之。衽金革，死而不厭，北方之強也，而強者居之。」

〔註 9〕事實上船山本人也頗有這種剛烈不屈的性格，史書記載了船山早年為了抵抗流寇、援救父親而自殘的一段事蹟：「張獻忠陷衡州，夫之匿南嶽，賊執其父以為質。夫之自引刀遍刺肢體，舁往易父。賊見其重創，免之，與父俱歸。」見趙爾巽等：《清史稿・列傳二百六十七・儒林一》，卷 480。

〔註 10〕見〔明〕王夫之：《讀通鑑論》「唐文宗」第 7 則，頁 999。

李石、鄭覃在甘露之變〔註 11〕後出任宰相。隔年中使〔註 12〕巡邊後回京，傳言要再次進行大屠殺，百官驚慌失措，只有李石安坐宰相官署照常辦公，穩定局勢。李石拒絕爲他招募私人護衛的提議，他在上班途中遭遇刺客，刺客揮刀襲擊砍斷了馬尾巴，馬奔逃使他逃過一劫。〔註 13〕李、鄭雖然身爲宰相，但當時由宦官掌權，宰相一職不僅沒有榮華富貴可享，還時常被宦官恐嚇、羞辱。李、鄭兩人能夠不畏懼這種嚴峻的局勢，面臨生命危險時，還能鎮靜如常，堅守朝廷綱紀，成爲國家的中流砥柱，使宦官不敢妄爲，皇室重振聲威。這只有心中對道義有極強烈的堅持才能做到，而爲船山許之以君子。無論是言語上或行爲上的剛直，這類道德行爲都可以產生「鎮服禍亂」的實效，這也是船山論道德的特色。

第二節　義利之辨：論小人

就小人來說，「求在外」便是小人最明顯的特質。〔註 14〕一般來說，小人通常被理解爲自私自利、陰險狡詐的人。就儒家傳統來說，則是受制於感官欲望，導致品德有缺陷的人，如孟子說：「從其大體爲大人，從其小體爲小人。」〔註 15〕船山並不反對前述觀點，但他在評論歷史人物時，更常從「自我價值」的角度切入。他認爲政治人物最容易犯的錯誤就是「貪戀虛榮」，向外界尋求

〔註 11〕「甘露之變」是唐文宗時發生的宮廷政變，當時宦官勢大，皇帝與前任宰相李訓、大臣鄭注等人密謀剷除宦官。李訓與鄭注不合，私下招募士卒，以祥瑞（石榴樹夜生甘露）爲藉口，請文官派宦官察看。宦官發現周圍有伏兵，立即返回宮殿挾持皇帝，並派遣神策軍（禁軍）搜捕、砍殺眾大臣，死者數以千計。見〔宋〕司馬光等：《資治通鑑・唐紀六十一・文宗元聖昭獻孝皇帝中太和八年》，卷 245。

〔註 12〕中使是皇帝自宮中派出的使者，多由宦官擔任。唐代朝廷依靠宦官管理各藩鎮，設監軍宦官監視節度使。

〔註 13〕《舊唐書》記載：「中使田全操、劉行深巡邊回，走馬入金光門。從者訛言兵至，百官朝退，倉惶駭散。……石曰：『事勢不可知，但宜堅坐鎮之，冀將寧息。若宰相亦走，則中外亂矣。必若繼亂，走亦何逃？任重官崇，人心所屬，不可忽也。』石視簿書，沛然自若。……是日，苟非石之鎮靜，君賞之禦侮，幾將亂矣。」「石自親仁里將曙入朝，盜發於故郭尚父宅；引弓追及，矢才破膚，馬逸而回。盜已伏坊門，揮刀斫石，斷馬尾，竟以馬逸得還私第。」見〔後晉〕劉昫等：《舊唐書・列傳第一百二十二・令狐楚、牛僧孺、蕭俛、李石》，卷 172。

〔註 14〕如後文提到的王安石。

〔註 15〕見《孟子・告子上》。

支持來證明自己的價值，重視社會聲望、評價，而未能發自內心肯定自己，認可心中的道德判斷。換言之，船山會將「小人」的問題，放在自我與社會的互動過程來看，這也是他論道德的特色。即使是對物的追求（如財富、感官享受等），船山也認爲這只是手段，實際上仍是藉由外物來獲得別人的肯定。這種欠缺自信的表現，可分「趨利」與「避害」兩類，前者是積極追求名聲與財富；後者是在威脅利誘下，被迫做出不合道義的言行。「避害」容或情有可原，「趨利」則爲船山所不取。以下分別論述。

（一）趨利

「趨利」是透過對名利的追求來滿足自我價值。皇帝或大臣在從政時，永遠會面臨「道德」與「功利」兩種相對的抉擇。儒家並不完全反對追求名利，孔子曾說：「富而可求也，雖執鞭之士，吾亦爲之。如不可求，從吾所好。」〔註16〕可見只要符合道義，孔子也會追求名利。船山也說：

> 天理人欲，只爭公私誠僞。如兵農禮樂，亦可天理，亦可人欲。春風沂水，亦可天理，亦可人欲。才落機處即僞。夫人何樂乎爲僞，則亦爲己私計而已矣。〔註17〕

可見即使是求名求利，船山也未必完全反對。關鍵在「公私」之別，在滿足自我的同時，是否也能考量到別人？抑或自私自利，只以自我爲中心？就船山看來，歷史上的政治人物常落於後者。這種錯誤就不是單從行爲本身或行爲造成的後果即可看出，必須深入歷史人物的內心世界，體察其動機、心態，進行精微的分析，才能闡明。這也是船山繼承宋明理學而在人物評論上的貢獻。以下就依追求對象的不同，分成「對人」與「對物」兩類。「對人」是直接尋求別人支持，「對物」是透過財富或知識的累積，間接獲得別人讚許。以下分別說明。

（1）對人

政治是以「權力」爲關注的焦點。誰能取得權力，誰就可以將自己的想法、立場施加在別人身上，迫使別人服從。但人與人之間的想法、立場又不總是能夠達成一致。姑且不論誰的想法比較正確，如果不先接納別人，認可與自己不同的想法、立場也有存在的價值，只將別人看成自己的附庸、滿足

〔註16〕見《論語・述而》。

〔註17〕見〔明〕王夫之：《讀四書大全說》，收入《船山全書》第6冊（湖南：岳麓書社，2011年新版），頁765。

欲望的工具，這種「自私自利」的態度本身就是錯誤的。儘管在行爲上，小人會有討好別人、壓迫別人、反覆無常等各種扭曲表現，但心態上的自私自利則一。船山在史論中舉出很多實例，詳加分析、批判，以下試觀之。

① 討好別人

「討好別人」就是透過讚美、奉承別人（特別是當權者），使對方覺得受到肯定，反過來也信任、肯定自己，願意將某些利益與自己分享。這種「互惠」的模式本身並沒有什麼問題，問題在於讚美或奉承背後的動機爲何？如果雙方皆以道義爲依歸，互相欣賞對方，而有成人之美的話，應不致爲船山所反對。但許多時候，「小人」雖然表面上肯定君子所做所說，實際上並不眞正認同君子的道德原則，只是見到君子位高權重，出於利益的計算，以「讚美」爲手段，騙取君子的信任罷了。從動機上來說，這當然是一種假道德，如北宋末年的蔡京：

> 好諛者，大惡在躬而猶以爲善，大辱加身而猶以爲榮，大禍臨前而猶以爲福；君子以之喪德，小人以之速亡，可不戒哉！
>
> 天下之足以喪德亡身者，耽酒嗜色不與焉，而好諛爲最。元祐諸君子，且爲蔡京所惑，勿僅以責之驕悖黠姦之浚與密也。〔註 18〕

蔡京是北宋末年最最貪瀆的權相，也是熙寧變法的支持者。〔註 19〕宋神宗死後，子哲宗立，改年號爲元祐，由高太后輔政。高太后反對變法，任命舊黨領袖司馬光爲宰相。蔡京搶先落實「廢除新法」的主張，獲得司馬光信任。〔註 20〕徽宗時蔡京爲相，卻將舊黨士人的罪狀刊刻在石碑上昭告天下，並以司馬光爲「奸黨」之首。〔註 21〕蔡京見風轉舵，可說是典型的小人行徑。

相較於蔡京，熙寧變法發起人王安石與舊黨領袖司馬光的關係，則是君

〔註 18〕浚與密，指王浚與李密。王浚是西晉重要將領，被石勒殺害；李密是隋末群雄之一，被唐高祖擒獲。兩人失敗主因，都是輕信對方的卑屈之言。見〔明〕王夫之：《讀通鑑論》「晉愍帝」第 4 則，頁 461。

〔註 19〕《宋史》有蔡京協助章惇恢復新法的記載：「章惇復變役法，置司講議，久不決。京謂惇曰：『取熙寧成法施行之爾，何以講爲？』惇然之，雇役遂定。」見〔元〕脱脱：《宋史·列傳第二三一·蔡京、趙良嗣、張覺、郭藥師》，卷 472。

〔註 20〕《宋史》：「司馬光秉政，復差役法，爲期五日，同列病太迫，京獨如約，悉改畿縣雇役，無一違者。詣政事堂白光，光喜曰：『使人人奉法如君，何不可行之有！』」出處同上。

〔註 21〕《宋史》：「時元祐群臣貶竄死徙略盡，京猶未愜意，命等其罪狀，首以司馬光，目曰奸党，刻石文德殿門，又自書爲大碑，遍班郡國。」出處同上。

子之間互相推崇的實例。司馬光與王安石雖然在政見上針鋒相對，但王安石對司馬光的意見，仍「賜之誨筆，存慰溫厚」〔註 22〕，抱持包容的態度。王安石過世後，司馬光對王安石的道德文章亦給予肯定，認爲「介甫文章節義過人處甚多」〔註 23〕、「光與介甫趣向雖殊，大歸則同」〔註 24〕。可見兩人的差異主要在治國方法上，就竭誠爲國的心願來說，兩人是一致的，故能互相欣賞。總而言之，對別人的欣賞、讚美不一定是壞事，必須視讚美的動機而定。

奉承別人而別有用心，固然可判爲小人；但從另一方面來看，接受奉承的人也不能說完全沒有過錯。司馬光正是因爲過分堅持己見，對新法全盤否定，渴望獲得朝中士大夫的支持，才讓蔡京有可趁之機。如船山云：「好諛者，大惡在躬而猶以爲善」、「天下之足以喪德亡身者，耽酒嗜色不與焉，而好諛爲最」。司馬光爲人雖然溫良謙恭、剛正不阿，不爲酒色財氣等物質欲望所惑；但在內在的深層動機上，司馬光仍然有「好諛」的缺失，需要警惕反省。這種內心的過錯可說是比物欲更進一步，亦可見船山對人性的深微體察。

以上是就士大夫之間的互動來說，從士大夫與皇帝的關係來說，臣下對皇帝的討好，也是船山所批評反對的，如北宋的寇準：

> 寇平仲求教於張乖崖，乖崖曰：「霍光傳不可不讀。」平仲讀之，至「不學無術」而悟，曰：「張公謂我。」夫豈知其悟也，正其迷也？術之爲言，路也；路者，道也。記曰：「審端徑術。」徑與術則有辨。夾路之私而取便者曰徑，其共繇而正大者曰術。摧剛爲柔、矯直爲曲者，徑也，非術也。平仲不審乎此，乃懲剛直之取禍，而屈撓以祈合於人主之意欲……則其懲霍光之失者，禍與光等，而汙辱甚焉。〔註 25〕

寇準（字平仲）是北宋初年的名相。宋眞宗時遼國大舉入侵，逼近首都汴京，朝野驚恐欲遷都，只有寇準力排眾議，堅持請皇帝親臨前線，最終擊退遼軍，雙方訂定「澶淵之盟」，維持了一百多年的和平。寇準對國家實有救亡圖存之

〔註 22〕見司馬光：〈與王介甫書〉第二書，收入《司馬溫公文集》（台北：藝文印書館，1967 年），書啓三，卷 74。

〔註 23〕見司馬光：〈與呂晦叔簡〉第一書，同上，書啓六，卷 77。

〔註 24〕見司馬光：〈與王介甫書〉第一書，同上，書啓三，卷 74。

〔註 25〕見〔明〕王夫之：《宋論》「宋眞宗」第 8 則，頁 99～101。

功，但也因爲他功勞過高，加上生活奢華〔註 26〕，遭到朝中士人毀謗。張詠（號乖崖）建議寇準讀〈霍光傳〉，霍光是西漢昭帝、宣帝時的輔政大臣，權傾一時，令皇帝頗爲忌憚，死後全家遭族滅。張詠的用心是舉霍光爲例，警惕寇準謙遜自持，不要過分招搖。但船山認爲寇準誤解了張詠之意，將〈霍光傳〉的要義簡化爲「不學無術」，又將「術」解釋成迎合皇帝，而改變了原本剛直的個性。張詠與寇準可說是「郢書燕說」〔註 27〕的實例。

「謙遜自持」與「曲意奉承」有別，船山也看到了這一點，並以「徑」與「術」做區分，認爲張詠所說是「共繇而正大」之術，寇準所悟是「夾路之私而取便」之徑。前者是出自良善的動機，平時不炫耀自己的長處，但在緊要關頭仍能堅守原則，說該說的話、做該做的事。這樣的「術」是人人都可以學習的。後者則是爲了保住權位，不惜犧牲道德原則，只說皇帝愛聽、想聽的話。這種自私自利的動機只能藏在內心，無法開誠佈公，故「徑」必然是秘而不宣。由此亦可看出，善與惡、君子與小人的分野，並不在於外在行爲。「謙遜自持」與「曲意奉承」在行爲上、方法上很可以是類似的，但存心大不同。船山在前述引文之後也說：「浸令霍光挾震主之威，而藏身於張禹、孔光之術，則抑且爲『僞爲恭謹』之王莽，不待其子而身已膺漸台之天誅。非唯乖崖不欲平仲之爲此，即班史亦豈欲霍光之若彼哉？」〔註 28〕可見在表面上做到謙恭是沒有用的，心術是否純正，才是船山講究的重點。對別人的讚美，只有在眞心欣賞對方、雙方共期於道的前提下才有意義，而不能出於私心。

以上是就士大夫之間，及士大夫與皇帝的互動來說，士人面對同僚及百姓的態度，船山亦有論及。大致上說來，船山對「媚俗從眾」的想法與行爲，是頗爲忌憚的，這亦可說是對多數人、對大眾的一種討好，以下舉兩段文字爲例：

> 夫以鴻才偉望，一旦受天子之知……於斯時也，有所求而進者進矣，無所求而進者進矣。有所求而進者，志在求而無難窺見其隱也；無所求而進者……是其爲樂我之善，玉我於成，以共宣力於國家者乎？

〔註 26〕寇準生活奢華的記錄如下：「公嘗知鄧州而自少年富貴，不點油燈，尤好夜宴劇飲，雖寢室亦燃燭達旦。每罷官去後，人至官舍，見廁溷間燭淚在地，往往成堆。」見〔宋〕歐陽修：《歸田錄》（西安：三秦，2003 年），卷 1。

〔註 27〕出自《韓非子・外儲說上》，比喻穿鑿附會，曲解原意。

〔註 28〕見〔明〕王夫之：《宋論》「宋眞宗」第 8 則，頁 100。

於是樂與之偕，而因以自失。夫惡知無所求而進者，爲熏蒸之氣所鼓動，不特我不知其何求，使彼自問，亦不知其何以芸芸而不自釋也；無他，淺中者其量之止此，而弱植者自無以立，待人而起者也。俄而勢在於此，則集於此矣，俄而勢在於彼，則移於彼矣，害不及而避其故也如驚，福不及而奔其新也如醉。君子小人一伸一屈，數之常也，言爲之易其臧否，色爲之易其顰笑，趾爲之易其高下，則凡可以抑方屈而揚方興者，無所不用……故天下之可賤、可惡、君子遠之必夙者，唯此隨風以驅、隨波以逝、中淺而不知事會之無恆、植弱而不守中心之所執者也。〔註29〕

天下之錮人心、悖天理者，莫甚於俗，莫惡於膚淺，而姦邪悖逆者不與焉……姦邪悖逆之壞法亂紀也，其惡著，其辨不能堅，勢盡情窮，及身而止，無以亂天下後世也。俗則異是。其始爲之倡者，亦懷姦耳，亦行邪耳，亦悖王章、逆天理以逞其私耳；乃相沿而成，末流之氾濫，則見以爲非而亦有其是也，見以爲逆而亦有其順也。其似是而順乎人情者，何也？人莫不有所溺而利以爲歸也。〔註30〕

前文提到小人對別人的討好常別有用心，船山對這類小人的評價還不是最低的。如引文所述，君子獲得重用時，通常會有兩種人前來投靠，「有所求而進者進矣，無所求而進者進矣」。別有用心的小人屬於前者，他們之所以支持君子，說穿了是爲了私利。這一類的小人船山認爲容易應付，雖然他們不會坦白說出自己的動機，但畢竟仍「有所求」，稍加觀察即可得知。這類小人雖然是爲利，但頭腦還是比較清醒的，能夠貫徹對利的追求而始終如一，也就易於掌握。

另一類小人反而是船山最詬病的，他們沒有主見、缺少計算利害的能力，只是追趕流行。船山稱這類小人爲「量淺」、「流俗」之輩，表示他們的反省力不足，無法觸及心性等儒學較精深的層面，只落於感性生命、欲望當中。本心善性及由此創發的道德價值，是人人本有、不假外求的，可和別人相互印證，但不一定要獲得別人肯定（如孟子說「自反而縮，雖千萬人吾往矣」）。量淺之輩未能領悟這點，故只能以外在的潮流趨向決定自己的行爲，但政壇的浮沈、權勢的升降又時常變動，這類小人只好隨波逐流，輪流討好立場相

〔註29〕見〔明〕王夫之：《讀通鑑論》「唐玄宗」第2則，頁829～830。

〔註30〕見〔明〕王夫之：《讀通鑑論》「唐玄宗」第8則，頁837～838。

異的各陣營，言語行爲自相矛盾、破綻百出，露出可憐又可鄙的一面了。又由於在政壇上、生活中，這種人佔大多數，積非成是之下，這種「世故圓滑」的態度反而成爲主流，模糊了是非善惡的判斷標準，比起大奸大惡來說，是禍害更大也更難提防的。

② 壓迫別人

船山從內心動機上著眼，認爲儒家君子之道的精華，就在於「反躬自省」、「反求諸己」的精神，也就是時時反省過失、不斷完善自我的德行。從政必然要以這一點爲前提，才有正當性。如果捨棄這一點，以責求別人、改造別人爲念，這種「壓迫別人」的態度，就背離了君子之道。如果「自恃甚高」的道德觀，與權力相結合，對國家、社會的傷害更大，如船山以下所論：

> 君子之道，有必不爲，無必爲。小人之道，有必爲，無必不爲。執此以察其所守，觀其所行，而君子小人之大辨昭矣。必不爲者，斷之自我，求諸己者也。雖或誘之，而爲之者，必其不能自固而躬冒其爲焉。不然，熒我者雖眾，弗能驅我於叢棘之中也。必爲者，強物從我，求諸人者也。爲之雖我，而天下無獨成之事，必物之從而後所爲以成，非假權勢以迫人之應，則銳於欲爲，勢沮而中止，未有可必於成也。
>
> 夫君子亦有所必爲者矣，子之事父也，臣之事君也，進之必以禮也，得之必以義也。然君子之事父，不敢任孝，而祈免乎不孝；事君不敢任忠，而祈免乎不忠。進以禮者，但無非禮之進，而非必進；得以義者，但無非義之得，而非必得。則抑但有所必不爲，而無必爲者矣。況乎任人家國之政，以聽萬民之治。古今之變遷不一，九州之風土不齊，人情之好惡不同，君民之疑信不定……豈無故而以一人犯兆民之指摘乎？必有不可問者存矣。夫既有所必爲矣，則所迫以求者人，而所惛然忘者己矣。故其始亦勉自鈐束，而有所不欲爲；及其欲有爲也，爲之而成，或爲之而不成，則喜怒橫行，而乘權以逞。於是大不韙之事，其夙昔之所不忍與其所不屑者，苟可以濟其所爲而無不用。
>
> 故王安石之允爲小人，無可辭也。……或曰：「安石而爲小人，何以處夫黷貨擅權導淫迷亂之蔡京、賈似道者？」夫京、似道能亂昏荒之主，而不能亂英察之君，使遇神宗，驅逐久矣。安石唯不如彼，

而禍乃益烈。諓諓之辯，硜硜之行，奚足道哉！〔註31〕

一般人對君子的看法是奮發向上、積極有爲，何以船山此處說「君子之道，有必不爲，無必爲」？故需要對「爲」字的意義加以辨析。細察船山文義，「爲」應當是就事功或效驗的層面來說。君子重視內心動機的純善與否，在道德價值與功名的要求產生衝突時，能夠堅守道義而放棄功名，故說「有必不爲，無必爲」。小人以獲取功名爲目標，在道德與功名的要求不衝突時，固然會遵守道德規範；一旦道德與功名產生衝突，道德便會被捨棄。可見小人對道德只以工具的觀點來看待。

船山說「必不爲」就是「求諸己」，「必不爲」即不受追逐外在功名的欲望所誘惑，這是自己可以決定的，與孟子所說「求則得之，舍則失之」的意義相合。「必爲」即「求諸人」，以建功立業、改造他人爲念，如前所述，掌權的永遠只是少數人，在尚未取得權力前，別人通常只按照個人的意願，而非我方的理想來行動。但別人的服從對建功立業來說，又是不可或缺的。故「奪取權力」實爲「改造別人」之必要手段，原本立意良善的理想，遂逐漸滑轉爲對權勢之追逐，欲望日漸膨脹，即使採取不義手段獲得權力，也在所不惜。這正是小人的想法，也是船山所反對的。

但君子是否只講道德而完全不求實效呢？船山的想法也非如此，他認爲君子心中還是認可某些事是必須要去完成的，如事父以孝、事君以忠、進之以禮、得之以義等，但君子對待這些事是抱持「盡己所能」的態度，知道道德實踐是無窮無盡的，而不敢妄自矜誇。孝不敢自以爲孝，忠不敢自以爲忠，永遠都有更進一步的空間。〔註 32〕這仍然是以求善的心願爲先，忠孝禮義的實際成效則是其次（但並非不要）。船山對君子、小人內在動機的體察是很細微的，對孟子「求在我」與「求在外」〔註 33〕之意也是很好的闡發，其要旨仍可歸入儒家的「義利之辨」。

船山說小人「其始亦勉自鈐束，而有所不欲爲；及其欲有爲也……苟可以濟其所爲而無不用」，這種行爲模式仍可從上述理論來看。小人一開始無位無權，而以建立一己之功業爲念。此時這功業在現實上還不存在，而多少要

〔註31〕見〔明〕王夫之：《宋論》「宋神宗」第 2 則，頁 154～156。

〔註32〕這與老子的哲學亦可相通，《道德經・第三十八章》：「上德不德，是以有德；下德不失德，是以無德。」便是說明「爲善不可自滿」的道理。

〔註33〕《孟子・盡心上》：「『求則得之，舍則失之』，是求有益於得也，求在我者也。『求之有道，得之有命』，是求無益於得也，求在外者也。」

靠小人克制感官欲望，努力修飾、經營自己，才能爲將來的功業建立一定的基礎。所以小人在這一階段，其行爲表現是很像君子的。但小人與君子在根本動機上仍舊不同，如前所述，小人既以獲取個人功名爲關注重點，一旦逐漸爬上高位，必然會逐漸滑轉爲壓制別人、藉由權力來推展自己的想法。任何威脅到自己權力的人事物，無論是否爲道德都必須剷除，也就不得不使用一些卑鄙的謀略，而逐漸墮入下流了。〔註 34〕引文所述可說是船山「君子小人之辨」最明白的展示，也是船山論君子小人的樞紐所在。

除了動機上的義利之辨外，船山又從另一角度立論，針砭小人的缺失。他說：「古今之變遷不一，九州之風土不齊……豈無故而以一人犯兆民之指摘乎？」這是從人的有限性著眼，認爲人爲設計的制度有其侷限，由某個人或少數人所規劃的政策藍圖，必然無法完美地適應千變萬化的局勢，需要透過群體的智慧，隨時斟酌損益。歷史上的王安石是否如船山所論在初心上有所偏差，還可以再考察。但王安石「剛愎自用」則是明顯的事實。船山甚至認爲像王安石這樣的人，比普通小人更可怕。普通小人沈溺於物欲，如貪財、好色等，他們知道自己境界不高，別人也不會太重視他們。像王安石這樣的人，心中有改造國家社會的宏大抱負，賢能的皇帝或士人對他刮目相看，便會信任他、授權給他；有了權力，對別人的壓迫也就更劇烈。這種「改造別人」的想法，可說是比貪財好色更深一層的欲望，也是船山要讀者深切警惕的。以下是另一則「以功名爲念」的例子：

> 功名之際，難言之矣。蔑論小人也，爲君子者，道相謀，志相叶，好惡相若，進退相待，無不可視人若己者，而於此有不能忘者焉。非其寵祿之謂也。出而思有爲於當世，得君而事之，才可以勝，志可以伸，心可以無媿，大功可以成，大名可以立，而不得與焉，退處於無能有爲之地，則悁悁之情，一動而不可按抑。於是而於友不純乎信，於君不純乎忠，於氣不純乎和，於品不純乎正，皆功名之念爲之也。故君子貴道德而賤功名，然後坦然以交於上下，而永保其貞。嗚呼！難言之矣！

〔註 34〕英國歷史學家阿克頓（Lord Acton）在《自由與權力》一書中曾說：「權力導致腐敗，絕對的權力導致絕對的腐敗。」（Power tends to corrupt, and absolute power corrupts absolutely）亦可從船山的說法中，找到支持這段格言的理論根據。見阿克頓著，侯建、范亞峰譯：《自由與權力——阿克頓勛爵說文集》，新店：桂冠，2004 年。

> 富（弼）亦辭榮有素，非有懷祿固寵之情也。然而捏目空花，青霄爲障〔註35〕，幾成張耳、陳餘之晚節〔註36〕，無他，功不自己成，名不自己立，懷忠愛以求伸，不克遂其匡扶社稷之夙志，以正告天下後世，鬱悒周章，成乎偏衷而不自釋也。〔註37〕

船山認爲像王安石這樣對功名有強烈執著的人固然是小人，但即使是君子，也容易受功名之念的干擾，導致品德有缺陷。船山此處以富弼爲例，富弼是北宋中期的名臣，爲官清廉正直，歷仕眞宗、仁宗、英宗、神宗四朝，多次出使遼國、消弭邊患，對國家貢獻甚大。但爲了仁宗傳位英宗的問題，卻與另一位賢臣韓琦產生嫌隙。據司馬光《涑水記聞》記載：

> 嘉祐初，琦與富弼同相，或中書有疑事，往往私與樞密院謀之。自弼使樞密，非得旨令兩府合議者，琦未嘗詢於弼也，弼頗不懌。及太后還政，遽撤東殿簾帷，弼大驚，謂人曰：「弼備位輔佐，他事固不敢預聞，此事韓公獨不能與弼共之邪？」或以咎琦，琦曰：「此事當時出太后意，安可顯言於眾？」弼自是怨琦益深。〔註38〕

韓琦的個性比較豪邁，遇事常自作主張。富弼是仁宗時代的元老重臣，但在迎立英宗、太后還政這兩項關乎國家根本的大事上，韓琦仍然不與富弼商量，讓富弼非常不高興。船山對此事的看法是：「天位去留之際，國家禍福之機，當閒不容髮之時，如其恤謙讓之文，遲回而姑待，避怨憎之迹，作意以周旋；則事機一失，變故叢生……而公（韓琦）豈屑爲之哉？」〔註39〕換言之，不是韓琦不知謙讓或有爭功之心，而是此事甚爲敏感，如果公之於眾、慢慢商量，恐怕會導致后黨反彈，使情況更加複雜，從而導致失敗。在政權轉移的

〔註35〕「捏目空花」是指眼睛被捏或被壓之後會看到一片金花，「青霄」指湛藍色的天空。「捏目空花，青霄爲障」兩者都是執著於一些不存在的事物，比喻名利的虛幻。

〔註36〕張耳、陳餘是秦朝末年共同起義的名士，秦將章邯派大軍圍攻張耳所在地鉅鹿，張耳急請陳餘援助；陳餘見秦軍壯盛，不敢出兵，對張耳敷衍了事。項羽擊破秦軍後（即著名的「鉅鹿之戰」），張耳當面斥責陳餘，陳餘怒解印綬推給張耳，起身如廁，張耳便趁機將印綬佔爲己有，奪去其兵權，兩人從此結仇。事見〔漢〕司馬遷：《史記・張耳陳餘列傳第二十九》，卷89。船山以張耳、陳餘的互動來類比富弼、韓琦的關係。

〔註37〕見〔明〕王夫之：《宋論》「宋仁宗」第14則，頁142～145。

〔註38〕見《涑水記聞・輯佚》，收入〔宋〕司馬光：《涑水記聞》，北京：中華書局，1997年。

〔註39〕見〔明〕王夫之：《宋論》「宋仁宗」第14則，頁144。

緊要關頭，只能依靠韓琦個人的勇氣與判斷。

船山認爲君子應有「功成不必在我」之心，如船山說「爲君子者，道相謀，志相叶，好惡相若，進退相待，無不可視人若己者」，君子是爲了共同的理想而奮鬥，既然對國家大政的見解相近，誰來落實這些政策，並不是太重要，將事情辦好才是君子關心的重點。事情完成後，能分到一份功勞做爲獎賞固然很好，但沒有也無妨。如果一定要由自己來完成，不考慮別人的立場，則在起心動念上，已有了不顧公義而佔據功勞的自私想法，也就不能持守住君子的節操了。就富弼仕宦的歷程來看，船山仍然肯定他進退有節，不是爭權奪利之輩；可惜他心中功名之念未除，對此事耿耿於懷，不僅傷了大臣間的和氣，也使自己跳脫不出「鬱悒周章」的情緒。即使身爲君子，也很難抗拒追求功名的誘惑，可見功名對人影響之深，值得吾人警惕。

以上是從君子居高位、身爲大臣時應具備「求諸己」的修養來立論，但如果情況相反，君子變成受壓迫的一方，船山也不認爲凡事都要力爭到底，而可採取另一種態度來面對，如以顏眞卿爲例：

> 顏魯公謂盧杞曰：「先中丞傳首至平原，眞卿以舌舐其面血，公忍不相容乎？」近世高邑趙冢宰以魏廣微叔事逆奄，而歎曰：「崑溟無子。」魯公陷死於賊中，冢宰沒身於遠戍，取禍之繇，皆君子之過也。雖爲小人，而猶知有父，猶知其父之忠清，而恥貽之辱。則與父所同志者，雖異趣殊情，而必不忍相忮害，此不待人言而自動於心。蓋牿亡之餘，夜氣猶存，不能泯沒者也。既不自知矣，知之而且以其父爲戒矣，則忠臣孝子，固其不必有怨，而挾蕫以唯恐不傷者也。……故夫子之責宰予，待其出而斥其不仁，弗與盡言也。使以三年之懷，面折其逆心，震喪其貝，而彼且躋於高陵，與於不仁之甚矣。君子於此，知其人理之已盡，置之而勿與言也。漠然若蠭蠆之過前，不問其誰氏之子也。權在則誅殛之，權不在，則遠引以避之，如二胡之於秦檜，斯得矣。〔註 40〕

盧杞是唐德宗時的權相。盧杞之父盧奕與顏眞卿是舊識，盧奕在安史之亂時因抵抗安祿山而被殺，深受顏眞卿敬重。但盧杞掌權後卻屢次想罷免顏眞卿，被顏眞卿當面斥責。盧杞懷恨在心，藉機害死顏眞卿。〔註 41〕趙冢宰即趙南

〔註 40〕見〔明〕王夫之：《讀通鑑論》「唐德宗」第 10 則，頁 910～911。

〔註 41〕《新唐書》記載：「賊（安祿山）破東都，遣段子光傳李憕、盧奕、蔣清首徇

星，是明末東林黨的領袖人物之一，與魏廣微之父魏允貞是好友。魏廣微與宦官魏忠賢攀親帶故，行徑無恥，遭趙南星斥責。趙南星因爲此事與魏廣微、魏忠賢結怨，最後被魏氏一黨貶至邊疆而死。〔註42〕船山對此事的評論是「君子之過」，肯定顏眞卿、趙南星的節操，但認爲他們的做法還可以再商榷。

船山認爲小人有很多種類，其中有一種小人是最壞的，就是「天良喪盡」。如何判斷小人已良心泯滅？船山認爲可從孝父來看。孝悌是儒家道德實踐的基礎，如果完全不顧父親的意願，去殘害與父親志同道合的好友，便可證明他們喪失了做爲一個人，心中最起碼的道德感。這類小人也就不再具有「人」的身分，而跡近於禽獸了。船山舉《論語》孔子與宰我討論「三年之喪」爲例，宰我認爲喪期太長，會導致禮壞樂崩。孔子就宰我的惻隱之心進行指點，問他：「食夫稻，衣夫錦，於女安乎？」宰我回答：「安！」宰我離去後，孔子斥責他不仁，對父母沒有愛心。〔註43〕船山認爲宰我跟盧杞、魏廣微一樣，都喪失了愛親敬長的仁心；並以《易經・震卦・六二》的爻辭來說明顏眞卿、趙南星的行爲。〔註44〕「震喪其貝，躋於高陵」，即是當面

河北，眞卿畏眾懼，紿諸將曰：『吾素識憕等，其首皆非是。』乃斬子光，藏三首。它日，結芻續體，斂而祭，爲位哭之。」「楊炎當國，以直不容，換太子少師，然猶領使。及盧杞，益不喜，改太子太師，並使罷之，數遣人問方鎮所便，將出之。眞卿往見杞，辭曰：『先中丞傳首平原，面流血，吾不敢以衣拭，親舌舐之，公忍不見容乎！』杞矍然下拜，而銜恨切骨。李希烈陷汝州，杞乃建遣眞卿：『四方所信，若往諭之，可不勞師而定。』詔可，公卿皆失色。」「希烈弟希倩坐朱泚誅，希烈因發怒，使閹奴等害眞卿……遂縊殺之，年七十六。」見《新唐書・列傳第七十八》，卷153。

〔註42〕魏廣微爲魏允貞之子，萬曆三十二年進士，與魏忠賢同鄉，自稱「宗弟」，自認是魏忠賢侄兒，召拜禮部尚書，參與機務，時人稱之「外魏公」。天啓三年，入閣任大學士，其父好友趙南星惡之，閉門不納，對人說「見泉（魏允貞）無子」。廣微對南星恨之入骨。後魏忠賢一黨以十大罪彈劾南星，南星謫戍代州，卒於任所。見《明史・列傳第一三一》，卷243。

〔註43〕《論語・陽貨》：「宰我問：『三年之喪，期已久矣。君子三年不爲禮，禮必壞；三年不爲樂，樂必崩。舊穀既沒，新穀既升，鑽燧改火，期可已矣。』子曰：『食夫稻，衣夫錦，於女安乎？』曰：『安。』『女安則爲之！夫君子之居喪，食旨不甘，聞樂不樂，居處不安，故不爲也。今女安，則爲之！』宰我出。子曰：『予之不仁也！子生三年，然後免於父母之懷。夫三年之喪，天下之通喪也。予也有三年之愛於其父母乎？』」船山認爲宰我毫無關愛父母之情，已淪落爲禽獸。但據《論語・先進》記載，宰我是孔門十哲「言語科」的代表人物之一，具有一定才幹。宰我對「三年之喪」的回應，亦可能是任才使氣下的後果，是一時的迷失，而非船山所認定的良知泯滅。

〔註44〕《易經・震卦・六二》：「震來厲，億喪貝，躋于九陵，勿逐，七日得。」船

揭發這類小人內心最在意的缺陷，傷害他們的感情，導致他們凌厲反撲，造成更大的禍害。船山認為這類自甘墮落的小人，君子對他們說教是沒有用的，只能將他們看成禽獸，將之誅滅或置之不理了。可見船山對這類小人批判之嚴厲。

船山認為顏真卿與趙南星之過，就在於他們對現實人性的了解不夠，不知道這類小人是不可改變的，而硬要去斥責、扭轉。但依照儒家性善論的傳統，其實很難說有真正的「喪盡天良」之人，只能說他們受氣質、欲望的障蔽太深，改過遷善的可能性較低而已。盧、魏二人對君子的斥責有激烈反應，或許也證明他們心中多少知道自己的所作所為是可恥的，才害怕被人揭發。如果毫無反應，才更接近禽獸。此段的含意只是在提醒君子勿過分自以為是，無論是對盧杞這類窮凶極惡的小人，或一般的小人，都可以參考孔子責備宰我的說話技巧，在指點對方的同時，也能夠顧及對方的感受，使說出的話能發揮更大效果，也避免將小人逼至絕境而激發出更大的惡。船山對人情事理的了解是相當透闢的，對於君子如何在現實社會從事道德實踐，也是很好的啟發。

③ 反覆無常

「反覆無常」在船山即以「無恆」一詞來描述。「無恆之人」也有和一般小人不同之處，一般小人既然同樣以利欲為出發點，自然會相互結交討好，而設法壓迫君子。「無恆之人」卻沒有一定的行為標準，「於善無恆，於惡亦無恆」，有時站在君子這邊，有時支持小人；有時義正辭嚴，有時又行徑邪僻。這類小人船山也認為是品行極壞、近於禽獸的，甚至比一般小人更差，如呂布、王琳：

> 若夫倏彼倏此，唯其意之可𥈭發，旦暮狂馳而不能自信，唯呂布獨也……嗚呼！布之惡無他，無恆而已。人至於無恆而止矣。不自信而人孰信之？不自度而安能度人？不思自全，則視天下之糜爛皆無足恤也。故君子於無恆之人，遠之唯恐不速，絕之唯恐不早，可誅之，則勿恤其小惠、小勇、小信、小忠之區區而必誅之，而後可以

山解曰：「始出之動，幾其銳，『厲』言其嚴威之相迫也。十萬曰『億』，大也。陰主利，故曰『貝』。陽剛之來，甚銳以嚴，使陰大喪其所積，而無寧處，遠躋於至高之地，以避其銳。以雷言之，出於地上、而驅迫陰氣之絪縕者，直上而達於青霄，勢所激也。」見〔明〕王夫之：《周易內傳》，收入《船山全書》第1冊（湖南：岳麓書社，2011年新版），頁414。

> 名不辱而身不危。〔註 45〕
>
> 嗚呼！人至於無恆而極矣，無恆者，於善無恆也，於惡亦無恆也；於惡無恆，而有時乎善，其果善與，猶不可據也，況乎其徒以名邪？爲君也忠而死，爲父也孝而死，非爲君父而忠孝也，吾臣吾子不忍自廢者也，豈忍以忠臣孝子爲可獵取之浮名乎？……且若琳者，則又失身於異類而亦無據也，倏而禽，倏而人，妖魅而矣。今有妖魅於此，衣冠粉澤，而遂欒推之以爲人，非至愚者不然。然則假琳以梁臣之名，而嘉予其伐陳之義，又何以異於是？人之別於禽獸，恆而已矣。君子之觀人，絜其初終以定其貞邪，持論之恆也；乍然見其襲義之虛聲而矜異之，待其惡已敗露而又貶之，亦持論之無恆者也；無恆則其違琳也不遠矣。善善而無一定之衡，可不鑒與！〔註 46〕

船山認爲「恆」也是人與禽獸的重要分別之一。「恆」就是依照一定的行爲標準、原則來行動，所依照的原則不一定是善的，如小人喻於利，其行爲之有無，都以「求取私利」爲決定根據。君子則一切都以能否體現道德爲依據。但無論是君子或一般小人，總有一依據在，各種行爲都可以用同一原則貫串，而看出前後的一致性。這就是說一般人（無論君子或小人）都有運用原則的能力，能夠以原則來對自己的行爲做出決定、判斷，而非盲目衝動。僅憑這一點來看，就是只有人做得到而禽獸做不到的了。〔註 47〕就船山看來，一般小人還懂得如何保全自己，「無恆之人」言語、行動但憑一時之意氣，即使對自己不利，也在所不惜。

船山以呂布與王琳爲「無恆之人」。呂布字奉先，是東漢末年的著名武將。早年受丁原賞識，與丁原一同進京協助何進誅殺宦官。董卓入京後，誘呂布殺丁原，非常信任、喜愛呂布。王允等朝中名士密謀暗殺董卓，於是拉攏呂

〔註 45〕見〔明〕王夫之：《讀通鑑論》「漢獻帝」第 17 則，頁 356。

〔註 46〕見〔明〕王夫之：《讀通鑑論》「陳高祖」第 2 則，頁 672～673。

〔註 47〕船山在《讀四書大全說・大學第十章》提到：「德者，行焉而有得於心之謂也。則凡行而有得者，皆可謂之德矣……審夫德者，未必其均爲善而無惡，乃至遷徙無恒，佹得以自據者，亦謂之德，故不可以不慎也。是以所得於天而虛靈不昧者，必繫之以明，而後其純乎善焉。但夫人之遷徙無恒，佹得以自據者，雖非無得於心，而反諸心之同然者，則所得者其浮動翕取之情，而所喪者多。故凡言德者，十九而皆善。」見〔明〕王夫之：《讀四書大全說》，收入《船山全書》第 6 冊，頁 441～442。除此之外，船山又有以「恆」來說明道體或性體者，與史論所述關係較遠，故不贅論。

布，成功刺殺董卓。董卓死後，其舊部李傕和郭汜率兵攻入京城，呂布戰敗，倉皇出逃。呂布先後投靠袁術、袁紹，最後投奔劉備，並趁劉備與袁術爭鬥時，趁機奪取劉備的根據地徐州，劉備只好西投曹操。曹操圍攻呂布的根據地下邳三個月，呂布部下紛紛反叛，呂布本人也被俘。被俘後呂布表示願意協助曹操完成統一天下的大業，令曹操頗心動。但劉備以丁原與董卓的下場提醒曹操，最後呂布被處死。〔註 48〕王琳是南朝梁末年的軍事將領，梁元帝被西魏攻滅後，王琳起兵反抗，先後向北齊、西魏奉表稱臣，請西魏歸還他的妻兒。陳霸先強迫梁敬帝禪位後，王琳要求北齊送還梁永嘉王蕭莊；蕭莊回到南朝後，王琳立蕭莊爲梁皇帝於郢州，據有長江中上游地區。之後蕭莊的南梁與陳霸先的陳朝便持續交戰，結果王琳兵敗，與蕭莊逃亡北齊。陳朝也自此成爲南朝正統。〔註 49〕

從呂布與王琳的事跡來看，船山所說的「無恆之人」應有特定意涵，即屢次向君主輸誠卻又背叛，違背「忠臣不事二主」的傳統觀念。尤其王琳爲了妻兒，不惜向曾經攻打過南朝梁的西魏稱臣；爲了打倒陳霸先，不惜與荒淫殘暴的北齊合作。就船山看來，王琳表面上打著復興梁的旗號，其實是賣國求榮的「漢奸」，違背船山心中的最高原則——民族大義，故直斥其爲妖魅。君子所作所爲皆是依照天下之大義，小人所作所爲皆是出於一己之私利；至於無恆之人，船山的看法是「勿恤其小惠、小勇、小信、小忠」、「於惡無恆，而有時乎善，其果善與，猶不可據也」，換句話說，無恆之人有時也會做出表面上合乎道義的行爲，如呂布效忠丁原、董卓，王琳反陳復梁，但他們會有這些行爲，並不是心中意識到道德原則的存在，主動、自覺地執持存養。他們會有這些行爲，只是出於氣機之鼓蕩、偶然的感發，與君子的道德實踐貌同而實易，故被船山評爲「徒以名」、「襲義之虛聲」。但從另一方面來看，無恆之人也不是完全以謀求私利的角度來看待、衡量事情，如呂布剛愎自用，與曹操作戰時，多次拒絕陳宮的有利建議而導致失敗。由於無恆之人無法以一定的原則來指導自己的行爲，故無論是追求君臣之義或全身保命，皆無法貫徹始終而有具體成果，而只成一「旦暮狂馳」、浮動不安之生命。這種人格特質如果與極強之才力結合（如呂布之驍勇），對政治秩序更會造成極大破

〔註 48〕見〔晉〕陳壽：《三國志・魏書第七・呂布、臧洪傳》，卷 7。

〔註 49〕見〔唐〕李延壽：《南史・列傳第五十四・江子一、胡僧祐、徐文盛、陰子春、杜崱、王琳、張彪》，卷 64。

壞，故船山認爲這類人物比小人更低劣，並警惕讀者「必誅之」。曹魏時代品鑒人物的專書《人物志》，亦有類似看法：

> 一至一違，謂之間雜。間雜，無恆之人也。無恆，依似，皆風人、末流。末流之質，不可勝論，是以略而不概也。〔註 50〕

劉卲《人物志》按才性高低將人物分成「中庸」、「德行」、「偏材」、「依似」、「間雜」五種，「中庸」與「德行」通達所有事理，「中庸」的通達程度又比「德行」深；「偏材」與「依似」只有某方面的特殊才能，「偏材」才幹又比「依似」高。人物屬於哪一類，必須從九個方面來觀察，即「九徵」。但另有一種人不屬於前四種，有時表現符合中庸，有時又有偏差，劉卲亦稱其無恆，並評爲末流、略而不論。可見「無恆」在傳統文化當中向來有負面形象，「無恆」與「膚淺」也並列爲船山最厭惡的兩種人物。

除了檢討「無恆之人」的缺失，船山在此處也對歷史評論的方法有所反省。他認爲以往對歷史人物的評價，常只從外在行爲著眼；外在行爲時常改變，人物評價也隨之游移不定，出現「乍然見其襲義之虛聲而矜異之，待其惡已敗露而又貶之」的怪異現象，這樣的歷史評論也同樣是不懂得運用原則。船山認爲比較好的評論方法是「絜其初終」而有「一定之衡」，就是能夠透過史書的記載，觀察、體會到人物存心的善惡、邪正，並以人物內在的想法、動機，將人物一生的作爲前後貫串起來，進行通盤考察。能夠把握人物各種行動背後依據的一定原則，對人物才能有穩定的評價。「深入揣摩人物的內心世界」是船山在評論歷史時特別強調的方法。

以下再舉張華、李世勣爲例，探討「無恆之人」的心態。

> 知事幾、察物情者，可與謀國乎？未可也，抑不可以謀身。故張華終死而晉以大亂。
>
> 華之言曰：「權戚滿朝，威柄不一。」知此矣，而受侍中之位以管機要，何爲乎？又曰：「吾無阿衡之任。」夫既任不在己矣，而與賈氏周旋終始，何心乎？華嘗爲賈充所忌而置之外，如其欲全身而免於罪戾，則及此而引去可也……華且從容晏處，託翰墨記問以自娛，固自信其智足以遊羿彀中而恃之以無懼。不清不濁之間，天下有餘地焉以聽巧者之優游乎？天下有自謀其身處於無餘之地，而可與謀國者乎？

〔註 50〕 見〔魏〕劉卲著，蔡崇名校注：《人物志・九徵》，台北：台灣古籍，2000 年。

> 蓋華者，離義爲智，而不知不義者之未有能智者也。是非之外無禍福焉，義利之外無昏明焉，懷祿不舍，浮沈於其間，則更不如小人之傾倒於邪而皆可偷以全身。是以孔光〔註51〕、胡廣〔註52〕得以瓦全，而華不免，若其能敗人之國家則一也。是以君子於其死也不閔之。〔註53〕

張華是晉武帝、晉惠帝時的大臣，晉惠帝即位後，朝中勢力分爲兩派，一派是晉武帝分封的諸侯王，一派是皇后賈南風引進的外戚。兩派激烈鬥爭，賈后一派暫時取得勝利。張華看出惠帝愚笨，朝政完全被后黨操控（權戚滿朝，威柄不一），但仍接受賈后授予的侍中一職，掌理國政。「無阿衡〔註54〕之任」即沒有伊尹那種撥亂反正的志向，無意推翻賈后。但張華也並未完全順從賈后，太子司馬遹是惠帝側室謝玖之子，爲人賢能正直，賈后擔心太子威脅她的權位，設計誣陷太子謀反，有意殺害太子。當時大臣都懼怕賈后而不敢發言，只有張華與裴頠極力反對廢太子，可惜太子仍被貶爲庶人且遭暗殺。太子死後，趙王司馬倫密謀發動政變，遊說張華加入，被張華拒絕，但張華也未將此事報告賈后；政變成功後，司馬倫將賈后、張華、裴頠等朝中權貴全

〔註51〕孔光是漢哀帝時的宰相，曾經討好過哀帝的男寵董賢。據《漢書》記載：「賢寵愛日甚……常與上臥起。嘗晝寢，偏藉上袖，上欲起，賢未覺，不欲動賢，乃斷袖而起。其恩愛至此。」「丞相孔光爲御史大夫，時賢父恭爲御史，事光。及賢爲大司馬，與光並爲三公，上故令賢私過光。光雅恭謹，知上欲尊寵賢，及聞賢當來也，光警戒衣冠出門待，望見賢車乃卻入。賢至中門，光入閣，既下車，乃出拜謁，送迎甚謹，不敢以賓客均敵之禮。賢歸，上聞之喜，立拜光兩兄子爲諫大夫、常侍。賢由是權與人主侔矣。」見〔漢〕班固：《漢書‧列傳第六十三‧佞幸傳》，卷93。

〔註52〕胡廣是明惠帝時的大臣，靖難之變後苟且偷生。據《明史》記載：「王艮，字敬止，吉水人。建文二年進士。對策第一。貌寢，易以胡靖，即胡廣也。」「燕兵薄京城，艮與妻子訣曰：『食人之祿者，死人之事。吾不可復生矣。』解縉、吳溥與艮、靖比舍居。城陷前一夕，皆集溥舍。縉陳說大義，靖亦奮激慷慨，艮獨流涕不言。三人去，溥子與弼尚幼，嘆曰：『胡叔能死，是大佳事。』溥曰：『不然，獨王叔死耳。』語未畢，隔墻聞靖呼：『外喧甚，謹視豚。』溥顧與弼曰：『一豚尚不能舍，肯舍生乎？』須臾艮舍哭，飲鴆死矣。縉馳謁，成祖甚喜。明日薦靖，召至，叩頭謝。」見〔清〕張廷玉等：《明史‧列傳第三十一‧王艮》，卷143。

〔註53〕見〔明〕王夫之：《讀通鑑論》「晉惠帝」第4則，頁438～439。

〔註54〕「阿衡」是商代師保之官，伊尹曾任此職，故常以「阿衡」代伊尹。商湯之孫太甲即位後昏庸無能，伊尹把太甲流放到桐宮三年，並攝政管治國家。直到太甲改過自新，才把他迎回復辟執政，使太甲成爲一位聖君。

部處死。〔註55〕

《晉書》對張華的評論是「賢人委質，道映陵寒。尸祿觀敗，吾生未安。衛以賈滅，張（華）由趙殘。忠於亂世，自古為難」，肯定他有忠於晉室的節操，並感嘆其死。《晉書》的觀點是張華雖然身處恐怖政治的氣氛下，仍能盡力維持朝政運作，對「賈后廢太子」與「司馬倫政變」這兩項關乎國家根本的非法行動，也不表贊同，故肯定他心中仍有道義；某些游移不定的言行，只是在艱難局勢下的權宜之計。但船山的看法與《晉書》不同，給張華下了「智有餘而義不足」的斷語。船山認為張華既然知道外戚與宗室皆是亂政之源，就不應該袖手旁觀賈后奪權，更不應該出任侍中。如果自認為沒有撥亂反正的意願及能力，就應該及早引退，讓別人接手。張華的反應說明他心中有「懷祿不舍」之情，雖然他憑藉「知事幾、察物情」的聰明才智，暫時在朝中兩大勢力中間左右逢源、保住高位，但終究落得身死國亂的下場。

筆者認為，從歷史記載來看，張華的行為表現的確有其複雜性，其內在動機或許如船山所說，有「留戀權位」的念頭，故接下朝中要職。對於一些會危害到其政治地位的行動，如主動辭職、推翻賈后等，張華也抱持消極態度，不願大幅改變現狀。但在對自己沒有危害的範圍內，張華仍能極言直諫，盡力維持綱紀。張華可說是有意兼顧義利、游移於義利之間，而以求利為根本動機的人物。這與船山的立場恰好相反。船山對於士大夫的政治實踐是以嚴格的標準來審視，認為一定要以義為根本動機、衡量進退的最高標準，這不是不要利，而是如船山所說「不義者之未有能智者也」、「是非之外無禍福，義利之外無昏明」。衡量利害、禍福是智的作用，但眞正的福並不是只用智就可以求到的；眞正的福就在公理、正義當中。為什麼說幸福就在義理中？這是因為人內在有良善的本性，就個體來說，雖然也常受到私心欲望的影響而有偏差；但就人類群體來說，仍然有對善的嚮往與要求。私心欲望的勝利只是一時，就長遠來看，人類終究會向前進步，人物的善惡也會獲得適當的評價。拘泥於眼前的禍福得失，只是小智；把握大是大非才是大智。求義自然有利，眞正的智就藏在義中。這可以說是船山通觀人類歷史發展所做的哲學思考。

船山認為像張華這種態度反覆（無恆）的人物，比一味諂媚逢迎的小人更差，後者至少可以透過依附權貴，保全形軀生命。這和船山對呂布、

〔註55〕見〔唐〕房玄齡：《晉書・列傳第六・衛瓘、張華》，卷36。

王琳〔註 56〕的評價是一致的。當然船山也見到張華的一些優點，肯定他懂得人情世故，多少能緩和賈后的暴虐，其才智較任性妄為的呂布等人為高，但仍判為末流。如果能堅守義道，又能知所變通，以恰當的方式將道德原則展現出來，境界最高；知義而不知智，如孔子所說的「好仁不好學，其蔽也愚」〔註 57〕，或如前文所說的顏眞卿、趙南星，雖然結局不完美，也還是「君子之過」。如果像張華這樣，只有世俗的小聰明而不以義為依歸，則無法獲得君子的同情（於其死也不閔之）。船山本人身處明清易代之際，見到滿清入主中國已成定局，毅然選擇退隱，後半生潛心著述，可說親身實踐了他所提倡「無可為則不出仕」的原則。船山對「無恆之人」的厭惡與決絕，或許也是自身心境的曲折反映，並藉此對變節降清的士大夫提出警告。

> 李世勣之安忍無親也……顧於其姊病，為之煮粥燎鬚，而曰：「姊老勣亦老，雖欲為姊煑粥，其可得乎？」藹然天性之言，讀之者猶堪流涕。由此言之，則世勣上陷其父於死，而下欲殺其子與壻，非果天理民彝之絕於心也。天下輕率寡謀之士，躁動而忘其天性之安，然其於不容已之慈愛，是惟弗發，發則無所掩遏而可遂其情。唯夫沈鷙果決者，非自拔於功利之陷溺，則得喪一繫其心，而期於必得，心方戚而目已怒，淚未收而兵已操……彼固自詫為一世之雄也，而豈其然哉？蓋無所不至之鄙夫而已……有時而似忠貞矣，有時而似孝友矣，非徒似也，利之所不在，則抑無所吝而用其情也。
>
> （世勣）贊立武氏，人自亡其社稷，己自保其爵祿，惻隱羞惡是非之心，非不炯然內動，而力制之以護其私，安忍者自忍其心，於人何所不忍乎？故一念之仁，不足恃也，正惡其有一念之仁而矯拂之也。夫且曰吾豈不知忠孝哉？至於此而不容不置忠孝於膜外也。為鄙夫，為盜賊，為篡弒之大逆，皆此而已矣。〔註 58〕

〔註 56〕船山六十歲時，吳三桂稱帝於衡州，其部屬請船山草擬〈勸進表〉，船山婉詞拒之，曰：「某本亡國遺臣，所欠一死耳，今汝亦安用此不祥之人哉！」遂逃入深山。參見本論文第一章第四節。船山拒絕協助吳三桂，或許也是考量到吳氏投降異族卻又反叛，行迹近似王琳之故。

〔註 57〕《論語・陽貨》：「子曰：『由也，女聞「六言六蔽」矣乎？』對曰：『未也。』『居！吾語女。好仁不好學，其蔽也愚；好知不好學，其蔽也蕩；好信不好學，其蔽也賊；好直不好學，其蔽也絞；好勇不好學，其蔽也亂；好剛不好學，其蔽也狂。』」

〔註 58〕見〔明〕王夫之：《讀通鑑論》「唐高宗」第 7 則，頁 794～795。

李世勣原名徐世勣，字懋功，亦作茂公。唐高祖賜姓李，後避唐太宗李世民諱改名爲李勣。他是唐初名將，與李靖並稱，歷高祖、太宗、高宗三朝，深受朝廷器重。「上陷其父於死」是隋朝末年世勣兵敗，世勣之父被竇建德俘虜，做爲人質。世勣不顧父親安危，轉而投靠李世民攻打竇建德。〔註59〕「下欲殺其子與壻」是世勣征高麗時，不斷要求女婿杜懷恭隨行。懷恭個性放蕩不羈，世勣知道如果懷恭隨行，必定會觸犯軍法，世勣便可藉機懲處懷恭，向全軍彰顯軍法的威嚴。〔註60〕世勣死前，交代其弟李弼曰：「我見房玄齡、杜如晦、高季輔皆辛苦立門戶，亦望詒後，悉爲不肖子敗之。我子孫今以付汝，汝可慎察，有不厲言行、交非類者，急榜殺以聞，毋令後人笑吾。」〔註61〕世勣爲了個人聲望，對子孫做了最嚴厲的懲罰，而未站在子孫的立場著想。「贊立武氏」指高宗欲立武則天爲皇后，詢問身爲元老的世勣有何看法，世勣回答：「此陛下家事，何必更問外人。」武后遂立，種下日後篡唐的遠因。〔註62〕

船山認爲李世勣的表現有自相矛盾之處，雖然他對待父親、女婿與子孫冷血無情，但他對姊姊又非常愛護，願意幫生病的姊姊煮粥，即使燒掉自己的鬍鬚也不在意。儒家的倫理觀念是以家庭爲基礎的，同一人在面對親人時卻有截然不同的表現，有時顧念親情，有時又捨棄，該如何解釋世勣複雜行爲背後的動機？又該給予他什麼評價？

首先船山站在儒家立場，肯定人人都有「天理民彝」，每個人都有愛親敬長的天性存在於內心中。但同樣是性善，現實上許多人卻又抱有建功立業的願望。對這類「功名型」的人物，船山又細分爲兩種：一是「輕率寡謀」，一是「沈鷙果決」。前者雖然也以功名爲念，但執著不深，在功名與道義產生衝突時，他們內在的眞情實感往往會受到觸發，使他們順著良知指引行事，不忍心犧牲別人。後者對功名的執著十分強烈，不僅知道怎麼做對自己最有利，在功名與道義產生衝突時，他們會斷然犧牲道義，依照利益計算的結果來行

〔註59〕見〔後晉〕劉昫等：《舊唐書・列傳第十七・李靖、李勣》，卷67。

〔註60〕《資治通鑑》記載：「以李勣爲遼東道行軍大總管兼安撫大使……勣欲與其婿京兆杜懷恭偕行，以求勳效。懷恭辭以貧，勣贍之；復辭以無奴馬，又贍之。懷恭辭窮，乃亡匿岐陽山中，謂人曰：『公欲以我立法耳。』勣聞之，流涕曰：『杜郎疏放，此或有之。』乃止。」見〔宋〕司馬光：《資治通鑑・唐紀十七・高宗天皇大聖大弘孝皇帝中之上乾封元年》，卷201。

〔註61〕見〔宋〕歐陽修、宋祁：《新唐書・列傳第十八・李靖、李勣》，卷93。

〔註62〕見〔宋〕司馬光：《資治通鑑・唐紀十五・太宗文武大聖大廣孝皇帝下之下永徽六年》，卷199。

動。所以對人物的觀察與評價，必須把握「功利與道德衝突」的關鍵情境，才能看出人物的根本動機，這也是船山在進行歷史評論時所強調的方法。

依船山看來，李世勣正是前述「沈鷙果決」之人，雖然他有時也有發自良心的行爲，但這些行爲都在道義與利益不發生衝突時；一旦道義與利益衝突，就以利益爲先，如立武則天爲皇后，世勣就採取置身事外的態度，避免惹禍上身，未能從皇室長遠利益的角度提出建言。可見世勣內心的根本動機仍是求利，道德只放在第二順位，船山認爲這種心態是比一般小人更差的。船山說：「一念之仁，不足恃也，正惡其有一念之仁而矯拂之也」，在本論文第二章第二節當中，已有討論船山對「一念之仁」的看法。他認爲「一念之仁」不足恃，只是善端偶然呈露，道德必須透過自覺的努力才能充分實現。這又可分爲三種狀況：(一）普通人雖常受氣質物欲影響，但在日常生活當中，卻隨時會有道德生命的躍動，對良知有所體驗與感受，如孺子入井，便自然會對生命毀滅有不安、不忍之情。雖然在自覺做工夫之前，良知易與感性欲望相混雜而時常犯錯，但從整體生命歷程來看，良知很可以突破感性限制而經常呈現，人也會不自覺順著這種感受而行。這就是爲什麼前述「輕率寡謀」之人，雖未從事道德修養，但關鍵時刻卻能回歸道德的原因（當然這只是暗合，事過境遷後，良知亦可能再沈沒）。(二）大人君子不重視偶然呈現的良知，而是在日常生活中自動自發、自覺地去存養良知，使良知易於發揮力量克服欲望。(三)「沈鷙果決」之人卻是體驗到良知存在後，出於自主判斷選擇欲望而捨棄道德。這種對良知的刻意壓抑，和大人君子的修養正好是兩個極端，故「無所不至」而比一般人罪惡更重。

以上舉呂布、王琳、張華、李世勣四人爲例，說明船山對「反覆無常」之人的分析與評價。這類人物的共同特色是行爲相當複雜，有時行善、有時又爲惡，要展示他們內心的動機也就更困難，此處可見到船山揣摩歷史人物心境的功力。其中呂布、王琳境界最低，不僅是因爲他們在行爲上公然違反君臣之義，多次背叛君主；在內在動機上，他們也無法秉持一定的原則而任性妄爲。張華、李世勣雖然在行爲上也反覆無常，但仔細分析可發現，兩人還是以求利爲根本動機，較能夠歸納出固定的行爲模式。張華的境界又較李世勣爲高，在牽涉政權轉移的大事上，張華還能秉公發言，世勣則保持沈默。但無論是呂布、王琳還是張華、李世勣，船山都認爲他們比一般人，甚至比普通小人更差。一般人或普通小人貪圖小利、只求自保，沒有建立遠大功業的野心，雖然也常犯錯，但就自然的傾向來說，往往仍合乎善而不致有大差錯。反覆無常之人或出於氣性之躁動、或追求高位美名，對心中的道德感會刻意抑制、列爲次要，這是船山所嚴厲批判的。

（2）對物

小人對物的沈迷，生理感官的欲求固然是原因之一，但船山並不只從這層面著眼，他更進一步將生理欲求放在社會情境下考察，指出人對物質的貪求，常常不是爲了物質本身，而是物質背後的象徵意義——獲得別人的讚許。船山將物的問題又拉回到人身上來看，表面上是逐物，歸根究底還是「人心造作」的問題。這和道家思想有相通之處，以下是船山的立論：

> 太宗謂秦王曰：「人君當淡然無欲，勿使嗜好形見於外。」殆乎知道者之言也夫！且夫人之有所嗜好而不能自已者，吾不知其何以然也。耳目口體於天下之物，相得而各有合；欲之所自興，亦天也。匪徒小人之所依，抑君子之所不能去也。然而相得者，期於得而止；其合也，既合而固可無求。匪徒崇高富貴者之易於屬厭，抑貧窶之子可致而致焉者也。
>
> 口之欲止於味，而山珍海錯者，非以味也，以其名也。體之欲止於適，而衣珠玉者，非以適也，以其名也。一夫偶以奇而炫之，無識者相因而和之，精而益求其精，備而益求其備；乃至胡椒之八百斛，楊梅仁之十石，不知何所當於嗜欲，而必汲汲以求者如此。嗚呼！以口還口，而味亦斬矣；以目還目，而色亦斬矣；以耳還耳，而聲亦斬矣；以體還體，而衣被器用遊觀之所需者亦斬矣。過此，則皆流俗浮游之言轉相傳述，溢於其分。而勞形、怵神、殃民、殄物，役役以奔走，至死而不釋。
>
> 故君子之無欲，不爽於理者，無他，耳目口體止於其分，不示人以殊異之情，則人言之沓至，稗官之妄述，導諛者之將順，鬻技者之蠱惑，舉不以易吾耳目口體之素。然則淡然無欲者，非無欲也；欲止於其所欲，而不以流俗之欲爲欲也。〔註63〕

宋太宗說：「人君當淡然無欲，勿使嗜好形見於外。」這近於老子所說：「不見可欲，使民心不亂」〔註64〕的意思。爲什麼「見可欲」、「形見於外」會擾

〔註63〕見〔明〕王夫之：《宋論》「宋太宗」第9則，頁66～68。

〔註64〕《道德經・第三章》：「不尚賢，使民不爭。不貴難得之貨，使民不爲盜。不

亂人心？或許是因爲將欲求的對象，如美食、美色、名聲、財富等公開展示提倡後，對人心吸引力更大，而人心也更容易把捉這些外物之故。但物本身並無眞實的價值，沈迷於物本身只是人心的一種作用，誤將虛幻當作眞實。首先船山認爲，就外物種類之多來看，「縱欲」實只是「遏欲」，他說：「不肖者之縱其血氣以用物，非能縱也，遏之而已矣。縱其目於一色，而天下之群色隱，況其未有色者乎？縱其耳於一聲，而天下之群聲閟，況其未有聲者乎？縱其心於一求，而天下之群求塞，況其不可以求求者乎？」〔註 65〕執一而廢百，以一物的價值掩蓋一切物，這是以虛幻爲眞實的第一種表現。

其次船山認爲，沈溺物欲者所求的也不是具體欲望的滿足，而是抽象的社會聲望、世俗評價，他說：「口之欲止於味，而山珍海錯者，非以味也，以其名也。體之欲止於適，而衣珠玉者，非以適也，以其名也。」從實用角度來看，粗服淡食與錦衣玉食一樣能滿足飽暖等基本需求，但擁有錦衣玉食便可獲得眾人的羨慕與稱讚。於是「獲得社會認同」便成爲攫取外物的原動力。這是以虛幻爲眞實的第二種表現。

對於「好名」，前文已闡釋過船山的態度：「君子之道，有必不爲，無必爲。小人之道，有必爲，無必不爲」、「必不爲者，斷之自我，求諸己者也」、「必爲者，強物從我，求諸人者也。」小人是將自我價值建立在外在的肯定上，維持的是虛假的自我，而未能直下認取內在本有的道德價值，建立眞實的自信。流俗之膚淺也是船山甚爲厭惡的。從另一方面來說，回歸到自然欲望本身，也有助於去除對名的執著。這也就是船山在引文所提出的藥方：「以口還口，以目還目，以耳還耳，以體還體」，從「滿足基本需要」的立場來看，富貴之人與貧窶之子是一樣的，不必區分高下。魏晉時代的道家名士嵇康在〈答難養生論〉一文中，也有類似的主張：「故世之難得者，非財也，非榮也，患意之不足耳。意足者，雖耦耕甽畝，被褐啜菽，莫不自得。不足者，雖養以天下，委以萬物，猶未愜然。」「夫不慮而欲，性之動也；識而後感，智之用也。性動者，遇物而當，足則無餘；智用者，從感而求，倦而不已。故世之所患，禍之所由，常在於智用，不在於性動」〔註 66〕，警惕我們回歸自然，

見可欲，使民心不亂。是以聖人之治，虛其心，實其腹，弱其志，強其骨；常使民無知、無欲，使夫智者不敢爲也。爲無爲，則無不治。」

〔註 65〕見〔明〕王夫之：《詩廣傳》，收入《船山全書》第 3 冊（湖南：岳麓書社，2011 年新版），頁 439。

〔註 66〕見武秀成譯注：《嵇康詩文》（台北：錦繡文化，1992 年），頁 143～144。

「使智止於恬，性足於和」，滿足基本需要即可，勿多勞費心神追逐外物。

這裡可以進一步問的是，如果只求滿足基本需要，不注意物質條件的改進，如求美食、求安居等食衣住行的便利性、科學技術的發展等，是否會導致社會的退化？船山的想法也不是如此，他說：

> 無其器則無其道……洪荒無揖讓之道，唐、虞無弔伐之道，漢、唐無今日之道，則今日無他年之道多矣。未有弓矢而無射道，未有車馬而無御道，未有牢醴璧幣、鐘磬管絃而無禮樂之道。〔註67〕
>
> 樸之爲説，始於老氏……君子而野人，人而禽，胥此爲之。若以樸言，則唯飢可得而食、寒可得而衣者爲切實有用。養不死之軀以待盡，天下豈少若而人邪……養其生理自然之文，而修飾之以成乎用者，禮也。〔註68〕
>
> 天下之志亦淺矣，而求其通則深也。天下之務亦大矣，而溯所成則幾也……故不曰我高以明，而天下之志不足知；我靜以虛，而天下之務不足爲。極天下之固有，攘君誶母，皆志之所必悉；極天下之大有，酒漿瓜棗，皆務之所必勤。〔註69〕

從第一段引文可見，船山對器物的演進持肯定態度，將器物當作道德實踐的憑藉，如果器物落後，道德也無法妥善實現出來。精神上高度發展的華夏文明，理應有進步的物質條件及禮樂制度相配合，方能建立健全之國家。從第二、三段引文可見，船山之說與道家仍有差異，他認爲老子的「樸」是退化成原始狀態〔註70〕，這是他所反對的。船山不是否定物質條件的改進，而是認爲這種改造應基於道德原則，不能以社會評價、尋求外在認同，做爲改造物質條件的原動力。以道德爲前提，他也鼓勵儒者投入實際事務。船山眞正重視的是物質所體現的精神價值，及將道德價值落實在物質上的文化創造，反對將食色、名利本身列爲追求目標。且船山不只是反對庶民易執持的聲色貨利，皇帝與士人對學問、知識的追求如果不以實踐爲前提，也在船山的批判之列，他說：

〔註67〕見〔明〕王夫之：《周易外傳》，收入《船山全書》第1冊（湖南：岳麓書社，2011年新版），頁1028。

〔註68〕見〔明〕王夫之：《俟解》，收入《船山全書》第12冊（湖南：岳麓書社，2011年新版），頁486～487。

〔註69〕見〔明〕王夫之：《周易外傳》，收入《船山全書》第1冊，頁1022。

〔註70〕此說未必符合老子的原意。

> 江陵陷，元帝焚古今圖書十四萬卷，或問之，答曰：「讀書萬卷，猶有今日，故焚之。」……帝之自取滅亡，非讀書之故，而抑未嘗非讀書之故也。取帝之所撰著而觀之，搜索駢麗、攢集影迹以誇博記者，非破萬卷而不能。於其時也，君父懸命於逆賊，宗社垂絲於割裂，而晨覽夕披，疲役於此，義不能振，機不能乘，則與六博投瓊、耽酒漁色也，又何以異哉？
>
> 嗚呼！豈徒元帝之不仁，而讀書止以導淫哉？宋末胡元之世，名爲儒者，與聞格物之正訓，而不念格之也將以何爲？數《五經》、《語》、《孟》文字之多少而總記之，辨章句合離呼應之形聲而比擬之，飽食終日，以役役於無益之較訂，而發爲文章，侈筋脈排偶以爲工，於身心何與邪？於倫物何與邪？於政教何與邪？自以爲密而傲人之疏，自以爲專而傲人之散，自以爲勤而傲人之惰……其窮也，以教而錮人之子弟；其達也，以執而誤人之國家；則亦與元帝之兵臨城下而講老子、黃潛善之虜騎渡江而參圓悟者，奚別哉？
>
> 或曰：「讀先聖先儒之書，非雕蟲之比，固不失爲君子也。」夫先聖先儒之書，豈浮屠氏之言書寫讀誦而有功德者乎？讀其書，察其迹，析其字句，遂自命爲君子，無怪乎爲良知之說者起而斥之也。乃爲良知之說，迷於其所謂良知，以刻畫而髣髴者，其害尤烈也。
>
> 夫讀書將以何爲哉？辨其大義，以立修己治人之體也；察其微言，以善精義入神之用也。乃善讀者，有得於心而正之以書者，鮮矣。……無高明之量以持其大體，無斟酌之權以審於獨知，則讀書萬卷，止以導迷，顧不如不學無術者之尚全其樸也。故子曰：「吾十有五而志於學。」志定而學乃益，未聞無志而以學爲志者也。〔註71〕

梁元帝是一個愛好讀書與文學的君主〔註72〕，他平定侯景之亂後定都江陵，但因西魏佔據益州，南北雙方發生衝突。西魏派大軍圍困江陵，梁元帝下令焚燒圖書十四萬卷，包括從建康爲避兵災而移至江陵的八萬卷書，自稱「文武之道，今夜盡矣！」「讀書萬卷，猶有今日，故焚之。」是中國古代的文化

〔註71〕見〔明〕王夫之：《讀通鑑論》「梁元帝」第2則，頁664～666。

〔註72〕據《資治通鑑》記載，元帝「性好書，常令左右讀書，晝夜不絕，雖熟睡，卷猶不釋，或差誤及欺之，帝輒驚寤。作文章，援筆立就。」見〔宋〕司馬光等：《資治通鑑·梁紀二十一》，卷165。

浩劫之一。最後江陵開城出降，元帝也被殺。〔註 73〕

船山認爲元帝滅亡不能完全歸咎於讀書，但也跟讀書有部分關連。首先船山反對「純粹的學術研究」或「純文學」這類主張，認爲探求知識是爲了輔助道德實踐；研讀詩賦也是爲了培養超越功利的心境，以利政治人才的養成。〔註 74〕可見在船山看來，知識或美感的追求或多或少都應該與道德產生連結。

船山說：「理自性生，欲以形開。其或冀夫欲盡而理乃孤行、亦似矣。然而天理人欲同行異情。異情者異以變化之幾，同行者同於形色之實，則非彼所能知也。」〔註 75〕這是說外在的行爲表現並無絕對的對錯，如好貨、好色就一般統治者來說是缺失，對聖王來說卻可用於德行的踐履與政事的施爲。〔註 76〕是非對錯的標準在於「變化之幾」，結合前述引文來看，所謂的「變化之幾」便是指人的存心之邪正，在思慮上能否突破私欲的限制而擇善固執。如果存心端正，任何行爲皆可成爲道德實踐的憑依。讀書也是如此，這一舉動是否正確，端視人的心態而定；以「有助於道德」做爲衡量標準，讀書才有意義。如果不先求存心端正，只注重外在形式的雕飾，以寫作技巧、見聞多寡傲視別人，而未能落實於身心、倫物、政教上體認，這樣的讀書也只是將義理文字看成外物去玩索，就犯了和前述「沈溺物欲以自炫」者相同的錯誤了。

梁元帝好讀書固然是逃避現實，船山認爲宋末胡元之世的儒者，也是將儒家經典做純學術性質的考察，封閉、禁錮住士人的心思，未能落實於倫常日用，故在面對外患入侵時，只能束手待斃。這可看成是船山對程朱後學的批評。但爲了矯正程朱後學的流弊，明代興起的良知學（王學）又落入另一

〔註 73〕見〔宋〕司馬光等：《資治通鑑・梁紀二十一》，卷 165。

〔註 74〕參見本論文第二章第二節「知行並進」與第四章第四節「人才選拔」的說明。

〔註 75〕見〔明〕王夫之：《周易外傳》，收入《船山全書》第 1 冊，頁 837。南宋儒者胡宏（五峰）有「天理人欲同體異用、同行異情」之說，船山所論與五峰相同。

〔註 76〕《孟子・梁惠王下》記載了齊宣王與孟子的一段問答：「王曰：『寡人有疾，寡人好貨。』對曰：『昔者公劉好貨。《詩》云：「乃積乃倉，乃裹餱糧，于橐于囊，思戢用光；弓矢斯張，干戈戚揚，爰方啓行。」故居者有積倉，行者有裹囊也，然後可以爰方啓行。王如好貨，與百姓同之，於王何有？』王曰：『寡人有疾，寡人好色。』對曰：『昔者太王好色，愛厥妃。《詩》云：『古公亶父，來朝走馬，率西水滸，至于岐下；爰及姜女，聿來胥宇。』當是時也，內無怨女，外無曠夫。王如好色，與百姓同之，於王何有？」

極端，而為船山所嚴斥。船山對良知學的理解為何？為什麼船山說陽明之徒是「迷於其所謂良知，以刻畫而髣髴」？這在船山其他著作中有進一步的說明：

> 知崇法天，天道必下濟而光明。禮卑法地，或從王事，則知光大與天絜矣。天一而人之言之者三：有自其與地相絪緼化成而言者，有自清晶以施光明於地而言者，有以空洞無質與地殊絕而言者。與地殊絕而空洞無質，詎可以知法乎！法其與地絪緼成化者以為知，其不離乎禮固已。即其清晶以施光明於地者，亦必得地而光明始凝以顯。不然，如置燈燭於遼廓之所，不特遠無所麗，即咫尺之內亦以散而昏。彼無所麗而言良知者，吾見其咫尺之內散而昏也。
>
> 知者，知禮者也。禮者，履其知也。履其知而禮皆中節，知禮則精義入神，日進於高明而不窮。故天地交而泰，天地不交而否。是以為良知之說者，物我相拒，初終相反，心行相戾，否道也。〔註77〕
>
> 孟子言良知良能，而張子重言良能。蓋天地以神化運行為德，非但恃其空晶之體；聖人以盡倫成物為道，抑非但恃其虛靈之悟。故知雖良而能不逮，猶之乎弗知。近世王氏之學，舍能而孤言知，宜其疾入於異端也。〔註78〕

船山以《易經・繫辭傳》「知崇禮卑」〔註79〕一語來批判良知學的缺失。此處是秉承《周易》精神，認為人應效法天的高遠與地的博厚。天道是創造性原理，地道是實現性原理。創造性原理必需與實現性原理結合，始能有真切的道德實踐。船山認為陽明的良知學是單顯心體本身的創造性，「恃其空晶之體，虛靈之悟」、「空洞無質，與地殊絕」，對良知如何落實於政治、社會不夠強調，無法發揮敷設政教、盡倫成物的大用。就這一點來說，與佛老二氏不能積極肯定人文世界有相似之處，故易流入異端。此處船山對陽明學的理解可能有偏差，因為陽明所講的良知是道德心，所立的是成德之教，和佛老的實踐根據與終極目標有別。陽明提倡「知行合一」，良知必通向實踐方為真切。

〔註77〕見〔明〕王夫之：《思問錄・內篇》，收入《船山全書》第12冊（湖南：岳麓書社，2011年新版），頁425。

〔註78〕見〔明〕王夫之：《張子正蒙注》，收入《船山全書》第12冊（湖南：岳麓書社，2011年新版），頁121。

〔註79〕《易經・繫辭上傳》：「夫《易》，聖人所以崇德而廣業也。知崇禮卑，崇效天，卑法地。天地設位而《易》行乎其中矣。」

陽明又云：「無聲無臭獨知時，此是乾坤萬有基。」〔註 80〕可見陽明所講的良知應是涵蓋乾坤，非船山所批評的只重乾知。陽明本人亦有事功之表現，在政治、軍事、文學上都有所建樹。船山對《易經》雖然有深刻闡發，但以此說套用到陽明身上，便不甚妥當。或者船山是針對陽明後學「虛玄而蕩」的弊病來談，他們將良知當作一種話頭，憑空把捉良知的輪廓而無法落實，即前文所謂「刻畫而髣髴」，如黑暗中的燭火，雖有靈光乍現，卻無力照亮時局，終落入空談了。

船山既然反對程朱後學的純學術性研究，也反對王學末流「束書不觀、游談無根」的風氣，可見他有意走程朱與陸王之外的另一條路。借用《論語》「君子儒」與「小人儒」的區分〔註 81〕，錯誤的讀書心態，將使儒者陷入「小人儒」的困境。船山本人對讀書的態度爲何？結合他「知行並進」的主張，或可概述爲心與書、志與學的交互印證，他認爲這才是儒者所應爲，才是讀書的正確態度。「有得於心而正之於書」，對書本內容的取捨，須靠良知本心的判斷。反過來說，只強調良知本心也有偏差，必須掌握聖賢的教導及各類專門知識，才知道如何以恰當的方式，將良知落實於生活中；並在良知蒙昧時，以書中所說來提醒、啓發自己。故在各類知識當中，與個人修養、政治教化相關的知識最應該優先學習。志與學雖相輔相成，但又以「立志」爲優先工夫，如船山說：「志定而學乃益」，無志而讀書，則「顧不如不學無術者之尙全其樸也」。所立之志爲何？當然就是儒家「修己治人」之道，追求自我與社會的不斷完善了。這和象山「學者需先立志」、「若某則不識一箇字，亦須還我堂堂地做箇人」〔註 82〕等說法是很類似的，但象山更重視「立乎其大」的工夫，船山則更強調客觀知識的價值。

（二）避害

在專制政治的格局下，上位者往往握有不受限制的權力，對士大夫構成威脅與壓迫。要堅持道義或保全生命，就成爲傳統知識分子的痛苦抉擇。歷史上不乏能夠爲理想犧牲生命的「氣節之士」，這也是中國歷史的獨特現象之一，如東漢的黨錮之禍、明末的東林黨爭等。他們雖然有高尙的道德情操，

〔註 80〕見〈詠良知四首示諸生〉，收入〔明〕王守仁著，吳光等編校：《王陽明全集》上冊（上海：上海古籍，1992 年），卷 20，外集 2，詩。

〔註 81〕《論語・雍也》：「子謂子夏曰：『女爲君子儒，無爲小人儒。』」

〔註 82〕見〔宋〕陸九淵著、鍾哲點校：《陸九淵集》（北京：中華書局，1980 年），頁 401 與 446。

但亦有其不足，如牟宗三先生說：「氣節之士只是士大夫順『綜合的盡理之精神』，未經過分解的盡理之精神，而欲直接地措之于事業，與墮落後的純物化之氣相遭遇所起之浪花。」〔註 83〕這是說氣節之士在道德上的表現，乃是直接與皇帝、宦官、外戚、權臣展開權力鬥爭，未能從根本上構思一套制度，以理性限制濫權，故易流於意氣，在外王的開展上不夠完備。牟先生又云：「漢以後，政治格式已定，史家習以爲常。處于局中者，思補偏救弊，或呈縱橫之才以建一時之功。時間既久，經驗既多，總有巧思，別開生面。然于時代盛衰之大勢，及基本型態之轉進，總無補益也。」〔註 84〕換言之，氣節之士的行動乃是落入第二義的思考，他們以身徇道，固然是悲劇；但即使他們在政治鬥爭中獲勝，亦無力扭轉國家衰亡的命運。歷史上的「中興之治」多只有短暫效果，只有徹底扭轉專制的格局，建立民主憲政，使社會有一套自我淨化、自我完善的機制，才能從根本上解決問題。在民主社會中，權力的運作受法律約束，一切依法辦事，每個人的生存權都能獲得保障，有心從事改革者，亦可以循正當、合法的管道，不必如氣節之士以壯烈犧牲爲代價。這是以現代眼光所做的思考。

船山身處明末清初，他對氣節問題的思考，還是不脫傳統觀點。對於捨身取義的氣節之士，船山固然深表讚賞與同情；對於不能堅守氣節、臨陣退縮或護短的士人，船山也還是訴諸個人道德，從「立義無素」、「不能反求諸己」的角度來批判，責怪他們修養不夠，而未能檢討制度的運作。這是船山在思考上的不足之處，以下舉樊系與張說爲例，探討船山之說。

> 樊系受朱泚之僞命，爲譔冊文，乃仰藥而死。其愚甚，其汙不可浣，自度必死，而死於名節已虧之後，人所怪也。嗚呼！人之能不爲系者，蓋亦鮮矣。以爲從賊譔冊，法所不赦，光復之後，必罹刑戮，懼而死者，未盡然也……系之死，實以自顧懷慚，天彝之未盡忘者也。
>
> 迨乎僞命及身，冊文相責……系於此時，心知其逆而氣爲所奪，口呿目眩，不能與之爭勝，雜遝憑陵，弗能拒也，魂搖神蕩，四顧而無可避之方，伸紙濡毫，亦不復知爲己作矣。此無他，立義無素，狎小人而爲其所侮，乍欲奮志以抗凶鋒，直足當凶人之一

〔註 83〕見牟宗三：《歷史哲學》，收入《牟宗三先生全集》第 9 冊（台北：聯經，2003 年），頁 240。

〔註 84〕同上，頁 408。

> 笑；義非一旦之可襲，鋒稜不樹者，欲振起而不能，有含羞以死而已矣。
>
> 當德宗出奔之際……一時百僚震慴，固可想見；而婦人孺子牽裾垂涕，相勸以瓦全，固有不忍見聞者。系濡遲顧恤，以譔冊保全其家，以一死自謝其咎，蓋無如此呴呴囁囁者何也。
>
> 嗚呼！至於此而中人以下之能引決者，百不得一矣。捐身以全家，有時焉或可也……捐名義以全妻子，則無有可焉者也。身全節全，而妻子勿恤，顧其所全之大小以爲擇義之精，而要不失爲志士；身死節喪，而唯妻子之是徇，則生人之理亡矣。此亦有故，素所表正於家者無本，則狎昵嚅喅、敗亂人之志氣以相牽曳也。夫若是，豈易言哉？怪系之所爲者，吾且恐其不能爲系；即偷免於他日，亦幸而爲王維、鄭虔以貽辱於萬世已耳。〔註85〕

唐德宗詔令涇原節度使等各道兵馬，圍攻叛唐的淮西節度使李希烈。涇原軍飢寒交迫，要求朝廷賞賜未果，憤而立朱泚爲主帥，起兵攻入京城，是爲「涇原兵變」。德宗倉皇出奔，段秀實以笏板擊打朱泚，被殺。朱泚在長安自行稱帝，並強迫樊系幫他撰寫冊封群臣的詔書，樊系寫完服毒自盡。唐德宗發佈罪己詔，即著名的陸贄《奉天改元大赦制》，收拾民心；並有名將李晟等人奮戰不懈，終能擊破叛軍、重返長安。〔註86〕

樊系的行爲引起後世史學家的困惑，如《通鑑》胡三省注：「樊系距朱泚之命，不爲譔冊，不過死耳。譔冊而死，於義何居？」船山認爲其中一種可能是：樊系擔憂德宗收復長安後，譔冊一事必不爲朝廷所容，故畏罪自殺。但船山對這種解釋並不滿意，認爲樊系是心慌意亂下譔冊，事後良心發現、羞憤而死。

船山又詳細分析樊系的內在動機，認爲樊系一是「立義無素」，二則是爲了保全家人。「立義無素」是指樊系平日道德修養不夠，欠缺「捨生取義」的心理準備，在關鍵時刻也就無法抵擋暴徒的威勢，才會做出違反道義的事。但船山對樊系也抱持同情態度，他說：「人之能不爲系者，蓋亦鮮矣」、「怪系之所爲者，吾且恐其不能爲系」，認爲能夠當下做到捨生取義的人很

〔註85〕見〔明〕王夫之：《讀通鑑論》「唐德宗」第11則，頁911～913。

〔註86〕見〔宋〕司馬光等：《資治通鑑·唐紀四十四·德宗神武聖文皇帝三建中四年》，卷228。

少，樊系至少事後負起責任、自我了斷，有更多人是像王維、鄭虔（安史之亂時，兩人都曾在安祿山的政權底下被迫當官）一樣，變節後仍苟且偷生。「保全家人」就船山的想像來說，在面臨攸關生死的抉擇時，妻兒必會「牽裾垂涕」，使樊系心軟而委曲求全。但船山認為，「君臣之義」才是人之所以為人的特質，就算樊系活下來能保全妻兒，也失去身為人的價值，故生不如死。當然我們也可以從另一個觀點來看，「保全妻兒」是家庭倫理的發揮，在儒家的觀念裡家庭比政治更重要，樊系會做這樣的選擇，也是情有可原的。

> 玄宗與宰相議廣州刺史裴伷先之罪，張嘉貞請杖之，張說曰：「刑不上大夫，為其近於君也，且所以養廉恥也。」其言韙矣，允為存國體、勸臣節之訏謨矣。既而又曰：「宰相時來則為之，大臣皆可笞辱，行及吾輩。」……茍懷此心以倡此說……人主將曰：士大夫自護其類以抗上而避害，蓋古今之通習，其為存國體、獎士節，皆假為之辭，不可信也。
>
> 且夫士之可殺不可辱者在己也，非挾持以覬上之寬我於法也。居之以淡泊，行之以寧靜，絕賄賂之門，飭子弟之汰，謝遊客之邪，息黨同之爭，卓然於朝右，而奚笞辱之足憂？誠有過也，則引身以待罪；言不庸也，則辭祿以歸耕。萬一遇昏暴之主，觸婦寺權姦之忌，而辱在不免，則如高忠憲之池水明心，全肢體以見先人於地下。又其不幸，固義命之適然，雖辱而榮者。規規然計及他日之見及，而制人主以不我辱……無怪乎暴君之益其猜忌，偏以其所不欲者加之也。……天下之公理，以私亂之，則公理奪矣。君臣之道喪，唐、宋之大臣自喪之也。於是而廷杖詔獄之禍，燎原而不可撲矣。〔註87〕

廣州刺史犯法，唐玄宗有意杖擊，被張說勸阻。張說的理由是「養廉恥」，由於士大夫大體上是以道義相互期許，道義又是治國的根本。以杖擊摧毀士人的尊嚴，同時也是對道義的不尊重，不利於國家秩序的維持。且大臣地位近於君，若大臣威嚴掃地，君的價值也會隨之降低。船山對此說頗為贊同。當然人性尊嚴不限於上層，每個人都應當受肯定、重視，這也是歷史上酷刑逐漸絕跡的原因。

張說提出的另一項理由，則為船山所深斥。張說表示如果允許笞辱大臣，

〔註87〕見〔明〕王夫之：《讀通鑑論》「唐玄宗」第12則，頁843～844。

則這類刑罰便有可能降臨在自己身上，故極力反對。船山認爲這種說法是將士大夫視作一個整體，以避害之私心與皇帝對抗，不合道德原則。有修養的士人應當反求諸己，拒絕賄賂、管教子弟、謝絕請託與結黨，如此自然受人敬重，不致招惹刑罰。萬一不幸被奸黨嫉恨誣陷，也能坦然承受、面對，不必預先幫自己開脫。從個人修養的角度來看，船山所論固然有其道理，但船山將明代廷杖詔獄之禍歸咎於大臣的護短之私，恐屬偏激之論。就張說的發言看來，固然有「保全自己」的私心，但這私心不只是張說個人，而是每個士大夫，甚至現實上每個人都會有的想法。任何人都不希望承受毀傷身體、損害尊嚴的痛苦。故這雖然是私，但亦有其普遍性，需加以正視、肯定。從這角度出發，去建立一套約束暴君、不濫用刑罰的制度，恐怕比一味強調士大夫的個人修養來得重要。

第三節　出處進退的選擇

明清易代之際，「出仕與否」可說是當時的一大問題，一再困擾著「遺民」及其子孫這一特殊知識分子群體的心靈。從皇帝素質來說，清代普遍優於明代，康、雍、乾三帝更是中國的盛世；但從民族的觀點來說，滿清「非我族類」，爲異族效力總有「變節」之譏。大體來說，愈接近明代滅亡的士人，對名節的要求愈嚴格，愈反對出仕清朝。隨著時間推移，滿清政權鞏固後，對出仕的限制也就日漸寬鬆，甚至有「遺民不世襲」之說。〔註 88〕船山對仕隱

〔註 88〕趙園歸納整理明遺民的文獻，認爲：「『世襲』確也是明亡之際普遍的遺民期待……顧炎武也說處此之時，『生子不能讀書，寧爲商賈百工技藝食力之流，而不可求仕。』（〈常熟陳君墓誌銘〉，《顧亭林詩文集》第 161 頁）」但遺民子弟或迫於生計、或爲庇護父兄，亦多有出仕者，如「全祖望〈題徐狷石傳後〉記徐介（狷石）、應撝謙（潛齋）事，頗有意味：『狷石嚴事潛齋，其後潛齋亦畏狷石。嘗一日過潛齋，問曰：「何匆匆也？」潛齋答曰：「主臣以兒子將就試耳。」狷石笑曰：「吾輩不能永錮其子弟以世襲遺民也，亦已明矣；然聽之則可矣，又從而爲之謀，則失矣。」於是潛齋謝過，甚窘。』（《鮚埼亭集外編》卷 30）這應當是關於『不世襲』的語義明確的表達。徐介所說『界限』尤其值得注意——以『聽之』爲『可』；可見其時遺民後代之『出』，已爲時論所容忍。」見趙園：《明清之際士大夫研究》（北京：北京大學出版社，1999 年），頁 381～386。錢穆也感嘆：「既已國亡政奪，光復無機，潛移默運，雖以諸老之抵死支撐，而其親黨子姓，終不免折而屈膝奴顏於異族之前。此亦情勢之至可悲而可畏者。」見錢穆：《中國近三百年學術史》上冊（北京：商務印書館，1997 年），頁 79。

問題想必也有甚深感嘆。他雖然堅守氣節，始終退隱不仕，卻也無力扭轉大勢。只能在史論中以春秋筆法，歸納總結古往今來對「變節之士」的評價，曲折地反映出他對「出身清白」、「節操」等傳統觀念的堅持，藉此對當時的士人提出針砭與警惕。以下就先從出仕的一般原則談起，逐步進至史例的剖析；看船山如何證成「節操」的價值？又有哪些例外？最後觀察船山對出仕的反面——退隱有哪些論述。

（一）出仕的判斷原則

船山認爲「仕隱」是儒者的關鍵問題，與生死同等重要。生死是軀體生命的存續，仕隱則關係到士人的名節、道德操守。判斷出仕與否的標準，最重要的是時機：

> 君子之大事，在仕與隱。仕隱者，君子之生死也。
>
> 天下待以定，民待以安，君待以正，道誠在己，時不可違，此其不可不仕者也。
>
> 其次，則天下已治安矣，出而無以大異於出也，而君以誠求，賢以彙升，治以贊襄而益盛，則義在必仕而時順之，雖可以隱弗隱也。
>
> 其次，則治與亂介，而國是未定；賢與姦雜，而流品未清；君子急將伯之呼，小人深側目之妒，可弗仕也。而自牖之約可納，同聲之應不鮮，志誠貞而憂患誠不能以中輟，則出入於風波之中，而猶可不爲之葸退，固志士之自命者然也。
>
> 其下，則君昏而不察，相姦而不容，懷悲憤以滔顚隮，忤權臣而爭邪正，於是斥之、罷之、竄之、逐之，乃至誣以罪罟，羅以朋黨，而伏尸於都市，此誠不可仕矣。而業已在位，無可避之鈇鉞，則逢、比之遺烈，未嘗不可追，而勿爲挾全軀保妻子之謀，以引身佚處。〔註89〕

出仕是儒家知識分子的義務，天下初定、朝代剛建立時，許多制度都在草創階段，需要士人協助方能完善，出仕是責無旁貸。等到天下太平，士人能發揮的影響力雖然不如前一階段那麼大，但在政治上還是可以精益求精，故仍應積極出仕。到了朝代中晚期，政壇上君子小人、善政與弊政各半，雖可不屑與小人爲伍而退隱，但懷抱憂國之忱的士人，積極奔走以救世，亦是應有之義。但到了朝代末期，君主與大臣都昏庸殘暴，國家氣數將盡，出仕不僅

〔註89〕見〔明〕王夫之：《宋論》「宋理宗」第4則，頁317～318。

無補於時局，反而成爲專制暴政的犧牲品，這就應該不仕。若已出仕則應有成仁取義之決心，不可退隱全身。

於此可進一步問：時局昏亂更應奮鬥到底，爲何船山主張退隱？船山在史論中舉了不少例子反覆論證，便是要支持他的這項主張。大體來說，如果要在亂世出仕，通常需要與小人周旋，甚至受其提拔，這就玷污了士人最注重的「名節」、「出身清白」，非君子所可爲。「退隱」亦非一味消極，而是以自身爲道之所寄，成爲社會表率，不留在官場讓小人羞辱；並且積極從事社會教化，從根本上保全國家的命脈、元氣，可說是另一種有爲。船山身處明末清初的亂世，也親自實踐這項主張，而更顯說服力。〔註 90〕

（二）錯誤的出仕

船山提出的出仕原則看似廣泛而抽象，但歷史上的許多士人，卻時時必須面對前述原則所指涉的具體情境，並且在當下做出「仕或隱」的抉擇。可嘆的是，士人也往往會做出與船山所說背道而馳的判斷。這是因爲歷史上小人掌權的時間長，君子掌權的時間短，在這種情況下，懷抱理想的士人常會自欺，認爲可以先委曲求全，犧牲個人理念、原則投靠小人，等取得權位再反抗。殊不知一旦加入小人陣營，便喪失公信力，無法獲得其他人的信任，而在他日追悔莫及了。至於那些原本就貪圖利祿的士人，當然更不爲船山所喜，而在史論中嚴斥了。以下就舉歷史上的這兩類士人爲例，看「犧牲名節」會有哪些不良影響。

〔註 90〕現代學者也有人質疑船山的這項主張是否有效，如趙園歸納出「上下交爭」爲明代政治文化的特有景觀，認爲：「王夫之不斤斤於辨別正義與否，他更注重『爭』這一行爲的破壞性、近期與長期效應，尤其於士本身的精神損害……說『爭』中的君子小人，因其『術』近（即爭之不以其道），相去不過『尋丈之間而已』，適足以貽害世道人心。」然而「王夫之所開的藥方也未必恰對症候。『正人』不與爭鋒，使小人『自斂』，代價若何？王氏的『非對抗』（不相激、不啓衅、守義俟命）的原則，其實踐意義是大可懷疑的。」見趙園：《明清之際士大夫研究》（北京：北京大學出版社，1999 年），頁 8～10。面對士人激烈鬥爭的「戾氣」，船山的選擇是從自身做起，退出君子小人、道德與欲望夾雜的政壇，轉而投入教育文化，爲消弭戾氣貢獻一分心力。這雖是儒家應有之義，卻也可能因爲君子在政治上消極無爲，導致小人更肆無忌憚而加速亡國。當然船山學術成就甚高，如果船山有機會積極從政，而非專心著述，對於中國文化的貢獻未必會更大。船山的做法是否得當，或許也應將個人的才性納入考量，適宜從政者從政，適宜著述者歸隱，雙方分工合作、相互呼應會更爲圓滿。

1. **懷抱理想之士**

懷抱理想的士人，無論處在仕途早期或晚期，皆不可以「實現理想」爲藉口，污損自己的名節：

（1）**仕途早期**

> 故君子之愛身也，甚於愛天下；忘身以憂天下，則禍未發於天下而先伏於吾之所憂也。外戚也，宦寺也，女主也，夷狄也，一失其身，雖有扶危定傾之雅志，不得自救其陷溺；未有身自溺而能拯人之溺者也。〔註91〕

船山認爲對儒者來說，「名節」、「出身清白」比拯救天下更重要。〔註92〕這一問題涉及到與船山針鋒相對的另一種主張，即認爲出仕是可以「權變」的（見下文論「出仕的權變」部分），出仕只是手段，爲了達成救國的目的，即使暫時投靠小人，乃至運用各種詭詐的計謀，只要能達成目標都無妨。只要目標是善，就可以任意選擇有效的手段，而不論手段之善惡。船山雖然不完全反對這種「權變論」，但他對「權變」是以嚴格的標準來審視，除了特定狀況外，大多數狀況下都應該堅持手段的純正；故在船山看來，「權變」常被濫用而變成一種口號。以出仕而論，船山認爲接受外戚、宦官、太后、異族等在歷史上聲名狼籍的集團提拔，本身就是一件不光彩的事，出仕者的道德操守易受質疑。即使掌握權力，能否擺脫上述集團的控制、實現改革的目標，也都還是未知數，甚至十分困難。故這一類的出仕是欠缺智慧的做法，船山在史論中也反覆駁斥這種想法：

> 溫嶠之陽親王敦而陰背之，非無功於晉矣，然非其早卒，君子不能保其終爲晉社稷之臣也，何也？嚮背無恆，而忠孝必薄也。
>
> 夫君子之道，成則利及天下，不成而不自失。其諫也，用則居其位，不用則去之。又不然，則延頸以受暴君之刃而已，無可譎也……秉信非以全身，而身或以保；非以圖功，而功或以成。〔註93〕

溫嶠在晉明帝即位後爲王敦效力，成爲王敦的親信。王敦素有篡位野心，但

〔註91〕見〔明〕王夫之：《讀通鑑論》「漢成帝」第1則，頁184。

〔註92〕船山此說可呼應孟子的「三樂」。《孟子·盡心上》：「君子有三樂，而王天下不與存焉。父母俱存，兄弟無故，一樂也。仰不愧於天，俯不怍於人，二樂也。得天下英才而教育之，三樂也。」可見在儒學當中，雖以平治天下爲終極嚮往，但濟世必定要以個人道德、家庭與社會的完善與教化爲前提。

〔註93〕見〔明〕王夫之：《讀通鑑論》「晉安帝」第5則，頁525。

在起兵前夕，溫嶠卻返回朝廷，將王敦一黨內部的機密情報悉數洩漏，導致王敦大怒，這也是王敦叛亂失敗的原因之一。船山並不贊同這樣的行爲，對溫嶠做了「嚮背無恆，忠孝必薄」的評語，認爲這雖然對國家有利，卻傷害了人與人之間的信任。可見船山對道德的要求是很嚴謹的，即使是對大多數人有利的事，如果違背道德，也不可以做。道德不能從「目的—手段」或功利的角度來衡量，應該「當爲而爲」、無條件遵守，即使犧牲自己的生命或國家的利益，也在所不惜。當然遵守道德也往往有好結果，如船山云：「秉信非以全身，而身或以保；非以圖功，而功或以成。」但不能以結果的好壞，做爲判斷及實踐道德行爲的依據。從另一個角度看，溫嶠固然採用詭詐的手段，不合乎儒家高標準的道德要求；但其爲人也未必如船山所說的那麼差，如與溫嶠同時代的陶侃，就對溫嶠有以下評語：「故大將軍嶠忠誠著於聖世，勳義感於人神，非臣筆墨所能稱陳。」〔註 94〕可見當時人對溫嶠的評價還是相當高，不必如船山所說懷疑其忠誠。

（2）仕途晚期

> 宦官之怨憤積，而快志於一朝；髡鉗之危辱深，而圖安於晚歲；非懼禍也，誠以卓能矯宦官之惡，而庶幾於知己也。於是而其氣餒矣。以身殉卓，貽玷千古，氣一餒而即於死亡，復誰與恤其當年之壯志哉？〔註 95〕

蔡邕早年頗有氣節，不容於宦官而亡命江海。董卓掌權後卻同意出仕，種下往後被殺的禍因。船山認爲蔡邕晚節不保的主因，並不在於董卓的威脅利誘，而是太過怨恨宦官，故對率兵入京鎮壓宦官的董卓頗有好感，希望藉由董卓享晚年清福，因而持守不住氣節。宦官勢力雖被鎮壓，但繼宦官而來的董卓卻更殘暴，投靠董卓實爲不智。可見士人應有通盤眼光，以國家大局爲重，不宜拘泥於個人與個人、集團與集團之間的恩怨。

> 及梁篡而朏猶遠引，子弟又不能弗怪也……朏不出而見絕於當世，則閨門之內，相迫以不容，朏於此亦無可如何，而忍恥包羞，不憚以老牛爲犧，而全其舐犢之恩也，是可悲也。〔註 96〕

這一則是評論謝朏晚年出仕之事。謝朏本爲南朝宋舊臣，齊高帝篡南朝宋後

〔註 94〕見〔唐〕房玄齡等：《晉書・列傳第三十七・溫嶠、郗鑒》，卷 67。
〔註 95〕見〔明〕王夫之：《讀通鑑論》「漢靈帝」第 17 則，頁 336。
〔註 96〕見〔明〕王夫之：《讀通鑑論》「梁武帝」第 2 則，頁 625。

辭官抗議，梁武帝篡南朝齊後，亦屢次拒絕徵召，但晚年卻忽然主動拜訪梁武帝〔註 97〕，非常奇怪。船山將謝朏的作爲歸因於世家大族的風氣，謝氏是南方望族，身爲族長的謝朏若堅持隱居，子弟也就無法出來做官，故謝朏受篡位者封賞而敗壞晚節，實爲溺愛子弟、受子弟逼迫所致，這也是士人應當提防的人性弱點。

2. 貪圖利祿之士

貪圖利祿之士依照手段的不同，又可分爲兩類。一類是直接追求功名，甚至不惜賣國求榮；一類是「以退爲進」，藉隱居博取美名。船山對這兩類人的評價都很差：

（1）直接追求功名

> 士貴有以自立耳。無以自立，而寄身於炎寒之世局，當塾教之始，則以利名爲鵠矣；當賓興之日，則以仕宦爲津矣；一涉仕宦之塗，進而不知所終，退而無以自處，則紫閣黃扉，火城堂食，人擬爲生人之止境；而自此以外，前有往古，後有來今，上有高天，下有厚地，仰有君父，俯有黎民，明有名教，幽有鬼神，凡民有口，妻子有顏，平旦雞鳴，有不可自昧之惻隱羞惡，皆學所不及，心所不辨，耳聞之而但爲聲響，目見之而但爲文章，漠不相關，若海外三山之不我即也。嗚呼！士若此，而猶不以宰相爲人生不易得之境，鼎烹且俟之崇朝，鼎食且僥於此日，其能戒心戢志如韓偓者，凡幾人也？〔註 98〕

船山認爲「不知自立」是士人的普遍弊病，「自立」指的是堅持個人良知、不受利祿誘惑的節操。雖然士人自小研讀儒家經典，以道德理想爲依歸，但落實到社會生活上，卻往往將儒學作爲求取功名利祿的工具，扭曲了儒學的本意。這也就是宋明理學家批評的「場屋之學」〔註 99〕。科舉制度雖然是較爲

〔註 97〕見〔唐〕姚思廉：《梁書・列傳第九・謝朏》，卷 15。

〔註 98〕見〔明〕王夫之：《讀通鑑論》「唐昭宗」第 12 則，頁 1072。

〔註 99〕如南宋理學家陸象山在〈與吳仲時書〉說：「大抵天下事須是無場屋之累，無富貴之念，而實是平居要研覈天下治亂、古今得失的人，方說得來有筋力。五哥心志精神儘好，但不要被場屋富貴之念羈絆，直將天下事如吾家事相似，就實論量。」可見象山認爲士大夫應時時以天下國家興亡爲念，不要斤斤計較個人的名利，動機方能純正。16.　〔宋〕陸九淵著、鍾哲點校：《陸九淵集》，北京：中華書局，1980 年。

客觀公平的人才選拔方式，無形間卻也助長了前述風氣。士人貪戀虛榮，被「紫閣黃扉，火城堂食」等豪華排場所吸引，自然會以宰相這最高官職做爲終極目標，不考慮百姓的幸福，貪圖「鼎烹鼎食」等短暫的享受。「利先於義」、「見利忘義」的心態，違背了儒家所強調的惻隱、羞惡之心，但卻又是大多數士人最容易犯的錯誤，只有少數人（如韓偓）能夠不受利祿制約。捨棄道德而盲目出仕的風氣，也是船山所批評與感嘆的。

> 宋之盛也，其大臣之表見者，風采煥然，施於後世，繁有人矣；而責以大臣之道，咸有歉焉。非其是非之不明也，非其效忠之不摯也，非其學術之不正也，非其操行之不潔也，而恆若有一物焉，繫於心而不能舍。故小人起從而蠱之，已從而玩之，終從而制之；人主亦陽敬禮而陰菲薄之。無他，名位而已矣。夫君子樂則行，方行而憂，憂即違也；憂則違，方違而樂，樂又可行也。內審諸己，而道足以居，才足以勝，然後任之也無所辭。外度諸人，而賢以彙升，姦以夙退，然後受之也無所讓。〔註100〕
>
> 摶德威不立，才望不著，一旦而立於百僚之上，於時天子雖弱，而宰相猶持天下之權，逆臣且仰其進止，固有恩怨交加、安危繫命之鉅責焉；不揣而遽任之……是亦冒昧榮名、不恤死辱者耳。
>
> 人臣當危亂之日，欲捐軀以報主，援亡國而存之，抑必謹其進退之節，不苟於名位。而後其得也，可以厭服姦邪之心；即其不然，身死國亡，而皎然暴其志行於天下。〔註101〕

船山相當讚許宋代的士風。宋朝自太祖開始，就立下了「不得殺士大夫及上書言事人」的祖訓，宋代的皇帝基本上都遵守了這條祖訓，對士大夫頗爲優厚。宋代的文治鼓舞了社會的讀書風氣，士大夫也多潛心於學問與道德的陶冶，並以國家的改革爲己任，以報答皇帝的禮遇。宋朝士人在中國各朝代當中，可以說是水準最高的。但船山認爲宋朝士人仍有一最大弊病，使這些士人無法踐履「大臣之道」，亦即在政治上無法有最頂尖的表現。這弊病就是太重視「名位」（官秩、名稱與品位）。宋朝士人固然大多是君子，但「行道」的先決條件是「得君」，取得政治權力才有機會推行自己的理念。愈執著個人理念，對名位的渴求也就愈強烈。皇帝與小人便是看清了士人的這項人性弱

〔註100〕見〔明〕王夫之：《宋論》「宋眞宗」第5則，頁91～92。

〔註101〕見〔明〕王夫之：《讀通鑑論》「唐昭宗」第10則，頁1068。

點，從而利用操弄，對士人欠缺眞正的敬重，也限縮了士人在政治領域所能發揮的作用。由此可見，船山對出仕的要求是很嚴格的，出仕固然是知識分子的義務，但是否尋求或接受大臣、宰相等官位較高、影響力較大的職位，就必須審愼斟酌，不僅自己要有勝任該項職務的德行與才幹，朝中也必須有志同道合的官員一起奮鬥努力，能夠對國家有實際的貢獻，才適宜出任。即使動機良善，如宋朝士大夫道德、學問都不差，若忽略了上述考量而急於任職，在船山看來仍不算是最優秀的賢才。若如唐末的王摶，爲求取榮名而貿然出任宰相，境界自然又更低了。船山此處秉持的原則，與前述「權變」的主張是一貫的，對出任高官採取謹愼保守的態度，這一態度本身就是對權力欲的克制，對社會有正面示範作用，可鎭服小人之心。相反地，急於出仕表面上是積極有爲、對國家更有幫助，但國政能否獲得改善還是未知數，自身的道德操守卻已先有所虧欠了。

> 周塞目箝口，未聞一讜言之獻，徒過責姜維，以餌愚民、媚奄宦，爲司馬昭先驅以下蜀，國亡主辱，己乃全其利祿；非取悅於民也，取悅於魏也，周之罪通於天矣。〔註 102〕

船山對三國時代的蜀漢大臣譙周非常不以爲然，認爲他罪惡滔天。譙周曾著〈仇國論〉反對姜維北伐，認爲小國應該休養生息、保存實力，不要頻繁用兵。〔註 103〕鄧艾率兵入蜀，蜀漢朝廷慌亂，有主張奔吳者，有主張南遷者，只有譙周力排眾議主張投降，他認爲曹魏統一天下乃大勢所趨，奔吳只會造成多次投降敵國的恥辱；且南方各郡爲蠻族勢力範圍，南遷很可能被蠻族殺害，不如早日投降，因吳國尚存，魏國必定優待劉禪以收買人心。劉禪投降後果然如譙周所料。《三國志》評曰：「劉氏無虞，一邦蒙賴，周之謀也。」〔註 104〕譙周的勸降雖然保全了蜀漢皇室與人民的生命，卻也違反了國家大義，在船山看來是賣國求榮的行爲，因而受到嚴厲批評。陳壽則可能是站在魏晉朝廷的立場，認爲譙周的行爲有利於全國統一而給予讚賞。譙周的行爲固然有通敵之嫌，卻也未如船山所說「未聞一讜言之獻」，劉禪沈溺享樂時，

〔註 102〕見〔明〕王夫之：《讀通鑑論》「三國」第 35 則，頁 411。

〔註 103〕〈仇國論〉：「時可而後動，數合而後舉，故湯、武之師不再戰而克，誠重民勞而度時審也。如遂極武黷征，土崩勢生，不幸遇難，雖有智者將不能謀之矣。」收入〔晉〕陳壽：《三國志・蜀書十二・杜周杜許孟來尹李譙郤傳》，卷 42。

〔註 104〕譙周說詞與陳壽評語，出處同上。

譙周也曾以漢光武帝爲例予以規勸。無論是規勸皇帝或投降曹魏，都是站在造福蜀漢人民的立場，雖不合道義，也有値得肯定之處。

（2）間接追求功名

> 乃若祖思之竊隱士之名而亡實，則於其行見之矣。處夷狄爭亂之世，一徵於姚興，再徵於勃勃，隨聲而至，既至而不受祿，以隱爲顯名厚實之囮，蹠之徒也。中夏無主，索虜、羌胡迭爲雄長，而桓溫、劉裕兩入關中，獨不可乘其時以南歸邪？如曰溫與裕不可託也，則管寧歸漢，亦何嘗受羈絡於曹操乎？如其不能，身絕天下之交，口絕天下之言，莫爲之先容者，興與勃勃抑豈能有獨知之契以相求於夢遇哉？〔註 105〕

這一段是評論五胡十六國時期的隱士韋祖思，據史籍記載，韋祖思從小飽讀經籍，對當世名流不屑一顧。後秦君主姚興聽說他的大名，特地召見他，他不拜見、不答禮。東晉劉裕北伐滅後秦，胡夏又吞併後秦的大部分領土，胡夏君主赫連勃勃也聽說了韋祖思的大名，特地召見他。赫連勃勃的作風與姚興完全不同，姚興注重文化，對人民比較仁德；赫連勃勃殘暴嗜殺，狂妄自大。韋祖思見赫連勃勃時，態度非常謙卑。赫連勃勃大怒，認爲這是看不起他，將韋祖思處死。〔註 106〕

韋祖思隨君主性格而改變態度，說明了他是個欺善怕惡、見風轉舵的人，不具備眞正的品行操守。船山認爲韋祖思「竊隱士之名而亡實」，拜見異族君主卻拒絕任官，是故意擺高姿態、以退爲進的舉動。如果韋祖思是高尚之士，何不隨晉軍南歸，效忠華夏？又爲何不徹底退隱，不讓君主有徵召他的機會？可見船山的評論，不只從行爲本身著眼，並非所有退隱都是不慕榮利的高尚舉動，而要看士人選擇退隱的動機而定。如果退隱是爲了沽名釣譽（如韋祖思），或貪圖享受而捨棄責任，仍會受到船山的批評。

〔註 105〕見〔明〕王夫之：《讀通鑑論》「晉恭帝」第 1 則，頁 546。

〔註 106〕《北史》記錄韋祖思對當時名士胡叟的怠慢：「時京兆韋祖思少閱典墳，多蔑時彥，待叟不足。叟拂衣而出。」見〔唐〕李延壽：《北史‧列傳第二十二‧游雅、高閭、趙逸、胡叟、胡方回、張湛、段承根、闞駰、劉延明、趙柔、索敞、宋繇、江式》，卷 34。《晉書》記載：「勃勃歸於長安，征隱士京兆韋祖思。既至而恭懼過禮，勃勃怒曰：『吾以國士徵汝，柰何以非類處吾！汝昔不拜姚興，何獨拜我？我今未死，汝猶不以我爲帝王，吾死之後，汝輩弄筆，當置吾何地！』遂殺之。」見〔唐〕房玄齡等：《晉書‧載記第三十‧赫連勃勃》，卷 130。

船山對人物內心動機的判定，則是透過史書記載的人物言行，藉由「歷史的想像」揣摩而得的。「歷史的想像」當然會受到評論者個人思想與經歷的影響，未必符合歷史事實，但仍是以「史料」及「對人性的洞察、理解」爲根據的。從船山的評論當中，也很能夠發掘出他個人對歷史的獨特解釋與評價方式。

（三）出仕的權變

前文提到出仕應避免受小人提拔，但某些士人在小人執政時出仕，仍然受到船山的高度讚許，如陳平、周勃、狄仁傑等，可見政局污濁時，並非一定不能出仕，只是船山對這類狀況做了嚴格限定，只有在合乎「分義」的前提下才可以。筆者將這類狀況稱爲「出仕的權變」，以下試觀船山之說。

> 屈身逆亂之廷，隱忍以圖存社稷，人臣之極致也，而抑視乎其所處矣。測其有可圖之幾，以待天下之變，姑且就之，兩處於有餘之地，以存其身與其祿位，而遽許之爲行權以濟險；則名義之途寬，而忠孝之防裂，君子所必嚴爲之辨者也。其所處者可以置吾身，身雖危，猶安也。安其身而動，動而利，可以出君父於險；動而不利，不喪其身之所守；則生死成敗，皆可以自靖，如是者尚矣。其次，則身非可安，而無可安之土，乃以身試不躅，而思以濟其志。志之得，則可以大有爲於天下；志之不得，猶不以身爲罪囮，而毀分義之防。故陳平、周勃俯仰於呂后之側，非徒志在安劉也。惠帝崩，後宮之子，猶高帝之苗裔，可以爲君者，依之以待呂氏之變，而伸其誅鋤，固未嘗一日辱其身於異姓也。王導之於蘇峻，王坦之、謝安之於桓溫，忍其熏灼，陽與相親，賊未篡，吾君尚在，弗容立異以激禍之成。峻誅、溫死，而其志伸；峻不誅，溫不死，晉社已移，終弗能救，而後死之，未晚也。……狄仁傑之仕於僞周也，廟已改，君已囚，無可仕矣。而仁傑當高宗之世，未與大臣之列，則舍武氏不仕，而更無可執國柄、進忠賢、以爲興復之基。灼知其逆，而投身以入，不恤垢辱以與從逆之臣齒，非但一死之不惜，操心愈隱，懷貞愈烈，尤非夫人之所可託者也。〔註107〕

〔註107〕見〔明〕王夫之：《宋論》「宋高宗」第4則，頁223～224。

船山認爲小人當權時適宜出仕的狀況，是「隱忍以圖存社稷」，也就是等待時機取回權力，重新由皇帝與賢臣執政。但某些人表面上遵奉這條原則，其實卻是爲了個人的政治利益，在君子集團與小人集團鬥爭結果尚未明朗前，透過同時討好雙方，保全將來的利祿。故必須嚴格區分「隱忍圖存者」與「兩面討好者」之間的差異。船山認爲「隱忍圖存者」特徵在於「不喪其身之所守」、「不以身爲罪罔」而堅守「分義之防」，亦即雖然實際上提拔他們的可能是小人，但他們仍然是透過正當程序接受任命的，尊重傳統政治秩序當中君臣的身分定位；故從名義上來說他們仍然是效忠君主及君主背後的國家，而非效忠特定的政治集團。相對來說，「兩面討好者」對合理的政治秩序並不太在意，只要有利可圖，即使違反規範、損害操守也無妨。船山認爲陳平、王導等人「未嘗一日辱其身於異姓」、「弗容立異以激禍之成」，可見他們心中仍以「義」爲行動準則。「利」（政治鬥爭的結果、個人的生死禍福）是難以預料、不明朗的，「義」是清楚的、確定的。只要合乎體制規範，即使遭遇亂局、變局，依然可以出仕，如下所述：

> 胥爲君之子也，或廢或立，君主之，當國之大臣引經衷道以裁之，爲宮僚者，不得以所事者爲適主，而隨之以爭。建成以長，世民以功，兩俱有可立之道，君命我以事彼，則事彼而已矣；君命我以事此，則事此而已矣……則建成死，高祖立世民爲太子，非敵國也，非君讎也，改而事之，無傷乎義，無損乎仁，奚爲其不可哉？〔註108〕

這一段是評論魏徵的事蹟。魏徵原本輔佐太子李建成，玄武門之變李世民殺李建成，魏徵主動拜見李世民，受到李世民重用，成爲一代名臣。有人認爲魏徵轉而爲李世民效力是「不義」的舉動，但船山指出「君命我以事彼，則事彼而已矣；君命我以事此，則事此而已矣」，亦即魏徵當初是接受唐高祖李淵的命令，才成爲李建成謀臣。從私人關係的角度來看，魏徵確實有些無情；但從國家政治秩序的角度來看，魏徵爲李世民效力仍是服從君命、爲國盡忠，此舉並無不妥。船山對魏徵的批評是從他投奔李世民的過程著眼：「太子死，遽即秦王而請見，尤義之所不許也。」從「急於求見」這點，船山認爲魏徵有功名之心，這才需要批評。可見在出仕時，最重要的考量是合於國家之義，亦即遵守體制規範；其次是個人之義，動機上不宜貪圖功名；私人恩義則最不重要。以下是另一個「國家之義」與「私人恩義」發生衝突的實例。

〔註108〕見〔明〕王夫之：《讀通鑑論》「唐高祖」第12則，頁750～751。

> 王敬則之子幼隆，以謝朓其姊壻也，告以反謀，而朓發之，敬則敗死，朓遷吏部，則夫婦之恩絕；其後始安王遙光要與同反，復以告左興盛，爲遙光所殺，則保身之計亦迷……無端苦以相加，而進有叛主之逆，退有負親戚賣友朋之憾……誠哉其可悲乎！
> 夫君子之處此，則有道矣：可弗仕，勿仕也；仕可退，無待而退也；無可退焉，靜而若愚，簡而若蕩；既已爲文人矣，山川雲物之外，言不及於當世，交不狎於亂人，則莊周所謂才不才之間者近之。而益之以修潔，持之以端嚴。亂人曰：此沈酣詞藝而木強不知道者，未足與謀也。則雖懷慝而欲相告，至其前而默然已退……朓之不能及此也，名敗而身隨之，宜矣。雖然，又豈若范曄、王融、祖珽與魏收之狂悖猥鄙乎？〔註109〕

謝朓的岳父王敬則策劃叛亂，謝朓得知後密告朝廷，導致王敬則被殺，引起謝朓之妻怨恨。始安王蕭遙光又有意謀反，謝朓再次告密，結果謝朓被蕭遙光所殺。船山非常同情謝朓的處境，認爲謝朓如果不告密，等於坐視叛亂發生，違反「國家之義」；如果告密，又難免出賣親友，傷及「私人恩義」。依前述之說，謝朓似乎應該犧牲後者來成就前者，但船山在這裡提出了另一種更圓融的做法：謝朓從一開始就應該閉門隱居，成爲政壇上無足輕重的角色，如此一來，親友就不會和他商量叛亂之事，謝朓也就不會捲入麻煩當中，而能兼顧公義與私恩了。當然歷史上的謝朓並未採取船山建議的做法，下場較爲悲慘，但基本上船山還是肯定謝朓有「堅持大義」的品格，不必給予負面評價。

（四）隱士風範

雖然在傳統文化當中，「隱逸」向來是道家人物的特色之一。但從前述討論可以看出，船山不僅有條件地支持退隱，他自己也長期隱居不仕。船山對隱士的看法，可以「藏道自居」一語概括之。這裡的「道」仍是儒家的仁義之道，追求「逍遙自適」的道家人物，並不是船山推崇的隱士類型。或者說儒家人物即使不出仕，也仍然時時以道義爲念而心安理得，「逍遙自適」已然包含在儒家人物的修養當中，不必特別標舉。船山認同的隱士，不是從「捨棄社會責任」或「回歸自然」的立場出發，相反地，以承擔社會責任爲前提，儒者的退隱才有正當性。如果只是單純地逃避社會責任，這樣的退隱反而會

〔註109〕見〔明〕王夫之：《讀通鑑論》「齊明帝」第3則，頁617～618。

受到船山指責，如船山對嚴光的評論：

> 隱之爲言，藏道自居，而非無可藏者也。光武定王莽之亂，繼漢正統，修禮樂，式古典，其或未醇，亦待賢者以道贊襄之，而光何視爲滔滔之天下而亟違之？倘以曾與帝同學而不屑爲之臣邪？禹、皋陶何爲胥北面事堯而安於臣舜邪？
>
> 故君子者，以仕爲道者也，非夷狄盜賊，未有以匹夫而抗天子者也。〔註 110〕

船山認爲君子「以仕爲道」，亦即出仕是儒者的義務，爲君主及百姓服務是儒者應盡的社會責任。只有在「滔滔之天下」，儒者即使出仕，也無法對社會有積極貢獻時，退隱才是合理的。光武帝中興漢室，爲一代明君，嚴光卻選在太平之世退隱，故受到船山的批評。基於儒家立場，船山對隱士的表彰，反而會著重於「退隱對社會的積極影響」這一點上，而與道家的隱逸觀大異其趣。〔註 111〕就船山看來，退隱只不過是實踐仁義之道的另一種方式罷了。船山所肯定的隱士，亦皆是高風亮節之人，除了身處亂世，不得已而退隱之外，其自身也具備不慕榮利的道德修養，及傳承以往的文化成果，成爲當時及後世的典範人物。先從船山認可的退隱之道談起：

> 天下有道，道在天下，則身從天下以從道。天下無道，道在其身，則以道愛身，而即爲天下愛道。……夫且使昏庸之主，知我之不以欣欣而動，弗得以我爲賴寵。夫且使邪佞之黨，見我之遲遲以進，弗得疑我之力爭。夫且使天下之士，惜其名節，念榮寵之非榮，而

〔註 110〕見〔明〕王夫之：《讀通鑑論》「漢光武帝」第 17 則，頁 231。

〔註 111〕儒道兩家對隱逸的態度有何差異，可參考〈儒家仕隱觀及其在中國隱士文化中的核心地位〉一文的分析。該文引《論語・泰伯》：「天下有道則見，無道則隱」，與《孟子・盡心上》：「窮則獨善其身，達則兼善天下」爲例，說明儒家思想本身就包含了進退兩方面，並沒有外借於道家消極無爲的純粹逃逸。基本上，儒家認爲入仕是士人應盡的義務，但如果有勢位的君主無法假借來行道的話，爲了堅持道德理想，就只有退隱了。一個有道的儒者，雖然不滿現實政治而退隱，但仍然必須堅守其化民成俗的社會責任和功能，憑其人格與道德在社會上發揮影響力。儒道兩家隱逸觀的不同，在於儒家基本上對社會持一種肯定的態度，他們把退隱看作是對道的維護和捍衛，但是他們對行道的可能性仍然抱有期望，在態度上是隱居等待時機，並沒有完全否定世俗社會。道家則更多地流露出對世俗政治社會的否定態度。見唐俐：〈儒家仕隱觀及其在中國隱士文化中的核心地位〉，《船山學刊》第 62 期（2006 年第 4 期），頁 92～94。

> 不辱身以輕試。夫且使四海之民，知世之方屯，隱忍以茹荼苦，而不早計升平，以觸苛虐而重其災。〔註 112〕

儒者在退隱時所守的道，與積極出仕時並無不同，但表現的方式則有差異。「天下有道」即天下太平之時，此時社會大體是依合理的秩序在運作，儒者必然會把握此一良機，透過現實政治、社會的改革，讓合理的秩序穩固化、完善化，仁義之道即在這些具體事爲上彰顯。這是積極出仕時儒者所守之道。「天下無道」即亂世，儒者即使有心從事現實面的改革，也收效甚微。這時便應該回歸自身，以個人內在的修養來彰顯仁義之道。如此一來，即使社會上有許多不合理的事，一般人仍能從儒者身上見到道之尊嚴，而對未來保持信心。這是消極退隱時儒者所守之道。

船山又進一步析論政局昏亂，權力由昏君、邪黨把持時，退隱產生的效用。就昏君來說，隱士辭退利祿，可讓昏君知道有些人無法以利祿收買，利祿之上還有更高的道德層次。就邪黨來說，隱士不積極追求功名，對小人不致構成威脅，可緩和激烈鬥爭的風氣。就天下之士來說，隱士可做爲學習效法的對象，養成重視名節勝過榮寵的心態。就四海之民來說，隱士謙退不爭的風範，可使百姓心志安定，先接受既有的現實，以免官民互相對立。

由上述幾項積極影響看來，船山強調的退隱之道，最主要在於「捨棄心中的權力欲望」這一點上。儒者出仕固然是爲了得君行道，而不是爭名逐利，但在出仕的過程中，其存心難免眞僞相雜、善惡難辨。退隱是徹底捨棄榮華富貴，可將內心最純粹的動機——對道義的渴求——展現出來，不參雜其他出自私心欲望的考量。以下就舉船山所表彰的三國隱士管寧爲例：

> 管寧在遼東，專講詩書、習俎豆，非學者勿見……天下不可一日廢者，道也；天下廢之，而存之者在我。故君子一日不可廢者，學也……見之功業者，雖廣而短；存之人心風俗者，雖狹而長。一日行之習之，而天地之心，昭垂於一日；一人聞之信之，而人禽之辨，立達於一人。其用之也隱，而摶捖清剛粹美之氣於兩間，陰以爲功於造化。君子自竭其才以盡人道之極致者，唯此爲務焉。有明王起，而因之敷其大用。即其不然，而天下分崩、人心晦否之日，獨握天樞以爭剝復，功亦大矣。由此言之，則漢末三國之天下，非劉、孫、

〔註 112〕見〔明〕王夫之：《宋論》「宋徽宗」第 1 則，頁 190～191。

曹氏之所能持，亦非荀悅、諸葛孔明之所能持，而寧持之也。〔註 113〕

三國時代戰亂不止、權詐盛行，士人多投靠地方割據勢力，積極參與政治、軍事謀略的運作。只有管寧隱居遼東，全心講習儒學。由《世說新語》記載的「割席絕交」故事，也可看出他不慕榮利、堅決與社會風氣劃清界線的節操。〔註 114〕這應是他多次拒絕君主徵召的原因。船山此處以管寧爲例，說明退隱不是逃避現實、捨棄責任，而有更崇高的理想。儒者的退隱表面上雖然是跳脫政治領域，在事功上沒有積極作爲，但「見之功業者，雖廣而短；存之人心風俗者，雖狹而長」，功業只是一時，道德教化與文化傳承（亦即所謂「道統」）才是更有價值、更值得儒者奮鬥的另一個「戰場」。在文化教養的世界裡，少了機詐鬥爭、求功求名，更能將爲道、爲學的眞實意義展現出來。

船山又以氣論解釋道德教化工作的價值，他認爲教化是「摶捖清剛粹美之氣於兩間」、「君子自竭其才以盡人道之極致」，呼應天地之道及吾人內在的良善本性，有澄清、啓迪社會風氣的積極作用，一旦「有明王起，而因之敷其大用」，接受儒學薰陶培育的人才，對明主的創業及治理，必有輔佐襄贊之功。即使如管寧身處三國時代，中國尚須歷經三百餘年動亂，其生前乃至身後都遇不到大有爲的明君，但「獨握天樞以爭剝復」，能把握住「道」的意涵，而與整個時代風氣抗衡，成爲未來太平盛世的先驅，這樣的見識和勇氣是很難能可貴、也很有貢獻的。所以船山認爲三國時代的「道」、整個時代的精神價值，並不在曹操、劉備這些英雄豪傑身上，也不在諸葛孔明等智謀之士身上，而是在管寧這類潛心講學的儒者身上。國家衰亡動亂時，只有退隱的君子可以將文化價值傳承下去，這才是立國之本。建功立業之人只是一時氣性生命之鼓動罷了。船山此一判斷是基於他的儒學信仰，很能展現儒家之道的莊嚴性，而亦可說是船山身處明清易代之際對自我的期許。

第四節　治國的原則

如同本論文一開始所說的，「亡國之痛」乃是促使船山思考政治問題的核心因素。爲什麼明帝國會徹底分崩離析，而被人口稀少、文化落後的滿清所

〔註 113〕見〔明〕王夫之：《讀通鑑論》「漢獻帝」第 6 則，頁 345～346。

〔註 114〕《世說新語・德行》：「管寧、華歆共園中鋤菜，見地有片金；管寧鋤與瓦石不異，華捉而擲去之。又嘗同席讀書，有乘軒冕過門者，寧讀如故，歆廢書出看；寧割席分坐，曰：『子非吾友也。』」

征服？由此開啓了船山對政治的全面探索：是制度設計不良？或執政者爭權奪利、道德敗壞？這些都是他試圖解答的問題，而在前面有詳細論述。除了人與制度的問題之外，還有另一層面是船山所重視的，那就是執政者在治理國家時，應秉持哪些原則？「治國的原則」既不同於具體的法令規章，也不純從執政者的動機之善惡著眼，而是在儒家德治的大前提下，探討執政者的想法、理念，並分析哪些想法、理念落實在制度上，是最有助於國家發展的？這可說是對儒家的德治觀念做進一步的展開。如同本論文第四章所說的，船山的政治觀念仍停留在傳統思維，未能基於主權在民的原理，構思國家的根本大法。以下先看船山條列出的基本國策：

> 事者，國事也。其本，君德也。其大用，治教政刑也。其急圖，邊疆也。其施於民者，視其所勤而休養之，視其所廢而修明之，拯其天災，懲其吏虐，以實措之安也。其登進夫士者，養其恬靜之心，用其方新之氣，拔之衡茅，而相勸以君子之實也。〔註115〕

以上可分爲（1）匡正君德；（2）修明政事；（3）固守邊疆；（4）與民斟酌損益，救災肅貪；（5）鎮靜士心，提拔賢才。其中以君德（而非憲法）爲最根本，可見船山所抱持的傳統立場。以下就先從「德治」與「法治」的問題談起，再看船山以「簡」爲德治之核心的主張。最後討論「簡」落實在制度上的具體運用：靜態結構面的「分層負責」，與動態發展面的「漸進改革」。

（一）德治先於法治

船山認爲治國的要點在「擇人而授法」，非「立法以課人」：

> 蓋擇人而授以法，使之遵焉，非立法以課人，必使與科條相應，非是者罰也。……才之有偏勝也，時之有盈詘也，事之有緩急也，九州之風土各有利病也。等天下而理之，均難易而責之，齊險易豐凶而限之，可爲也而憚於爲，不可爲也而強爲塗飾以應上之所求，天下之不亂也幾何矣！〔註116〕

船山所論乃出於傳統儒家「尊賢」的原則。尊賢、人治不是不要法（如船山所說，擇人之後還要授以法），而是以主政者的道德良窳做爲善政的根本關鍵，客觀的法只居於輔助地位，用來協助君主進行統治而已。這一觀念與現代「法治」有很大差異。船山於此又進一步說明他支持人治的理由：中國幅

〔註115〕見〔明〕王夫之：《宋論》「宋哲宗」第4則，頁186。
〔註116〕見〔明〕王夫之：《讀通鑑論》「三國」第23則，頁397～398。

員遼闊，各地狀況千差萬別，古代交通、通訊等科技又不發達，全國極難通行一致的法律，而須給予各地官員自由裁量的空間。如果強求一致，只會導致官員作假、敷衍以應付上級要求，風氣更惡劣。船山對法律的了解，實停留在統治工具層次，未能構思國家組成的原理及民主憲政，這是船山思考的不足之處。由以下引文，亦可看出船山懷疑「法治」的價值，強調「人」才是爲政之本：

> 立法之始，上昭明之，下敬守之，國受其益，人受其賜。已而奉行者非人，假其所寬以便其弛，假其所嚴以售其苛，則弊生於其閒，而民且困矣。
>
> 立法之始，刻意而行之，令必其行，禁必其止，怨怒積於下而不敢違，已而亦成故事矣。牧守令長之賢者，可與士民通議委曲，以苟如其期會而止，而不必盡如其法。〔註117〕

法律的好壞並非政治修明的關鍵，即使有善法，如果交給小人執行，也容易做有利於自己的解釋，導致弊病叢生。即使有惡法，如果交給賢者執行，對於法律當中虐民擾民的部分，也可以彈性調整，不必盡合原法。

筆者認爲，小人對法的執行與運用固然容易徇私，但現代民主政治，憲法當中有「分權制衡」原則，不將所有權力集中於一人之手，而是分成行政、立法、司法三部分，即使其中一權遭到濫用，還有另外兩權糾正其偏差。立法由大眾普選出的眾多議員負責。司法也有一定的訴訟程序。所有權力都受到操控的機率很低，故可說是最能約束濫權、保障個人權利的制度。賢者雖然能夠補充法律制度的不足，傳統文化對執政者道德操守的要求，也是對權力濫用的一種柔性約束，但依靠的仍是個人的道德風範，一來賢者認同的價值未必與大眾一致，二來賢者退位後，善政就難以爲繼，個人的權利仍無法獲得充分保障。如果政治是眾人之事，是爲了保障個人權利，那麼我們不應當依靠不穩定、隨時在變動中的執政者品格，而應該以完善法律制度爲著眼點，故法治實優於人治。

以上所述涉及國家構成的原理，如果國家的構成是爲了教化百姓，固然可以統治者的品格爲主；但如果我們承認，國家的組成是爲了保障人權，則法治是較人治更能達成此目標。現實上各國憲法乃至國內的普通法，容或可做種種調整、有不同規定，但背後的根本精神，都是保障個人的基本權利。

〔註117〕見〔明〕王夫之：《宋論》「宋徽宗」第2則，頁192。

船山所說的地方差異、科技落後，還可加上經濟窮困、教育不普及、人民普遍不具備一定的政治素養等，這些現實條件固然會限制、阻礙法治的完善推行，但在國家構成原理上，仍須做一討論、判斷，以決定在現實條件漸次改善後，國家體制的走向。船山於此實未能透入。

與船山同時代的黃宗羲，對政治上的根本原理有較多思考，重新闡發孟子的「民本」思想，提出「天下爲主，君爲客」〔註 118〕、官員應當「爲天下，非爲君也；爲萬民，非爲一姓也」〔註 119〕，「天子之所是未必是，天子之所非未必非」〔註 120〕、「有治法而後有治人」〔註 121〕、「必使治天下之具皆出於學校」、「公其非是於學校」〔註 122〕（如今之議會）等觀點，較船山更進一步。但黃宗羲未由此構思一套保障民權的憲政制度；且除孟子與黃宗羲外，亦少有儒者詳細闡發民本思想，這可說是傳統儒家政治思想的限制。〔註 123〕

（二）治國之道在「簡」

船山在史論中對治國之道雖然沒有系統性的論述，而多是隨史事加以評點，但細察其說，仍可歸納出「簡」爲首要原則。依照錢穆先生的研究，亦以「簡」爲船山論爲政最要之綱領。〔註 124〕船山認爲「簡」的精神在中庸客

〔註 118〕見〔明〕黃宗羲：《明夷待訪錄・原君》。

〔註 119〕見〔明〕黃宗羲：《明夷待訪錄・原臣》。

〔註 120〕見〔明〕黃宗羲：《明夷待訪錄・學校》。

〔註 121〕見〔明〕黃宗羲：《明夷待訪錄・原法》。

〔註 122〕見〔明〕黃宗羲：《明夷待訪錄・學校》。

〔註 123〕傳統儒家之所以未對政治制度層面進行更多探索，原因或許不在儒家內部，而是受到來自外部君主專制的影響。現代學者認爲：「制度作爲解決問題的方案必須滿足某些前提條件，首先……制度在制度在利益妥協的時候最容易產生。這要求不同的利益集團有妥協的意願和需要，而其中的一個必要條件是各利益集團的實力大致均等。如果某個集團的實力大大超過其它集團……它完全可以通過實力乃至暴力奪取全部利益。」「其次，代表不同利益的各方必須是獨立和最高的，在他們之上不存在一個合法性更高的仲裁者；否則，這個仲裁者的直接干預將是比制度更爲方便的解決方案，更何況它一般不會允許其下屬通過制度創新來自行解決糾紛，依附於最高權力的下屬也不會有足夠的動機或膽識自行建立制度來解決衝突。中國歷代都有一個至高無上的皇帝，因而朝廷的各派力量不會首先想到在他們之間通過建立制度來解決矛盾，而他們確實也沒有這個權力；他們會首先爭相和皇帝『搞好關係』，通過皇帝的力量來打擊壓制對立的派別。」君主具有不受限制的權力，阻礙了法治的建立。見張千帆：〈中國憲政文化與制度建構的反思〉，《法制與社會發展》2009 年第 6 期總第 90 期（2009 年 12 月），頁 24。

〔註 124〕見錢穆：《中國近三百年學術史》上冊，頁 131。

觀，只有中庸客觀才能將國家治理好：

> 夫流俗之好尚，政教相隨以濫；禮文之緣飾，精意易以相蒙；兩者各有小著之效，而後先王移風易俗、緣情定禮之令德，永息於天下。救之者其惟簡乎！〔註125〕

此處船山以代表庶民階級的「流俗」，與統治階級的「禮文」做對比，認爲兩者各偏一端，而必須取其中，這中道即是「簡」。「簡」既不是盲從大眾喜好，也不是講究繁文縟節，而是把握執政的大方向、大綱領。

> 老氏以慈爲寶，以無爲爲正，言治言學者所諱也。乃若君子之言，曰寬、曰簡、曰不忍人、曰哀矜而勿喜，自與老氏之旨趣相似而固不同科，如之何以羞惡是非之激發妨其惻隱邪？
>
> 絕人之腰領，死者不可復生矣；輕人之竄逐，棄者不可復收矣；壞人之名節，辱者不可復榮矣。唯夫大無道者，怙終放恣，自趨死而非我殺之，自貽辱而非我辱之，無所容其欽恤耳。苟其不然，於法之中，字櫛而句比之；於法之外，言吹而行索之；酒漿婢妾之失，陷以終身，當世之有全人者，其能幾也？
>
> 夫曰寬、曰不忍、曰哀矜，皆帝王用法之精意，然疑於縱弛藏姦而不可專用。以要言之，唯簡其至矣乎！〔註126〕

船山的「簡」與老子的「慈」頗爲相近，都強調主政者對百姓的仁慈照顧。當然船山是站在儒家立場，強調「寬、簡、不忍、哀矜勿喜」是儒家本有的義理，不需要借用老子的「慈」。法律是出於「羞惡、是非之心」的剛性判斷，但船山認爲柔性的「惻隱之心」才是爲政之本。船山的「簡」包含革除嚴刑峻法之意，刑罰對臣民的傷害是很大的，有時甚至無法補救，故主政者在用刑時應抱持謹愼態度，不可吹毛求疵或羅織罪狀，這也是傳統儒家「仁政」、「仁民愛物」精神的表現。但如果以「寬、不忍、哀矜」爲宗旨，又易落入另一極端，即「縱弛藏姦」，立法與執法太過寬鬆，使眞正的壞人無法受到懲罰。故「簡」的另一方面是切實執行某些最基本、最重要的法令，如此既能保障百姓安寧，也不會使百姓動輒得咎了。以上是從「中庸」來說，至於「客觀」，船山有如下論述：

> 亦既見爲可爲而爲之，見爲可言而言之，則孰遽背其初心而自相刺

〔註125〕見〔明〕王夫之：《讀通鑑論》「漢宣帝」第14則，頁168。
〔註126〕見〔明〕王夫之：《讀通鑑論》「唐玄宗」第1則，頁827～828。

戾？見可愛而移，見可憎而止，而後心不能以自保，寧棄信也，且以快一時之情也。愛憎者，非以順物，而求物之順己也……順己者，愛之而賞釀；逆己者，憎之而罰濫。

暠之戒諸子曰：「從政者審愼賞罰，勿任愛憎，折獄必和顏任理，用人無間於新舊，計近不足，經遠有餘。」……推此心也，可以創業垂統、貽百世之休矣。〔註127〕

李暠是唐朝皇室的祖先，以「勿任愛憎」爲家訓。船山認爲這是王者的修養，足以立一代基業。道德實踐的初心人人都有，但很容易受愛憎干擾而滑轉，順從自己的喜好來評價別人的言行，只接受讚美而否定批評。故治國的原則也包含從客觀、理性的立場來看待問題，排除個人喜好的影響，方能做到大公無私，不致過賞或濫罰。

諸葛之相先主也，淡泊寧靜，尚矣。而與先主皆染申、韓之習，則且與曹氏德齊而莫能相尙。三代以下之材，求有如顧雍者鮮矣。寡言愼動，用人惟其能而無適莫；恤民之利病，密言於上而不衒其恩威；黜小利小功，罷邊將便宜之策，以圖其遠大。〔註128〕

「靜」也是指謹言愼行、深謀遠慮，而能排除個人喜好之意。船山對諸葛亮的評價，認爲他主張「淡泊寧靜」是正確的，亦很欣賞他興復漢室的抱負、節操〔註129〕，但諸葛亮仍沾染了法家的煩苛氣息。東吳丞相顧雍，才是船山心中最傑出的人才。

（三）分層負責

在古代專制政治下，權力的運作不以客觀制度的規範爲主。皇帝理論上雖然有無限權力，實際上卻必須時時提防底下的大臣，避免奪權篡位，方能推行自己的政治主張。歷史上許多政治鬥爭，都是起於皇帝勾結身邊的親信（宦官、外戚等），而與朝臣相互對抗。皇帝不能信任大臣，只好事必躬親，虛化、弱化大臣的職權。船山很反對這種做法，他認爲皇帝或執政者過度專

〔註127〕見〔明〕王夫之：《讀通鑑論》「晉安帝」第11則，頁532。

〔註128〕見〔明〕王夫之：《讀通鑑論》「三國」第7則，頁380。

〔註129〕船山認爲諸葛亮輔佐蜀漢是「忘身以遂志」，「公之心，必欲存漢者也，必欲滅曹者也」，但「上非再造之君，下無分猷之士」，「公懷心而不能言，誠千秋之遺憾與！」並認爲諸葛亮之攬權，「非好爲煩苛以競長而自敝」，乃是蜀漢人才不足之故。對諸葛亮的遭遇表達深刻的同情與惋惜。見〔明〕王夫之：《讀通鑑論》「三國」第4則，頁377～378。

權，必然會導致行政效能低落；只有充分授權、分層負責，才能簡化政事的處理。而這就必須以皇帝對臣民的信任爲前提：

1. 基本原則——信任

> 以疑而能不召亂亡之禍者無有。天下皆以爲疑己矣，而孰親之？其假以防疑者，且幸己之不見疑而窺其疏以乘之；無可親而但相乘，於是而庸人之疑，終古而不釋。道不足於己，則先自疑於心；心不自保，而天下舉無可信，兄弟也，臣僚也，編氓也，皆可疑者也。以一人之疑敵天下，而謂智計之可恃以防，其愚不可瘳，其禍不可救矣。〔註130〕

船山以「疑」爲亂亡之源，「疑」是指君主對臣民的猜忌。對於朝廷中的各政治集團，皇帝會與朝廷當中的某一政治集團結盟，制衡其他集團以鞏固皇權。船山對這種權謀心態不以爲然，他認爲無論皇帝信任哪個集團，都還是有可能篡奪皇權；皇帝的智謀仍屬有限，不可能完全掌控天下人。船山於此再次訴諸皇帝個人的道德修養，認爲皇帝應該推誠佈公，對傳統文化及制度所賦予他的權力及臣民的效忠有足夠的信心，摒除私心與臣民通力合作，才是正途。這裡又突顯了船山「人治」思維的困境。君主之所以猜忌臣民，主因在於沒有建立一套合理、透明、完善的憲政制度，限制權力的取得與運用，使君主與臣民皆能獲得保障。政治鬥爭中的失敗者，小則流放，大則誅戮，當然人人自危而缺乏信任。〔註131〕道德修養必須客觀化而落實爲制度的建立，方能解決奪權鬥爭的問題，不能片面強調內在修養。

> 國家之政，見爲利而亟興之，則姦因以售；見爲害而亟除之，則眾競於囂。故大臣之道，徐以相事會之宜，靜以需眾志之定，恆若有所俟而不遽，乃以熟嘗其條理，而建不可拔之基。志有所憤，不敢怒張也；學有所得，不敢姑試也。受政之初，人望未歸；得君之始，上情未獲；則抑養以沖和，持以審固，泊乎若無所營，淵乎若不可

〔註130〕見〔明〕王夫之：《讀通鑑論》「晉武帝」第9則，頁425。

〔註131〕現代西方學者以問卷調查的方式進行統計分析，發現在民主制度長期穩定的國家裡（如英美兩國），人與人之間互相信任的程度，比民主發展歷史較短的國家（如德國、義大利、墨西哥）來得高。見亞爾蒙（Gabriel A. Almond）、維巴（Sidney Verba）著，張明澍譯：《公民文化》（台北：五南，1996年），頁233～271。人與人之間的互信，有助於民主制度的穩固；反過來說，制度的保障也使人對社會上陌生的公民更有信心。

> 測，而後斟酌飽滿，以爲社稷生民謝無疆之恤。期月三年之神化，固未可爲大賢以下幾幸也。乃秉政未久，而已離乎位矣。欲行者未之能行，欲已者未之能已，授之他人，而局又爲之一變。勿論其君子小人之迭進，而萬稗竊嘉穀之膏雨也。均爲小人，而遞相傾者，機械後起而益深；均爲君子，而所學異者，議論相雜而不調。以兩不相謀之善敗，共圖一事之始終，條緒判於咫尋，而得失差以千里。夫爰立作相者，非驟起衡茅、初登仕版者也……則可不可決之於早，既任之而固可勿疑；奚待歷事已還，而始謀其進退。故善用大臣者，必使久於其任，而後國是以不迷，君心以不眩。〔註132〕

船山認爲最好的改革是漸進改革，但漸進改革的特質是速度慢，需經過長期努力才能看出政績。故皇帝在任用大臣進行改革時，應給大臣充足的時間，不要輕易更動，以免大臣急功近利。如果前後任大臣都是小人，後起者身爲政治鬥爭當中的勝利者，手段自然更加陰險毒辣；即使前後任大臣都是君子，君子之間的價値認同及施政順序也未必一致，導致政府政策朝令夕改，沒有一項改革能徹底落實。大臣能長久在位，關鍵在君主的信任。皇帝在任用宰相前必須審愼考慮，士人擔任宰相前也要經過長期歷練，以實際表現證明其才幹。宰相上任之後就應充分授權，避免猜忌鬥爭，施政才能有效。

2. 權力分配

從執政者在心態上信任臣民出發，船山認爲下級要服從上級，上級則應充分尊重下級的職權；君主、大臣與地方官吏各司其職，如今之「科層制」〔註133〕，避免發生越權或奪權的現象：

> 牧帥聽於大臣，大臣聽於天子，綱也；天子諮之大臣，大臣任之牧帥，紀也。天子之職，唯愼選大臣而與之簡擇牧帥。既得其人而任

〔註132〕見〔明〕王夫之：《宋論》「宋太宗」第10則，頁69～70。

〔註133〕「科層制」是一種理性化的管理組織結構，依照馬克斯・韋伯（Max Weber）的分析，科層制具有「專業分工」、「層級體制」、「依法辦事」、「非人性化」、「量才用人」等特點。組織內每個單位、職員有固定的職務分配，以法令明確規定每一個人的權力和責任。職員的地位依照等級劃分，下層對上層負責，服從上層命令，受上層監督。上級對屬下的指示與監督，不能超過規定職能的範圍。見馬克斯・韋伯著，林榮遠譯：《經濟與社會》上冊（北京：商務印書館，1997年），第三章「統治的類型」第二節「設有官僚行政管理班子的合法型統治」，頁242～251。

以郡邑之治矣，則刑賞予奪一聽大臣。〔註 134〕

「牧帥」指地方官員與守將，地方官員聽從中央官員的指揮，中央官員服從君主的命令，這是「綱」。皇帝諮詢中央官員對政策的看法，中央官員信任地方官員對政策的執行，這是「紀」。「綱紀」就是一套嚴格的權力層級架構。天子只能在既定的職權範圍內，愼選大臣並與大臣商量決定牧帥人選，如果地方官員失職，則由大臣處置。天子不可任意越權，直接干預地方人事、行政。

> 宰相無權，則天下無綱，天下無綱而不亂者，未之或有。權者，天子之大用也。而提權以爲天下重輕，則唯愼於論相而進退之。相得其人，則宰相之權，即天子之權，挈大綱以振天下，易矣。宰相無權，人才不繇以進，國事不適爲主，奚用宰相哉？奉行條例，畫敕以行，莫違其式而已……苟且塗飾以應條例，而封疆之安危，群有司之賢不肖，百姓之生死利病，交相委也，抑互相容以雠其姦也……而天子方自以爲聰明，徧察細大，咸受成焉，夫天子亦惡能及此哉？上攬權則下避權，而權歸於宵小。天子爲宵小行喜怒，而臣民率無以自容。〔註 135〕

船山十分強調皇帝必須倚靠並信賴由文官組成的政府來進行統治，形成上下層級分明、井然有序的社會結構。每一個人都必須遵守其身分所定義的職權而不可亂。這一原則不僅限制臣民，同時也限制君主。君主雖然理論上擁有最終決定權，但如果獨佔一切權力而不與宰相領導的文官政府分享，就違反了船山心中的政治基本原理。船山提出兩點理由支持君主充分授權給宰相的必要性：（一）皇帝能力有限，不可能憑一人之力掌握龐雜的政事，終究需要旁人輔佐。如果不信任法律上負責行政的官員，便只有依靠親近之人，而破壞了體制。〔註 136〕（二）宰相的職責是居於政府各部門之上，以通盤眼光衡

〔註 134〕見〔明〕王夫之：《讀通鑑論》「唐懿宗」第 2 則，頁 1028。

〔註 135〕見〔明〕王夫之：《讀通鑑論》「唐宣宗」第 4 則，頁 1016～1017。

〔註 136〕船山此說可能有暗諷明代政治之意。據現代學者薩孟武研究，明太祖革去中書省，六部直接隸屬於天子之後，天子威柄自操，不假宰相。成化以後，天子深居宮中，不見朝臣，於是傳遞章奏，宣示詔令，不得不假手於閹宦。依歷史所示，凡有傳遞章奏之權，常得審查章奏，而干涉大臣之行政。雖然仁宗以後，設置內閣，閣臣之中且有首輔。但首輔與丞相不同，丞相是法律上的官制，首輔凡事皆須取旨，由首輔票擬，而後批硃施行。故必須迎合天子之意旨。見薩孟武：《中國社會政治史》第四冊（台北：三民書局，1986 年），

量國家發展方向、推行改革。如果宰相不能發揮作用，各部門官員只會墨守成規、推卸責任，導致政治腐敗。

> 而宣宗之爲君也不然……至於州縣之長，皆自我用焉，而抑不能周知其人，則微行竊聽，以里巷之謠詠爲朝章……於是刑賞予奪之權，一聽之里巷之民。而大臣牧帥皆尸位於中，無所獻替。民乃曰此裒然而爲吾之長吏者，榮辱生死皆操之我，天子而既許我矣。其黠者，得自達於天子，則訐奏而忿以洩，姦亦以讎；其很者，不能自達，則聚眾號呼，逐之而已。〔註 137〕

唐宣宗對正式的官僚體制缺乏信心，認爲應該繞過中間層級，直接徵詢民意以決定地方官員人選，干預地方政事。這帶有一種民粹〔註 138〕的傾向，與船山的原則互相衝突。如果地方官員的任命聽從民意，一旦官員失職，人民能否揭竿而起？天子失職，人民能否推翻？如果可以，強調上下尊卑的社會倫理與政治秩序，就會全盤顛倒、破壞，導致國家的動亂。這裡又顯現船山「分層負責制」的困境。雖然船山認爲君主與各級官員應該遵守體制，不宜越權，但如果君主昏庸，或如唐宣宗一樣過於有爲，或地方官員失職，便缺乏一套透明、合理的程序，來更換主政者。由於皇帝有不受限制的權力，故只能期待皇帝本身的善意，而這是沒有一定保障的。故船山的分層負責，還必須與「主權在民」及憲政制度結合起來，如西哲康德所說：

> 有些涉及群體利益的事務需要某種體制，藉著這種體制，該群體底若干成員必須只是被動地行事，以便政府經由一種人爲的協調使他們爲公共目的而服務，或者至少防止他們破壞這些目的。在此當然不容許用理性思考，而是我們必須服從。但只要該體制底這部分人同時也自視爲整個群體底成員、甚至世界公民底社會之成員，因而擁有學者底身分，以著作面對公眾，他們便的確可用理性思考，而不致因此損害到他們在部分時間以被動成員底身分所從事的事務。〔註 139〕

頁 381 與 384。黃宗羲與王船山對於明代廢除宰相制度，也都明白表示過反對。詳見第八章第二節之討論。

〔註 137〕見〔明〕王夫之：《讀通鑑論》「唐懿宗」第 2 則，頁 1028～1029。

〔註 138〕民粹是一種人民不滿現狀的意識形態，民粹主義者往往認爲菁英階級所代表的統治團體，既腐化又墮落，因此寧願要人民相信自己，也不願相信這套制度，所以民粹主要的特質就是對政府的怨懟。

〔註 139〕見康德（Immanuel Kant）著，李明輝譯：《康德歷史哲學論文集》（台北：聯經，2002 年），頁 29～30。

如此一來，人民及各級官員既能夠服從統治者，形成分層負責、層層節制的體系，以維護國家的穩定；同時底層人民也能自由地思考、發言，糾正上級官員的缺失，甚至以民主選舉的方式迫使統治者下台，以達成約束政府權力的效果。政府與人民相互制衡，這比起船山僅從上下層級角度著眼，是更爲完善的。

（四）漸進改革

中國歷史上有數次重大改革，涉及基本國策的變更，如商鞅、王安石等，通常以「變法」稱之。這類改革由於牽涉層面過大、過廣，常產生不可預料的複雜後果，違背尚「簡」原則，故船山對變法多持懷疑、批判立場，而較贊成漸進式的改革：

> 國家當創業之始，繇亂而治，則必有所興革，以爲一代之規。其所興革不足以爲規一代者，則必速亡。非然，則略而不詳、因陋而不文、保弱而不競者，皆有深意存焉。君德、民心、時會之所湊，適可至於是；既至於是，而亦足以持國於不衰。
>
> 法之必敝矣，非鼎革之時，愈改之，則弊愈叢生。苟循其故常，吏雖貪冒，無改法之可乘，不能託名蹌分以巧爲吹索。士雖浮靡，無意指之可窺，不能逢迎揣摩以利其詭遇。民雖彊可淩弱，無以啓之，則無訐訟之興以兩俱受斃，俾富者貧而貧者死。兵雖名在實亡，無以亂之，則無游惰之民以梟張而起，進則爲兵而退則爲盜。〔註140〕

船山認爲開國時的制度，必是順應當時需要、革除前朝弊病而創立。一朝代能夠長時間維持，制度必然有其適應環境的合理性。這合理性包含君德、民心、時勢等，並非某人可完全了解、掌握，而是無數人相互作用、共同努力的成果，才成爲社會大眾共同認可的習慣。捨棄現有成果，以一人或少數人的聰明才智，對制度進行全盤變更，將會產生許多難以掌控的後果。比如某些人掌握了變法的最高權力，底下的官吏、士大夫就會趁機向主事者拍馬逢迎，以謀求個人的政治利益。如歷史上的王安石與張居正變法，雖然整頓了財政，卻也因爲黨同伐異、任用私人而遭致許多批評。上行下效，官員如此，地方豪強自然起而效之，破壞社會原本存在的道德價值與政治秩序，導致國家加速滅亡。可見船山是非常尊重傳統，肯定既有制度的價值的。

〔註140〕見〔明〕王夫之：《宋論》「宋仁宗」第2則，頁108～109。

第五節　進諫的藝術

在政治制度、個人修養、治國方針皆臻完善後，船山還討論到「諫」，也就是如何將自己的政治意見表達出來的問題。「諫」在中國古代的政治當中是一項重要傳統，意爲對君主或尊長的言行提出批評或勸告。擴大言之，官員對國家各項政策，發表個人見解、提出改進的建議或解決問題的方案，也都可稱爲「諫」。政治爲眾人之事，面對千頭萬緒的政事，必然需要集思廣益、廣納言論，施政才能完善。但船山基於傳統儒學的立場，對「言論」又抱持較謹慎的態度，不認爲要藉由公眾意見來決定大政方針，而是在施政方向確定後，做爲補偏救弊之用。

古代原有專門負責發表言論、批評時政的「諫官」，這項制度上的設計，本論文第四章第三節「中央政府」已有論及，不再重複。本節將重點放在大臣進諫時的個人修養上，船山在此仍秉持傳統士大夫的「風骨」，認爲應有不畏權勢、犯言直諫的勇氣。船山本人在南明朝廷任官時，也親自實踐這項主張，上書揭發奸臣罪狀，並且爲此身陷囹圄、憤激咳血。〔註 141〕但明代「上下交爭」〔註 142〕的政治文化，「議論未定，兵已渡河」〔註 143〕，喜歡相互攻擊而不尚實務的風氣，又爲船山所厭棄。〔註 144〕因此船山在進諫者的身分、進諫對象、進諫的心態與內容上，都有許多限定，從中也可看出他的進諫藝術。以下就從這幾方面來論析。

〔註 141〕見本論文第一章第三節。

〔註 142〕參考第五章第三節（一）「出仕的判斷原則」之說明。

〔註 143〕多爾袞〈致史可法書〉：「輓近士大夫，好高樹名義而不顧國家之急。每有大事，輒同築舍。昔宋人議論未定，兵已渡河，可爲殷鑒。」

〔註 144〕船山對「諫」的討論，雖是就史事而發，但也可能隱含有回應明代進諫風氣的用心在。依學者研究，明代官員敢言之風盛行，歷代對進諫設置的種種規律，在明代均被打破。不揚君父之惡和「非禮勿言」的戒律被晚明責罵君主的官員所打破；思不出位的戒律被除言官外不負言責的大小官員的進諫所打破；嚴禁臣下「不唱而和」的戒律被官員們群體進諫、互相聲援所打破；「不可則止」的戒律被類似正德朝蔣欽一而再、再而三的接連進諫、雖死無悔的官員所打破。見蔡明倫：〈明代官員進諫模式及其特點〉，《北京聯合大學學報（人文社會科學版）》第 7 卷第 4 期總 26 期（2009 年 11 月），頁 62～68。就船山的史論來看，他一方面肯定士人直言無隱、犯顏直諫的精神，另一方面卻也對上述的進諫風氣抱持疑慮，認爲進諫容易流於意氣之爭。對於大小官員皆可進諫，更明確表示反對。可見船山對「諫」的態度是謹慎的。

（一）進諫者的身分

就身分來說，船山認爲只有職權較廣的大臣，或主其事者提出諫言才恰當；小臣或主事者以外的官員發言，代表政局紊亂。批評時政是大臣分內之事，爲了完成職責，即使犧牲生命也在所不惜。如下所示：

> 大臣不言，而疏遠之小臣諫，其國必亡。小臣者，權不足以相正，情不足以相接，驟而有言，言之婉，則置之若無，言之激，則必逢其怒……大臣者，苟非窮凶極悖之主，不能輕殺也，故言可激也；苟非菽麥不辨之主，從容乘牖以入，故言可婉也；大臣秉正於上，而小臣亦恃之以敢言，然後可切言之，以曲成大臣之婉論，交相須也，而所恃者終大臣也。〔註 145〕

船山認爲小臣的越級上諫，是亡國的徵兆之一。小臣人微言輕，發表委婉的言論，很難引起注意；言論太激烈，又容易觸怒君主。大臣位高權重，可收一言九鼎之效。針對君主的言行及政治決策提出批評，本就是大臣的職責，即使觸怒君主，也不容易被殺。小臣不是不能發言，而是應該等大臣發言後再附議。但如果大臣怠惰昏庸，又該如何應對？船山說：「夫大臣既導君以必亡矣，則爲小臣者將何如而可哉？去而已矣。」〔註 146〕船山的主張似嫌消極，但如前文所述，缺少大臣居間調和，小臣的憤激之言，是更容易造成君主壓制言論、君臣之間的嚴重對立。故船山此說實是基於國家穩定和諧及保全小臣的考量，有一定的合理性。

> 子曰：「不在其位，不謀其政。」夫士苟有當世之略，一言而可弭無窮之禍，雖非在位，庶幾見用而天下蒙其休，何爲其祕之哉？而孰知其固不可也。言之不切，而人習以爲迂遠之談而不聽；言之切而見用矣，天下測其所以然，而且以其智力與上相扞格；如其不用也，則適以啓姦邪而導之以極其凶忒矣。〔註 147〕

孔子說：「不在其位，不謀其政。」船山認爲孔子此言是說士人即使有治國的策略，如果未擔任主其事的官員，也不宜直接將策略說出。儘管這策略有弭平禍亂、安邦定國的效果，但如果未能痛切針砭時局，容易被人視作清談而忽略。如果言論能切中要害，獲得上級採用，既然已在大庭廣眾下說出，在

〔註 145〕見〔明〕王夫之：《讀通鑑論》「陳後主」第 1 則，頁 693。
〔註 146〕同上。
〔註 147〕見〔明〕王夫之：《讀通鑑論》「晉武帝」第 14 則，頁 431。

實行策略時便容易遭受各方勢力抗拒。如果不被採用，則正好給小人提防之機，禍害更大。原本立意良善的策略，如果過早說出，反而無法達成預期的效果。可見不將謀略說出有其道理。

船山認爲士人不宜對自己職權範圍以外的事務放言高論。鼓勵發言雖可收集思廣益之效，但人性或組織當中都有陰暗面的存在。如果士人執掌權力，其主張可直接落實爲政策，固然可以壓制、摒除姦邪干擾。但如果士人無此職權，而又將自己的想法、主張坦白說出的話，無論是否獲得上級採用，都會受同僚排擠或爲姦邪所用。筆者認爲，船山此說是建立在對政治現實有清醒認識的基礎上的，有一定的合理性；但仍要肯定透過公開討論、截長補短，得以逐步改善政治等較爲樂觀的可能。政治既爲眾人之事，無論官位高低或職權爲何，皆相互影響，即令聖君賢相亦無法悉數掌握。由眾人共同參與，自不同觀點提供意見，亦爲應有之義，而不能過度強調位階與職權。〔註 148〕

> 傳春秋者，謂非貴戚之卿則去，亦據侯國之有世臣者言耳。後世同姓之支庶，食祿而不與國政，天子所倚爲心膂股肱者，皆艸茅之士也，將誰諉而可哉？故諸君子之或竄或死而不去以全身也，不繫乎君之可諫與否也。〔註 149〕

船山認爲封建制與郡縣制「君臣之義」的標準不同。封建制下有「世臣」的存在，即由世襲貴族擔任大臣，世襲貴族又分兩類，一是貴戚之卿，即與國君有親屬關係者；一是異姓之卿，即分封的功臣及其後代。〔註 150〕封建制下國君與大臣的地位較爲平等，國君不聽勸諫，與國君無親屬關係的「異姓之卿」可辭職返家，管理自己的領地；將勸諫甚至更換國君的工作，交給「貴戚之卿」負責。但秦漢以後的大一統帝國，皇帝的親屬通常只享俸祿而沒有實際政治權力，官員的身分也由諸侯家臣變成國家官僚機構的一員。治國的重任完全由全國各地選拔出的士大夫承擔，可說責無旁貸。故即使進諫效果有限，甚至惹來殺身之禍，也要秉持風骨、直諫到底。當然船山此處所論是

〔註 148〕此處可參考本論文第五章第三節有關「分層負責」的論述。

〔註 149〕見〔明〕王夫之：《讀通鑑論》「唐懿宗」第 5 則，頁 1034～1035。

〔註 150〕《孟子‧萬章下》有一段關於「貴戚之卿」與「異姓之卿」的記載：「齊宣王問卿。孟子曰：『王何卿之問也？』王曰：『卿不同乎？』曰：『不同。有貴戚之卿，有異姓之卿。』王曰：『請問貴戚之卿。』曰：『君有大過則諫，反覆之而不聽，則易位。』王勃然變乎色。曰：『王勿異也。王問臣，臣不敢不以正對。』王色定，然後請問異姓之卿。曰：『君有過則諫，反覆之而不聽，則去。』」

指大臣、重臣而言，小臣如前所述，如果沒有機會發言，仍以退隱爲宜。

（二）進諫的對象

就進諫對象來說，船山認爲對父母宜委婉，對君主宜直接：

> 子日侍父母之側，諫雖不切，而娓娓以繼進，父母雖愎，亦無如其旦夕不相舍者何，而終必從之；非君之進見有時，言不伸而君且置之者也。父母之過，無安危存亡決於俄頃之大機……君操宗社生民之大命……一失而貽九州億萬姓百年死亡之禍，待之宛轉徐圖，雖他日聽之而悔無及矣。父母之過，即有導諛之者……其飾非簧惑之智，不能淩我而出其上；微言而告父母以所未覺，彼未能結黨強辯以折我。君而不善，則聚天下之僻而辯、巧而悍者，稱天人、假理勢以抗我；而孤忠固憂其不勝，微言如吶，奪之者喧豗，而氣且爲奪矣。凡此數者，諫父母易，而諫君難。處其難，而柔顏抑氣、操瓦全之心，以若吐若茹、而伺君之顏色，此懷祿固寵之便計，其爲小人之道也無疑。〔註151〕

船山認爲父母與君主的性質不同：（一）父母朝夕相處，可從長計議，接近君主的機會卻不多。（二）父母的影響限於一家，君主決策失誤卻會殃及全民，故發言不得不直接、迅速。（三）父母、子女有天倫之愛，外人不易介入；勸諫君主卻同時要對付許多結黨營私的小人，進諫者氣勢要更盛。所以船山反對以諫父母的態度來對待君主，這一主張是很合理的，也很能展現傳統士大夫的風骨。但之所以會出現「委婉勸諫君主」的主張，一部分固然如船山所說，是爲了鞏固寵祿；另一部分卻也是在君主專制壓迫下，士人在「道義」與「保身」之間，所做出的不得已選擇。〔註152〕

（三）進諫的內容

就進諫內容來說，船山認爲重點不在對某人或特定政策的消極批評，而應以治國常道、重大問題爲主，並且提出解決問題的具體措施；不可空談理

〔註151〕見〔明〕王夫之：《讀通鑑論》「晉懷帝」第8則，頁455～456。

〔註152〕依照學者研究，中國古代社會雖然提倡「忠言逆耳」，將死諫式的直諫看作是爲臣的楷模，但被大多數論諫者所推崇的進諫方式仍爲諷諫（委婉勸諫），主要原因有二：（一）諷諫委婉含蓄，講究策略技巧，相對而言易取得進諫的實際效果；（二）諷諫不「顯暴君過」，不做「激切之言」，使進諫者有可能「遠罪避害」。見袁禮華、王華蘭：〈論諷諫藝術及其歷史局限性〉，《南昌大學學報（人文社會科學版）》第41卷第5期（2010年9月），頁130～134。

想，或吹毛求疵、抹黑造謠。如下所示：

> 君子出所學以事主，與激於時事之非而強諫之臣異。以諫爲道者，攻時之弊，而不恤矯枉之偏。以學事主者，規之以中正之常經，則可正本以達其義類，而裁成剛柔一偏之病；主即不悟，猶可以保其大綱而不亂。〔註153〕

船山認爲勸諫之道並不在於對一人一事做針砭，而是提出治國的常道。只針對時弊做批評，容易矯枉過正，故船山有「貞勝」、「定論」之說：「特以庸主佞臣之所陷溺，而其爲失也，天下交起而憎惡之；已而又有不然者，天下又起而易其所憎惡。故一事之兩端，皆可執之以相勝。然則所以勝者之果爲定論乎？」〔註154〕矯枉過正反過來又成爲輿論指責的口實，導致施政搖擺不定。「定論者，勝此而不倚於彼者也。定論者，隨時處中而自求之道皆得也。斯則貞勝也。」〔註155〕船山所說的「常經」、「定論」，應是指儒家的修己安人、親賢遠佞等常道。「諫」的內容雖以此爲根本，但是否就只能講些迂闊的言論，而無補於時局呢？這一點也是船山反對的：

> 夫宋之所以浸弱浸削至於亡者，始終一綱宗之言，坐銷歲月而已。以擬諸道，皆提其宗；以考諸治，皆挈其綱；孰得指其瑕璺者？而求其言之即可行，行之即可效者，萬不得一焉。〔註156〕

船山認爲宋朝衰亡的原因在於士大夫只講「綱宗之言」，也就是爲政的基本方針，如斥逐夷狄、整頓軍備等。這些主張就其本身來看並無錯誤，但卻規避掉眞正重要的問題，即哪些具體做法才符合這些方針？船山以李綱上書爲例，李綱主張「親君子，遠小人」，船山也同意，「苟非清狂不慧者，誰以爲不然？」但「君子小人，有定名而無定指者」，故必須仿效諸葛亮〈出師表〉「目列其人以當之」〔註157〕，即直接點名，指出誰是君子、誰是小人，讓皇帝確切知道拔擢或貶斥的對象。當然士人認定的具體做法，未必都能妥善實現基本方針，如前述例子，亦可能以奸爲賢，或以賢爲奸。但重點在於具體做法是可以透過實驗來檢證的，如果實驗效果不佳，可更換其他方法，而不是以華麗詞藻掩蓋問題、拖延時間，如船山所述：「尋之不得其首，究之不得

〔註153〕見〔明〕王夫之：《讀通鑑論》「漢元帝」第4則，頁177。
〔註154〕見〔明〕王夫之：《讀通鑑論》「宋寧宗」第5則，頁303。
〔註155〕同上。
〔註156〕見〔明〕王夫之：《讀通鑑論》「宋高宗」第3則，頁220～223。
〔註157〕同上。

其尾，汎然而廣列之，若可以施行，而莫知其所措。」〔註 158〕可見進諫除了以儒家常道爲依據外，還必須提出明確的做法。

> 數十年民之憔悴於虐政，流離死亡以瀕盡，而道不言；其或言也，則摘小疵以示直，聽則居功，不聽而終免於斥逐，視人國之存亡，若浮雲之聚散，眞所謂讒諂面諛之臣也。〔註 159〕

這一段引文是船山對馮道的評論。馮道（西元 882～954 年），號長樂老，是五代時期的著名大臣，曾侍奉五朝、八姓、十三帝，累朝不離將相、三公、三師之位，是官場上的不倒翁。傳統史家多依照君臣之義，認爲馮道不忠，行爲寡廉鮮恥，評價非常負面。〔註 160〕船山也繼承這樣的觀點，並且特別指出馮道之所以能夠屹立不搖，是因爲他有「摘小疵以示直」的本領，也就是專挑小毛病、小問題來進諫，塑造自己清高正直的形象，但對於眞正敏感的、容易觸怒皇帝的大問題或政策，反而閉口不談。〔註 161〕正是這種兩面手法，才使他能夠在血腥殘暴、動盪混亂的五代朝廷當中生存下去，並始終佔據高位。由此可見，船山認爲進諫必須切中要害，即使得罪皇帝，也要點出重大缺失。

> 乃三者之外，有妖言焉……凡爲此言者，其大端有四：曰謀爲叛逆，曰詛呪誹謗，曰內行不修，曰暗通賄賂……加之以「無將」之辟，則曰密謀而人不覺。汙之以帷薄之愆，則曰匿醜而跡不宣。諠之以誹謗，則文字皆索瘢之資。訐之以關通，則禮際亦行私之迹。辱之以贓私，則酒漿亦暮夜之投……於國計無與也，於官箴無與也，於民瘼無與也，於吏治無與也。〔註 162〕

〔註 158〕同上。

〔註 159〕見〔明〕王夫之：《讀通鑑論》「五代上」第 9 則，頁 1092。

〔註 160〕如歐陽修在《新五代史》中認爲馮道「不知廉恥爲何物」，司馬光在《資治通鑑》說他「乃奸臣之尤」。

〔註 161〕現代學者對馮道的行爲，也有與傳統史家不同的看法與評價。馮道在契丹入侵時，負起談判重任及善後事宜，一定程度上保全了中原百姓的生命。並在其組織下，主持儒家《九經》的校勘印刷工程。傅金才認爲馮氏「敢於進諫，依法爲民行政，勇當大任，印刷經典，保存文化……可謂人格純潔，業績卓著。」「僅從馮道身仕五代的表面現象就對馮道進行否定和批判，這是有欠公允的。」並整理出史書中馮道勸諫的記錄共 20 條，主要是勸統治者居安思危，施行仁政，減少殺戮，以達到社會安定、人民安居樂業的目的。與船山的判斷有很大差異。見傅金才：〈論馮道的業績〉，《石家莊學院學報》第 8 卷第 2 期（2006 年 3 月），頁 56～60。

〔註 162〕見〔明〕王夫之：《宋論》「宋仁宗」第 11 則，頁 134～135。

船山非常反對以抹黑造謠的言論來攻擊別人，這又有四種最常見：一是指控對方陰謀造反，二是指控對方玩弄妖術或毀謗，三是挖掘對方家中醜事，四是指控對方收賄。船山認爲這些言論都是妖言惑眾，由於所指控的事都是暗中進行，很難確定眞假；但即使做了澄清，這類言論仍然會嚴重損害對方的名聲。且這些指控大多是對別人的私德進行批評，與國計民生無關，公私領域宜加區分，這類言論很不適合做爲進諫的內容。總而言之，船山認爲進諫應秉持中正常道，直接點出國家的大問題、大方向，並提出具體的改進建議；避免偏激，或挑些不重要的小毛病及私德來做文章。

（四）進諫的心態

就進諫心態來說，船山認爲進諫者一方面要以身作則、虛心寬容，避免落人口實或引發更大爭議，一方面也要站在對方的立場，以巧妙的言辭化解其疑難，使正確的言論發揮最大的效果。如下所示：

> 進言者，其言是也，其人非也，其人雖無大非，而心不能自信，於是則匿非求勝者，將曰旁觀而言之，吾亦能爲此言，試以此言於汝，汝固不受也。〔註163〕
>
> 進言者極其辭，而必有所避就，非但以遠嫌而杜小人之口實也，道存焉矣。嫌已遠而小人無間以指摘，則君之聽不熒，而言乃爲功於宗社。〔註164〕

就進諫者個人來說，首先要做到「以身作則」和「避嫌」這兩點。如果進諫者本身的修養不足以服眾，即使言論正確，也會被皇帝和其他大臣質疑是空談，而損害了進諫的可信度。故從積極面來說，進諫者對其言論必須親自實踐。「避嫌」是指利益迴避，船山在史論中以劉向爲例，劉向早已看出外戚王氏對漢朝是一大隱憂，但身爲宗室領袖，劉向竟直接建議漢成帝「援近宗室」，等於間接暗示皇帝重用自己。〔註165〕這種自肥式的言論讓小人有攻擊的藉口，爭議的焦點轉移到劉向個人的品格，而使原本正確、有洞察力的言論，不爲皇帝信任、採納。故從消極面來說，對言論所衍生的利害關係也要有所警覺，並且抱持「功成不必在我」之心。

> 凡能極言以諫者，大抵其氣勝者也；自信其是，而矜物以莫及，物莫

〔註163〕見〔明〕王夫之：《讀通鑑論》「唐太宗」第10則，頁766。
〔註164〕見〔明〕王夫之：《讀通鑑論》「漢成帝」第4則，頁187～188。
〔註165〕同上。

> 能移者也。其氣勝，則其情浮；自矜而物莫能移，則其理窒。〔註 166〕
> 同乎我者受之，而得當以行，喜勿遽也。異乎我者聽之，裁之在我，怒勿形也……恆有餘地以待君之悟，而無所激以成乎不可已之爭。〔註 167〕

前文提到船山主張對君主應直諫，但能夠不畏權勢、犯顏直諫的士人，通常具備某種人格特質，而使進諫又落入另一極端。這特質就是過分自信，認爲只有自己的想法才是正確的，別人都不如自己。因爲絕對相信自己，才會堅持己見、放言高論；但也因爲過分自信，「氣勝情浮」，發言難免有誇大偏激而不盡合理之處，容易冒犯到別人而引發爭議。故在堅持直諫的同時，還應該具備虛心接納建議、虛懷若谷的修養。別人與自己看法相同，固然很好；但即使看法不同，也可以斟酌思考，不宜有情緒化的表現。如此才合乎儒家的中道，也能夠維持人際和諧，使自己的意見較能爲君主與其他大臣所接納。「理直氣婉」實是進諫者應有的修養。

除了進諫者本身的心態之外，船山認爲進諫還應該將心比心、站在納諫者的立場來思考，配合納諫者的程度和心理需求，一一化解對方的疑難：

> 輯云者，合集事理之始終，序次應違之本末，無有偏伸，無有偏屈，詳析而得其要歸也。如是，則物無不以類辨，事無不以緒成，而智愚賢不肖之情，皆沁入而相感，故曰民之洽也。懌云者，推於其心之所以然，極於其事之所必至，宛轉以赴其曲，開朗以啓其迷，雖錮蔽之已深，而善入其中則自悅，雖危言以相戒，而令其易改則自從。如是，則君與臣不相抗，智與愚不相拒，意消氣靜，樂受以無疑，故曰民之莫也。
> 今有說於此，其爲理之必然，明矣。見爲是而毅然決之曰是，其所以是者未之詳也，其疑於非而必是者未之辨也，則人亦挾其所是者以相抗矣；見爲非而憤然斥之曰非，其所以非者未能擿也，其疑於是而固非者莫能詰也，則人亦報我以非而相折矣。〔註 168〕

納諫者對進諫者的主張，往往理解有限，進諫者看來十分自然、天經地義的想法與行動，在納諫者看來未必是如此。所以進諫者必須詳細說明支持其主

〔註 166〕見〔明〕王夫之：《讀通鑑論》「唐太宗」第 9 則，頁 765。
〔註 167〕見〔明〕王夫之：《宋論》「宋欽宗」第 3 則，頁 210～211。
〔註 168〕見〔明〕王夫之：《讀通鑑論》「唐德宗」第 14 則，頁 916～917。

張的理由。如爲什麼採取某一行動？行動會產生哪些後果？後果是否符合納諫者原本期待的目標？納諫者有哪些偏差的想法？偏差之處何在？可用哪些更合理的想法代替？這些都需要詳加辨析，讓納諫者能夠充分理解、領悟，發自內心接受進諫者的主張，願意自動自發實行，才能使進諫發揮最大效果。這就需要進諫者有良好的思考及推理能力，多做「格物致知」〔註 169〕工夫，才能達成。這也是進諫者應具備的修養。

〔註 169〕船山對〈大學〉的「格物致知」有特別的解釋，與朱子及陽明皆不同。詳見本論文第二章第二節的說明。

第六章　政治活動中的倫理與教化

船山學術思想的反思活動，如同現代學者所說，是以「文化的反省」與「正統的重建」為主要特徵。〔註1〕故他對政治的探討，既不只停留在傳統士人對君子、小人的批判〔註2〕，也不只是考察具體制度。他還要更進一步，從社會、文化面探索亡國的原因。社會層面如孟子說：「人之有道也，飽食煖衣，逸居而無教，則近於禽獸。聖人有憂之，使契為司徒，教以人倫：父子有親，君臣有義，夫婦有別，長幼有序，朋友有信。」〔註3〕父子、夫婦、兄弟、君臣、朋友固然是社會上人與人之間的倫常關係，但從儒家的觀點看來，這些人倫關係同時也是國家構成的根本原理，社會和政治實不可分。現代民主國家則將兩者區分開來，以憲法做為政治上立國的根本大法，社會則獨立於國家的控制之外。所以要探討船山的政治觀，便不得不涉及他對社會生活的看法，必須說明人倫教化對政治的影響。其中朋友一倫船山在史論中較少論及，以下就從家庭倫理（父子、夫婦、兄弟）、名義與教化（君臣）等人倫關係的內容來看船山的主張。至於第三節「禮樂精神」，則是從人倫關係的表現形式（禮樂）著眼，這也是優先於政治，而可對政治起規範作用的。

〔註 1〕見陳來：《詮釋與重建——王船山的哲學精神》（北京：北京大學出版社，2004年），頁15。

〔註 2〕夏允彝在《倖存錄》中說：「東林之持論高，而於籌邊制寇，卒無實著。」黃宗羲反駁道：「夫籌邊制寇之實著，在親君子遠小人而已。」這樣的說法只是將政治收歸道德而論之，未能正視政治做為一獨立問題，而有制度面、事功面的構思。

〔註 3〕見《孟子・滕文公上》。

第一節　家庭倫理

在儒家的觀念裡，家人之間的相互關懷，是比政治上的功業更重要的。孟子曾說：「君子有三樂，而王天下不與存焉。父母俱存，兄弟無故，一樂也。」〔註 4〕且家庭關係更是社會關係的基礎，如〈大學〉說：「古之欲明明德於天下者，先治其國。欲治其國者，先齊其家。」〔註 5〕這不僅僅是理論，對個人主義尚未興起、以家庭爲社會基本單位的古代來說，更是眞實存在的狀況。如福建的土樓〔註 6〕，便是在中國動亂與客家族群南遷之際，出於抵禦山林野獸、強盜的需要，以及體現儒家思想下大家族共同生活的理想，所建造的特殊形式建築。可見古代家庭關係之緊密。船山的政治觀也是繼承儒家傳統而來，認爲人倫是人之所以爲人的根本道理。執政者應先求家庭和諧，如果對父母、兄弟欠缺親愛之心，就敗壞了倫常，也無法施行教化而保住國家。以下就分父子、夫婦、兄弟三方面，探討船山對家庭倫理的看法。

（一）父子

船山對父子關係十分重視，認爲父子一倫可作爲國家的支柱，他說：

> 晉、宋以降，國法圮、大倫斁而廉恥喪……靦顏百年而六易其主，無惑也。如是宜速殲以亡，而其君猶能傳及其世，其士大夫猶能全其族者，何也？蓋君臣之道喪，而父子之倫尚存也。〔註 7〕

魏晉南北朝篡弒盛行，君主的存亡、廢立多由權臣或世家大族操縱，如南方朝廷「六易其主」，歷吳、東晉、宋、齊、梁、陳六朝，君主、國號經常更換，身居高位的世族仍恬然自適，不以服事異姓爲恥。〔註 8〕船山對這種權柄倒持、不忠不義的風氣甚感不滿，卻也肯定南朝立國有其優越之處。道德是從

〔註 4〕見《孟子・盡心上》。

〔註 5〕見〈大學〉第一章。

〔註 6〕福建土樓包括閩南土樓和一部分客家土樓，總數約三千餘座。通常是指閩西南獨有，利用不加工的生土，夯築承重生土牆壁所構成的群居和防衛合一的大型樓房，形如天外飛碟。福建土樓是世界獨一無二的大型民居形式，被稱爲中國傳統民居的瑰寶，現已列入世界文化遺產。

〔註 7〕見〔明〕王夫之：《讀通鑑論》「宋文帝」第 21 則，收入《船山全書》第 10 冊（湖南：岳麓書社，2011 年新版），頁 577。

〔註 8〕船山說：「永嘉之後，風俗替矣……在大位者，若有衣缽以相傳，擅大位以爲私門傳家之物，君屢易，社屢屋，而磐石之家自若；於是以苟保官位爲令圖，而視改姓易服爲浮雲之聚散。唯是寒門武吏，無世業之可憑依，得以孤致其惻隱羞惡之天良。」見〔明〕王夫之：《讀通鑑論》「齊明帝」第 1 則，頁 615。

家庭開始養成的，世家大族雖對君臣之義漠然，但對家庭內部的父子倫卻很重視，掌握了治國的根本，故雖屢易其君，社會上仍能維持一定的道德素養，使南朝得以久存。在親情與國家尊嚴衝突時，船山也堅決認爲應該以親情爲重：

> 慕容超，鮮卑也……苟有當於人心天理之宜者，君子必表出之，以爲彝倫之準則。超母段氏在秦，姚興挾之以求太樂諸伎，段暉言不宜以私親之故，降尊自屈，先代遺音，不可與人。封逞言大燕七葉重光，奈何爲豎子屈。嗚呼！此豈有人之心者所忍言乎？超不聽，而盡奉伎樂，北面受詔，而興禮其母而遣之，超於是乎合人心之安以順天理之得矣。超之竊據一隅而自帝，非天命也……即其受天之命，承聖王之統，亦豈以天下故而棄置其親於異域哉？舜之視天下也，猶艸芥也，非超之所企及也；而不忍其親之心，則充之而舜也。〔註9〕

慕容超是五胡十六國時期南燕君主，雖然身爲異族，所作所爲卻有合乎人心天理之處。慕容超之母流落在後秦，姚興將之當成人質，脅迫慕容超稱藩並獻上樂伎。南燕大臣認爲此舉有辱國格，慕容超卻力排眾議，答應姚興的要求而迎回母親。〔註 10〕船山認爲慕容超發揮了舜的精神，這應是出自孟子之說：「天下大悅而將歸己，視天下悅而歸己，猶草芥也，惟舜爲然。不得乎親，不可以爲人；不順乎親，不可以爲子。舜盡事親之道，而瞽瞍厎豫。瞽瞍厎豫而天下化；瞽瞍厎豫而天下之爲父子者定。此之謂大孝。」〔註 11〕孟子甚至認爲舜可以爲了父親放棄天子之位。〔註 12〕可見親情在儒家的觀念當中具有絕對優先性，即使是牽涉到群體的政治成就，其價值、重要性也不能逾越親情。船山正是繼承孟子的這一思路，故對慕容超此舉頗爲讚賞。當然以親情爲先，不表示可以爲了親情而徇私枉法，如孟子所舉的實例，舜並未濫用權勢幫瞽瞍開脫。只是在父母有危難時，儒者是一定會以父母的人身安全爲

〔註 9〕見〔明〕王夫之：《讀通鑑論》「晉安帝」第 13 則，頁 534。

〔註10〕見〔唐〕房玄齡等：《晉書・載記第二十八・慕容超》，卷 128。

〔註11〕見《孟子・離婁上》。

〔註12〕《孟子・盡心上》記錄了孟子與弟子的一段問答：「桃應問曰：『舜爲天子，皋陶爲士，瞽瞍殺人，則如之何？』孟子曰：『執之而已矣。』『然則舜不禁與？』曰：『夫舜惡得而禁之？夫有所受之也。』『然則舜如之何？』曰：『舜視棄天下，猶棄敝蹝也。竊負而逃，遵海濱而處，終身訢然，樂而忘天下。』」

重，而捨棄其餘一切的。船山認爲這種對父母的掛念，是以眞心誠意、眞情實感爲原則的：

> 緹縈、吉翂之事，人皆可爲也，而無有再上漢闕之書、撾梁門之鼓者，曠千餘年。坐刑之子女，亦無敢聞風而效之，何也？不敢也。不敢者，非畏也……誠也。平居無孺慕不舍之愛，父已陷乎罪，抑無驚哀交迫之實。當其撾鼓上書之日，而無決於必死之心，青天臨之，皎日照之，萬耳萬目交注射之，鬼神若在其上而鑒觀之，而敢飾說以欺天、欺鬼、欺人、欺己、以欺天子與法吏也，孰敢也？緹縈、吉翂之敢焉者，誠也；天下後世之不敢效者，亦誠也。〔註 13〕

緹縈是漢文帝時人，是西漢名醫淳于意的女兒，上書皇帝爲即將受刑的父親求情，表示願意做奴婢替父親贖罪，文章情辭懇切，使文帝深受感動，下令廢除殘忍的肉刑，並赦免了他們父女。〔註 14〕吉翂是梁武帝時人，父親被人誣陷入獄，吉翂「撾登聞鼓，乞代父命」，武帝覺得奇怪，命下屬對吉翂威脅利誘，卻找不出指使者，方知吉翂的一片孝心，因而釋放了他們父子。吉翂返家後還推辭了官員對他的表揚。〔註 15〕船山認爲後世無人效法緹縈、吉翂，是因爲父子之間的感情尚未深厚到願意代父而死的程度。如果感情不夠深厚，而只是模仿緹縈、吉翂的外在形式，在眾目睽睽之下，這種作僞的表現很容易就被拆穿，故無人敢爲。當然這並不表示後世的子女都沒有孝心，即使不代父受刑，也可用其他方法營救；船山只是強調孝心出自天性，有幾分情感就有幾分表現，才合乎誠道，這是無法襲取勉強的。

（二）夫婦

船山將「男尊女卑」納入倫理、綱常的一部分，認爲女性順從男性，和君子小人之辨、華夷之辨一樣，乃是天經地義之道〔註 16〕，一旦違背便有亡國之虞。這種強烈重男輕女的想法，與現代男女平等的主張是截然相反的。以下舉史論爲例：

〔註 13〕見〔明〕王夫之：《讀通鑑論》「梁武帝」第 4 則，頁 626～627。

〔註 14〕見《史記・孝文本紀》與《史記・扁鵲倉公列傳》。

〔註 15〕見〔唐〕姚思廉：《梁書・列傳第四十一・孝行》，卷 47。

〔註 16〕船山說：「天下有大貞三：諸夏內而夷狄外也，君子進而小人退也，男位乎外而女位乎內也。各以其類爲辨，而相爲治，則居正以治彼之不正，而貞勝矣。」見〔明〕王夫之：《宋論》「宋哲宗」第 3 則，收入《船山全書》第 11 冊（湖南：岳麓書社，2011 年新版），頁 182～183。

> 尋推陰陽動靜之義，昌言母后之不宜與政，豈徒以象數徵吉凶哉？天地之經，治亂之理，人道之別於禽獸者，在此也。婦人司動而陰乘陽，陽從陰……天下有之，天下必亡；國有之，國必破；家有之，家必傾。父子、君臣、兄弟、朋友之倫，以之而泯；厚生、正德、利用之道，以之而蔑。故曰：尋之言，言人之言，而別於禽獸也。婦者，所畜也；母者，所養也；失其道，則母之禍亦烈矣，豈徒婦哉？〔註17〕

李尋是漢成帝時人，利用發生地震的機會向成帝進諫，請皇帝勿信任女子、小人。〔註18〕船山認爲李尋說出了治國正道，「以陽統陰」是通貫自然與人事的原則，也是人禽之辨的內涵之一；如果以陰犯陽而顛倒錯亂，綱紀就頹圮了，會導致國破家亡；故女性無論爲人婦或爲人母，皆不宜干政。即使是歷史上有賢名的女性執政者，船山也認爲受限於女性的氣質，她們無法眞正將國政治理好，如鄧后：

> 母后臨朝，未有不亂者也。鄧后視馬后也爲尤賢……蓋后之得賢名者，小物之儉約、小節之退讓而已，此里婦之炫其修謹者也。所見所聞，不出閨闥，其擇賢辨不肖，審是非，度利害，一唯瑣瑣姻亞之是庸。〔註19〕

船山認爲女性天生不適宜從政，他說：「倫也者，類也；天之生是使別也。草與木並植，而芝蘭之芳，不可以爲梁棟；鳥與獸並育，而翟雉之美，不可以駕戎車；天子與后敵尊，而母后之賢，不可以制道法。」〔註20〕從遺傳、材質上的差異，論證女子不可能有善政。鄧后是漢和帝之妻，安帝即位後她攝政達十六年之久，甚有政治才能。據《資治通鑑》記載：「太后自臨朝以來，水旱十載，四夷外侵，盜賊內起，每聞民饑，或達旦不寐，躬自減徹以救災厄，故天下復平，歲還豐穰。」〔註21〕船山雖肯定鄧后之賢，但指出其賢名是建立在「小物之儉約、小節之退讓」，對細節及金錢的斤斤計較上，故獲得百姓歡迎。但對重要的大事，如「擇賢辨不肖」，鄧后的心胸、見識便顯得狹隘，只信任親暱之人如鄧騭等外戚，未能眞正爲國舉才。總之即使女性有政

〔註17〕見〔明〕王夫之：《讀通鑑論》「漢哀帝」第4則，頁195～196。
〔註18〕見〔宋〕司馬光等：《資治通鑑・漢紀二十五・孝成皇帝下綏和二年》，卷33。
〔註19〕見〔明〕王夫之：《讀通鑑論》「漢安帝」第3則，頁284。
〔註20〕見〔明〕王夫之：《宋論》「宋哲宗」第3則，頁183。
〔註21〕見〔宋〕司馬光等：《資治通鑑・漢紀四十二・孝安皇帝建光元年》，卷50。

治才能，但受限於以男性爲中心的傳統，也很難令人信服。如船山說：「且晝雖陰，而以炤物，其能俾人洞見者，視月遠矣。天子雖幼，而以蒞眾，其能俾人信從者，視后多矣。」〔註 22〕船山在這方面的想法，已不合時代潮流，無須深論。

（三）兄弟

無論古代或現代，父子失和、兄弟鬩牆都是社會上不時會出現的現象。而在古代皇室當中，這種狀況又更爲常見且殘酷。這是因爲身處權力核心，原本該是天性的親情，必定會參雜權力鬥爭的考量而不純粹之故。血腥恐怖的宗室相殘，史不絕書。站在當事人立場，如果爲權力而犧牲親情，固然違背儒家提倡的道德理想；但如果爲親情而放棄權力，國家也未必能治理好。這方面的著名實例就是「玄武門之變」，船山對親情與權力的衝突，也提出了他個人的消解之道。如下所示：

> 太宗親執弓以射殺其兄，疾呼以加刃其弟，斯時也，窮凶極慘，而人之心無毫髮之存……天子之不仁者，曰吾以天下故殺兄弟也……兄弟援戈矛以起，爭田廬絲粟之計，而強有力者得志焉，亦將張膽瞋目以正告人曰：吾亦行周公季友之道也。蛇相吞，蛙相啖，皆聖賢之徒，何憚而弗爲哉？〔註 23〕
>
> 詩曰：「宗子維城。」豈虛也哉？樹宗子於四方，各有所據以立基，而即用其人，人皆爲用也，則成敗不可知，抑此仆而彼起。劉虞死於燕，劉琮降於楚，而先主可興於蜀；南陽王敗死於隴右，而元帝可興於吳。〔註 24〕
>
> 公主之忌太子也，尚含惡怒而未發。竇懷貞以遠州長史遽起不軌之心，導其邪而爲之結黨……睿宗之不忍於公主者，性之正也，情之不容已也，患難與偕，義之不可忘也。若懷貞輩之於唐，九牛之一毛耳……流放竄殛，旦命下而夕伏辜，一白簡之勞而已。姚、宋何憚而不爲乎？〔註 25〕
>
> 宗室人才之盛，未有如唐者也，天子之保全支庶而無猜無戕，亦未

〔註 22〕見〔明〕王夫之：《宋論》「宋哲宗」第 3 則，頁 184。
〔註 23〕見〔明〕王夫之：《讀通鑑論》「唐太宗」第 22 則，頁 780～781。
〔註 24〕見〔明〕王夫之：《讀通鑑論》「唐昭宗」第 6 則，頁 1060～1061。
〔註 25〕見〔明〕王夫之：《讀通鑑論》「唐睿宗」第 3 則，頁 824～825。

有如唐者也。蓋太宗之所以處之者，得其理矣……以公天下者，即以安本支而勸進其賢能。〔註26〕

唐太宗以安定天下爲理由，殺害兄弟奪取皇位。船山卻認爲這正好給天下人最壞示範，使手足在爭奪財產時，有名正言順的藉口，導致社會秩序混亂。可見船山並不相信犧牲親情就能治理好國家，相反地，以親情爲優先，往往會有好的結果。如第二段引文，船山以「宗子」爲國家的屏障。東漢與西晉末年雖然天下大亂，皇帝被俘被殺，但由於皇室子孫有權，在各地此仆彼起，終能延續社稷。第三段引文是唐睿宗時期，太平公主與太子李隆基（唐玄宗）的鬥爭。太平公主是睿宗之妹，在政治漩渦中，只有睿宗和太平公主活下來，所以睿宗對公主相當愛護。船山認爲睿宗的態度是正確的，但太子才是合法繼承人，也不能縱容公主胡作非爲。面對前述兩難，船山也提出解決之道：只要翦除公主身邊的奸佞小人即可，就算公主有野心，若無人協助也難以成事。船山更進一步肯定宗室教育的重要，鼓勵皇室子孫向學，再從中選擇優秀人才，既不必排擠提防，對國家也有積極貢獻。船山的見解相當務實而可行，也是在「家天下」格局下，不得已而爲之的方法。現代民主政治下，政權不寄託在一家一姓，政治與家庭分離，手足間的親情，更可還其本來面目而無上述顧慮了。

第二節　名義與教化

《讀通鑑論》與《宋論》的內容是歷史評論，而在船山的想法當中，歷史又是以政治活動爲中心的。〔註 27〕故在五倫當中，船山史論對「君臣」一倫的討論最多，其論述也最爲嚴謹詳密。君臣倫理以「名義」與「教化」爲核心問題，「名義」牽涉到政治符號、政治象徵問題，君之名號如何對臣民發揮影響作用？君與臣民身爲政治的參與者，又該如何看待「名」？「教化」

〔註26〕見〔明〕王夫之：《讀通鑑論》「唐太宗」第2則，頁753。

〔註27〕林安梧先生說：「就船山最著名的史論——《讀通鑑論》及《宋論》透露出的消息來說，它無疑的在向我們宣稱『政治史』乃是歷史的重心。」見林安梧：《王船山人性史哲學之研究》（台北：東大圖書，1991年），頁29～30。船山在《讀通鑑論》書末，也借司馬光《資治通鑑》書名，指出讀史的意義：「曰『資治』者，非知治知亂而已也，所以爲力行求治之資也。」可見船山論史是以強烈的經世要求爲依據，關注政治實踐問題。見〔明〕王夫之：《讀通鑑論》「敘論四」第2則，頁1183。

則是君權對社會道德觀念的影響。就名義來說，船山的主張可概括為「正名以求實」，他認為「名」不只是虛設，「名」指向客觀之義，亦即國家、社會的合理秩序。「名」是義的象徵，名本身就有意義，對現實可起積極作用。名義是一體而不可分，「去名而求實」只會引發負面後果。就教化來說，道德行為出自人內在的本心本性，不是任何外在手段所能控制的。君主操賞罰大權，並不是要直接改造人民的行為，而是營造有利於行善的風氣，在良善的環境下，惻隱、羞惡之心自然比較容易引發。名義是君臣倫的基礎，教化則是在名分已定後，進一步求社會風氣的澄清。以下分別觀之。

（一）正名以求實

對「名實」問題的討論，早自孔子就已開始。《論語》記載孔子與子路的一段問答，孔子將「正名」當作為政的首要步驟，認為名正言順，禮樂、刑罰才能妥善實行。〔註28〕正名的具體內容，即是「君君、臣臣、父父、子子」。牟宗三先生曾藉康德的「合目的性原則」來解釋孔子此說：

> 一對象之「概念」即一對象之如其為一對象之「義」。此一對象之「義」如果它即含有此對象底現實性之根據，它即被名曰此對象之「目的」。……此言對象之現實性之根據，不從此對象外的他處或其他東西的外力找根據，而即在此對象本身之所應是處找其現實之根據，即是說，一物如其為一物之所應是而完成其自己即實現其自己，即是其目的之達成。
>
> 此種分解性的抽象思考，中國人不擅長，但卻極富有此種理趣，而卻以較具體的詞語出之。例如「五穀不熟，不如稊稗」。既是穀就應完成其為一棵穀。完成其自己，即是實現其自己，即是其目的之達成。……孔子說君君、臣臣，亦如此。君君亦即：君就要像君的樣子，即應如君之義而成其為君；臣臣意即：臣即應如其為臣之義而成其為臣。父父、子子亦然。〔註29〕

〔註28〕《論語・子路》：「子路曰：『衛君待子而為政，子將奚先？』子曰：『必也正名乎！』子路曰：『有是哉，子之迂也！奚其正？』子曰：『野哉，由也！君子於其所不知，蓋闕如也。名不正，則言不順；言不順，則事不成；事不成，則禮樂不興；禮樂不興，則刑罰不中；刑罰不中，則民無所措手足。故君子名之必可言也，言之必可行也。君子於其言，無所苟而已矣！』」

〔註29〕見牟宗三：《康德「判斷力之批判」（上）（下）》，收入《牟宗三先生全集》第16冊（台北：聯經，2003年），頁7～9。

這裡的「概念」可和「名」相比擬，「名」的意義即是指涉人、事、物發展所應當實現之目的。人、事、物的形相固然複雜，如世間之君臣父子，有多少種性格，便有多少種不同的互動方式。但無論形相爲何，總要如君臣父子之義而成其爲君臣父子。將「君臣父子」概念中的模樣，落實表現出來。正如五穀如果不能成熟，即不成其爲穀一樣。這落實表現的目的，不在對象外的他處，亦不必在現實利害上尋求，而是內在於對象本身當中。穀有穀的名義，君臣父子有君臣父子的名義，「名義」即是事物客觀存在的目的。任何事物都有它客觀存在的理由與意義，應當將其實現出來而完成它自己，才合乎道理。

船山對「名實」或「名義」的看法，也是以孔子的說法爲根據。船山在其經學著作，如《尚書引義》、《春秋家說》、《春秋世論》，對「名」也有不少討論。在對《尚書》的詮釋中，船山主張名實應該一致，要建立穩固的政權，不能僅憑名之號召，必須以「實」爲根基，這「實」即是德與望。強調名從實而有。〔註30〕在對《春秋》的詮釋中，船山認爲對亂臣賊子，除了在道德上予以言詞譴責，更重要的是將被邪說疑辭所蒙蔽的眞相，如實彰顯出來。以《春秋》經文大義爲準則，考察潛藏於「三傳」歷史敘事及釋義背後的動機和意圖，「求情而責實」對經義的解說才更有力。〔註31〕船山在史論中關注的重點，則和前述《尚書》與《春秋》的詮釋有別，主要是面對歷史上「去名求實」的思潮與行動，而重新提倡孔子的「正名」之說，指出「名」的價值與效用做爲回應。故在船山史論中，對「名」的重視是超出他的其他著作之上。船山認爲，政治人物的「崇實」之說，常流於利欲之追逐：

> 名未易言也。名而可以徒假與，則紹亦何憚而不假？淳于瓊曰：「今迎天子，動則表聞，從之則權輕，違之則拒命。」故曹操遷許以後……入見殿中，汗流浹背，以幾幸於免；與紹之恣睢河北唯意欲爲而莫制者，難易之勢相懸絕也。苟不恤其名而唯利是圖，則淳于瓊之言，安知其不長於荀彧哉？……而非然也，出天子於棘籬飢困之中，猶得奉宗廟者二十餘年，不但以折羣雄之僭，即忠義之士，懷憤欲起，而人情之去就，尚且疑且信而不決於從也。瓊之情唯利是圖，受天下之惡名而不恤，紹是之從，欲不亡也，得乎？

〔註30〕見張靜婷：《王船山〈尚書引義〉政治實踐問題之研究》（中壢：中央大學中文研究所碩士論文，1999年），頁41～50。

〔註31〕見許松源：《經義與史論——王夫之〈春秋〉學研究》（新竹：清華大學歷史研究所博士論文，2008年），頁100～108。

> 名與利，相違者也；實與名，末相違而始相合也。舉世鶩於名，而忠孝之誠薄；舉世趨於利以舍名，而君臣父子之秩敍，遂永絕於人心。故名者，延夫人未絕之秉彝於三代之下者也。夫子於衛輒父子之際，他務未遑，而必先正名，蓋有不得已焉耳。〔註32〕

漢獻帝流亡在外，袁紹與曹操都在考慮是否要迎回獻帝。袁紹聽從淳于瓊的建議而放棄，主要是從實際利益的角度，認爲迎回皇帝，必然多少會受制於皇帝的權威，無法爲所欲爲。曹操則從君臣名義的角度，利用獻帝樹立自己執政的正當性，「奉天子以令不臣」，令其他地方割據勢力攻擊他時有所忌憚。曹操在〈讓縣自明本志令〉說：「使天下無有孤，不知當幾人稱帝，幾人稱王。」〔註33〕漢獻帝雖然只是傀儡，但曹操對獻帝的擁戴，某種程度上起了維繫社會秩序的作用。從歷史事實來看，獻帝的號召力在曹操征戰的過程中，也確實有極大助益。曹操一生也拒絕篡位，令獻帝及漢朝社稷又延續二十多年，可見他對名義的深刻理解與重視。

船山認爲政治人物所講的「實」，既不是德望、道義之實，也不是實情之實，而是利欲之實。只講究「名」而捨棄道義之實，固然容易導致作僞；但「名」仍象徵、代表某種道德觀念，使人對自古傳承下來的正當權威，能夠知所畏懼而做到表面上的尊重，這也是道德觀念對人的一種影響。如袁紹與曹操的案例所示，心中有道德觀念存在，也容易產生好的結果。如果完全不顧「名」而進行赤裸裸的鬥爭，便會連這種微弱的道德觀念與力量也一併掃除，人與禽獸也就沒有區別了。孔子在衛國政爭時提倡「正名」，也是在名實俱喪之際，希望由末以返本，透過「名」的力量喚醒人心中的父子、君臣之義。

曹操在征戰的過程中，爲了網羅人才，曾三次發佈〈求賢令〉，其要旨爲：「夫有行之士未必能進取，進取之士未必能有行也」，故「或不仁不孝而有治國用兵之術，其各舉所知，勿有所遺」，打破東漢末年以來士人講究氣節、以道德操守相互標榜的風氣，完全以實效做爲錄用人才的依據。對於這一點，船山也有所評論：

> 名之不勝實、文之不勝質也，久矣。然古先聖人，兩俱不廢以平天下之情。獎之以名者，以勸其實也。導之以文者，以全其質也。人

〔註32〕見〔明〕王夫之：《讀通鑑論》「漢獻帝」第11則，頁351。

〔註33〕見裴松之：《三國志・魏書・武帝紀》注引《魏武故事》。

之有情不一矣，既與物交，則樂與物而相取，名所不至，雖爲之而不樂於終。此慈父不能得之於子，嚴師不能得之於徒，明君不能得之於臣民者也。故因名以勸實，因文以全質，而天下歡忻鼓舞於敦實崇質之中，以不蕩其心。此而可杜塞之以域民於矩矱也，則古先聖人何弗圉天下之躍冶飛揚於鉗網之中也？以爲拂民之情而固不可也。情者，性之依也，拂其情，拂其性矣；性者，天之安也，拂其性，拂其天矣。志鬱而勃然以欲興，則氣亦蘊蝓屯結而待隙以外洩。迨其一激一反，再反而盡棄其質以浮蕩於虛名。利者爭託焉，僞者爭託焉，激之已極，無所擇而唯其所汎濫。夏侯玄、何晏以之亡魏，王衍、王戎以之亡晉，五胡起，江東僅存，且蔓引以迄於陳、隋而不息，非崇質尚實者之激而豈至此哉？〔註34〕

船山認爲古代聖人是名實、文質並重的，後代對實與質的注重，逐漸居於名與文之上。船山本人的想法是「因名以勸實」、「因文以全質」，他認爲名代表一種社會評價，而人對名聲的渴望也是出自情性，無論是德行之實或才幹之實，如果不能獲得與「實」相符的「名」做爲報酬，就難以令人心服。古代聖人便是利用人的好名心，藉由對名的在意、追求，使人努力修養品德操守、發揮才幹；而不是「域民於矩矱」、「圉天下於鉗網之中」，繞過名而直接在實質上做諸多限制、要求。船山認爲曹操的措施是壓抑人的好名心，好名的風氣在曹操當時雖未顯發，但在曹操死後卻有偏激的表現，如魏晉名士奔競於虛名而盡棄其實，使天下大亂。可見在船山的觀念裡，「名」是國家、社會的支柱，名實不可分離，善用「名」才能治理好國家。

由以上的論述可知，船山論「名」有道德理念與社會評價兩義，且船山對這兩義都予以肯定。船山雖然重視「名」，但又說「無義不可以爲名，無名不可以爲義」，針對歷史上假借「名」以滿足個人欲望的野心家，也給予嚴厲的譴責與警告：

名義者，邪正存亡之大司也，無義不可以爲名，無名不可以爲義，忠臣效死以爭之，姦雄依附而抑必挾之。以曹操之不軌也，王芬欲立合肥侯以誅宦官，而操審其必敗，勿從也；袁紹欲立劉虞以誅董卓，而操惡其徒亂，勿從也；名正而義因以立，豈特操之智遠過於湊乎？天下未解體於弱主，而己先首禍，心之所不安，栽之所必逮

〔註34〕見〔明〕王夫之：《讀通鑑論》「三國」第16則，頁389。

> 也……亂人假義而授人以名，義乃永墮而禍生愈速。〔註35〕

這段評論是比較曹操與王淩，曹、王二人都曾經有過加入叛亂、擁立新君的機會，但曹操有洞燭機先的智慧而拒絕參與，王淩則發動政變失敗被殺。就曹、王二人所處的局勢來看，起兵也有一定的合理性，如宦官把持朝政、董卓專橫、司馬懿殺輔政大臣曹爽等，都是亂人干政，應該消滅。但船山認爲王芬、袁紹、王淩等起兵者的眞正動機，不在於重整國家秩序，而是藉擁立新君來奪權；即使成功，也只是換上另一批亂臣賊子。朝政雖然昏亂，但問題未必出在皇帝本人，皇帝只是被權臣操控、利用的棋子，誅除權臣即可；以另立新君爲號召，起事者反而會被冠上叛亂之名，其野心也昭然若揭而無法令眾人心服。可見利用「名」來滿足私欲，下場多是悲慘；而「名」的濫用亦使其公信力衰落，即使有眞正的忠義之士，也無力號召群眾阻止禍患了。

更進一步來說，船山的「名義」也不只是效忠君主個人，而有客觀、普遍的意義。「名義」不僅滿足人們對政治秩序的期待，在亂世中更可發揮穩定局勢的力量，保障人民的生存。如以下兩則評論所述：

> 擇君而後仕，仕而君不可事則去之，君子之守固然也。失身於不道之君而不能去，則抑無可避之名義矣……苟不從君於邪，則其死也，不可更責以失身。
>
> 楊廣之不道而見弒於宇文化及，許善心、張琮抗賊以死，當斯時也，雖欲不死而不得也……豈隋氏之能得人心，而頓異於宋、齊以來王謐、褚淵恬不知媿之習者，何也？十三載居位之天子，人雖不道，名義攸存，四海一王，人無貳心，苟知自念，不忍目擊此流血宮庭之大變也。唐高祖聞變而痛哭，豈楊廣之澤足以感之，而又豈高祖之僞哀以欺世乎？臣主之義，生於人心，於此見矣。〔註36〕

隋煬帝楊廣是歷史上著名的暴君，但楊廣遇弒後，近臣如許善心、張琮等人仍抗爭到底，而被宇文化及一併殺害。唐高祖李淵聽聞此消息後痛哭流涕。就一般人的看法來說，許、張等人爲暴君而死，並非明智之舉；李淵的表現則可能是出於政治利益的算計，藉由哭泣塑造忠臣形象，以爭取民心。

船山並不同意上述解釋，他認爲如果君臣理念不合，大臣固然應辭職離去；但如果情勢不允許辭職，則要依照大臣的作爲判定其善惡。如果大臣助

〔註35〕見〔明〕王夫之：《讀通鑑論》「三國」第30則，頁406。
〔註36〕見〔明〕王夫之：《讀通鑑論》「隋煬帝」第12則，頁731～732。

紂爲虐，固然應受譴責；但許善心、張琮並無任何過失，以楊廣的殘暴，也不可能令許、張二人心服，故他們的抗爭，不是出於認同楊廣的行爲，而是追隨楊廣甚久，對楊廣有一種公職上的情感。楊廣雖然胡作非爲，但他久居帝位，自有身爲一國之君的威嚴，受到眾人尊重。如今羞辱而死，難免令人感到憤慨。至於李淵，雖然屢受楊廣猜忌，曾經「縱酒納賄以自污」，和楊廣說不上有個人情感，但李淵的哭泣也是出於眞誠，並非政治作秀。楊廣雖然殘暴，但只要仍在位，就象徵國家政治秩序尚未遭到徹底破壞。楊廣的死，使維繫「名義」的最後一絲希望也宣告落空。無論是從個人情感或政治局勢來看，這一事件都是眾人不願意、不忍心見到的。李淵正是有感於此，可見「名義」是人心普遍的要求。

> 聖人之大寶曰位，非但承天以理民之謂也，天下之民，非恃此而無以生，聖人之所甚貴者，民之生也，故曰大寶也。秦之亂，天下蠭起，三國之亂，群雄相角，而殺戮之慘不劇，掠奪之害不滋，唯王莽之世，隋氏之亡，民自相殺而不已。
>
> 夫盜也，而稱帝王，悖亂之尤，名實之舛甚矣，然而虛擁其名，尚不如其無名也。既曰帝矣，曰王矣，爲之副者，曰將相矣，曰牧守矣，即殘忍顚越，鄙穢足乎訕笑，然且曰此吾民也，固不如公然以蛇豕自居、唯其突而唯其螫也。故位也者，名也……君天下而思保其天下，盜竊者聞風而強效焉，則名位之以斂束暴人之虔劉，而翕合離散之餘民者，又豈不重哉？寶也者，保也，人之所自保也。天下有道，保以其德；天下無道，保以其名；故陳勝起而六王立，漢室淪而孫、曹僭，禍且爲之衰減。人不可一日而無君……僞者愈於無，況崛起於厭亂之餘以乂安四海者哉！〔註37〕

「天地之大德曰生，聖人之大寶曰位」二語出自《易經・繫詞下傳》。船山認爲「聖人之大寶曰位」不只是強調君主有宰理臣民的權力，更重要的是在君臣名分確立後，由君主出來協調紛爭、穩定社會秩序，人民才能安居樂業。名分是手段，保障人民生存才是目的。船山此處又特別強調「名分」是保障人民生存的唯一且必要的手段，他以秦末、三國、新莽及隋末的歷史經驗爲例，認爲秦末與三國的禍害較溫和，新莽與隋末的殺戮、掠奪最嚴重，原因在於秦末與三國有不少地方勢力都稱王稱帝，新莽與隋末的民變卻無此現

〔註37〕見〔明〕王夫之：《讀通鑑論》「隋煬帝」第5則，頁723～724。

象。雖然秦末與三國群雄多割據一方，「帝王」稱號是自我吹噓、誇大不實，其行徑亦多粗鄙而不合君道，但既然冠上帝王、牧守、將相的稱號，在文化傳統影響之下，人民對他們會有所期待，他們也會自我收斂，不致有濫殺等過分的舉動，減少對人民的傷害。可見即使遭逢亂世或無道之君，「名分」仍然起著強大且正面的約束作用。這反過來又證明了「名分」對人類社會的生存延續是不可或缺的，如船山云：「人不可一日無君」〔註 38〕。「愛民之仁」與「君臣之義」兩項原則同樣做爲國家的支柱，缺一不可，而又以保民愛民爲優先。

（二）以賞罰行教化

「賞罰」是政治權力的最明顯運用，先秦時代的韓非子曾說：「明主之所導制其臣者，二柄而已矣。二柄者，刑、德也。何謂刑德？曰：殺戮之謂刑，慶賞之謂德。爲人臣者畏誅罰而利慶賞，故人主自用其刑德，則群臣畏其威而歸其利矣。」〔註 39〕這是利用人之趨利避害的生物本能來操控、宰制臣民，以便建立君主的絕對權威。韓非子又有「審合刑名」之說：「故群臣其言大而功小者則罰，非罰小功也，罰功不當名也。群臣其言小而功大者亦罰，非不說於大功也，以爲不當名也害甚於有大功，故罰。」「故明主之畜臣，臣不得越官而有功，不得陳言而不當。越官則死，不當則罪。」〔註 40〕賞罰的依據不在功勞的大小，而是看功勞是否符合臣下的職掌或原先的建言而定。如此便可將臣民納入客觀、嚴密的政治結構當中，人人各司其職、互相配合，使整體運作效率達到最大。

韓非子的政治理論是純從功利的角度來考量，至於儒家，雖然也強調「聖王之治」，聖王亦有賞罰大權，如《尚書》云：「天命有德，五服五章哉！天討有罪，五刑五用哉！」〔註 41〕但儒家對人性的看法顯然與韓非子不同，人性除了利欲等現實層面，還有追求美善的道德價值層面存在；而道德是發自本心、出自本性，並非任何外在條件所能制約、操控的。儒家心中的理想社

〔註 38〕荀子亦有類似看法，《荀子・王制》：「故人生不能無群，群而無分則爭，爭則亂，亂則離，離則弱，弱則不能勝物；故宮室不可得而居也，不可少頃舍禮義之謂也。能以事親謂之孝，能以事兄謂之弟，能以事上謂之順，能以使下謂之君。」

〔註 39〕見《韓非子・二柄》。

〔註 40〕見《韓非子・二柄》。

〔註 41〕見《尚書・虞書・皋陶謨》。

會，也是「老者安之，朋友信之，少者懷之」，涵育在聖人德化中的大同世界。如果人人都能自動自發行善，則自然不需要以賞罰做爲控制人民的手段。如果以賞罰爲手段，則難免又落入前述韓非子的思路，只注重人民的外在行爲是否受法律制約，而以利益的最大化爲目標。

儒家對人性並不抱持盲目樂觀的態度，韓非子所說人人皆有趨利避害的生物本能，在儒家也承認，而以小體或氣性的角度視之。儒家的「聖王之治」便是要溝通理想與現實之間的落差，一方面堅持人性本善、以道德價值爲優先的立場，指出賞罰（及賞罰所操控的人性）之不足。另一方面又承認人的現實限制，認爲在理想社會實現前，賞罰仍爲不可或缺的手段；恰當運用賞罰，亦是聖王德性與智慧的表現。船山便是站在前述儒家立場，進一步探索內在價值與外在制約之間的互動關係，從社會心理的角度，分析賞罰達成的教化效果，澄清儒家「教化」的眞義；並且從賞罰的限制出發，試圖將「道德」與「政治」兩領域做出區分。首先舉船山對王謐的評論爲例：

> 廉恥之喪也，與人比肩事主，而歆於佐命之榮賞，手取人之社稷以奉姦賊而北面之……天下猶知指數之也；幸而不遇光復之主，及身爲戮，而猶無獎之者。上有獎之者，天下乃不知有廉恥，而後廉恥永亡。
>
> 王謐世爲晉臣，居公輔之位，手解安帝璽綬以授桓玄，爲玄佐命元臣，位司徒……義兵起，桓玄走，晉社以復，謐以玄司徒復率百官而奉迎安帝，此誠豺虎不食、有北不受之匪類矣……而劉裕念疇昔之私好，追還復位，公然鵠立於百僚之上，則其崇獎姦頑以墮天下之廉恥也，唯恐不夙。苟非志士，其孰不相率以即於禽獸哉！俄而事此以爲主，而吾之富貴也無損；俄而事彼以爲主，而吾之富貴也無損；奪人之大位以與人，見奪者即復得焉，而其富貴也抑無損。獎之以敗閑喪檢，而席榮寵爲故物，則何怪謝晦、褚淵、沈約之無憚無慚，唯其所欲易之君而易之邪？
>
> 嗚呼！忠與孝，非可勸而可懲者也。其爲忠臣孝子矣，則誘之以不忠不孝，如石之不受水而不待懲也。其爲逆臣悖子矣，則獎之以忠孝，如虎之不可馴而不可懲也。然則勸懲之道，唯在廉恥而已。不能忠，而不敢爲逆臣；不能孝，而不敢爲悖子；刑齊之也，而禮之精存焉。刑非死之足懼也，奪其生之榮，而小人之懼之也甚於死。

> 天子正法以誅之，公卿守法以詰之，天下之士，衣裾不撇其門，比閭之氓，望塵而笑其失據，則懼以生恥。始恥於名利之得喪，而漸以觸其羞惡之眞，天子大臣所以濯磨一世之人心而保固天下者在此也。〔註42〕

王謐是東晉至南朝宋之際的大臣，他雖然是朝中名士，卻參與了東晉末年的桓玄之亂，代表晉安帝將傳國玉璽獻給桓玄，助其篡位。劉裕起兵擊敗桓玄後，部將常責問王謐此事，王謐自己亦感到恐懼而逃跑；但劉裕卻不計前嫌，繼續任用王謐擔任司徒，位列三公。船山認爲這是因爲劉裕和王謐有私交的緣故〔註43〕，但也可能是考量到朝廷政局的安定。船山很不贊同劉裕的做法，他認爲歷史上固然有很多人像王謐一樣，爲了政治利益而背叛君主，違反君臣之義；但只要主其事者失敗，從旁協助者也大多沒有好下場。像王謐這樣協助篡位失敗，還能安居高位的大臣，實不多見。這也反映了東晉、南朝由世族領政，「忠君」觀念淡薄的時代風氣。皇帝只是世族的共主，君可更換，但實際掌權的世族不變。

船山從尊君的立場出發，對王謐做了道德與法律的批判，法律上王謐是協助非法政變，道德上對賜予厚祿的君主忘恩負義，也不是應有的作爲。除此之外，船山還從社會層面著眼，認爲劉裕對賞罰的錯誤運用，破壞了社會的良善風氣。這牽涉到船山對「忠孝」與「廉恥」的區分：（一）忠孝是發自內心，屬內在動機層次，如船山所說：「忠與孝，非可勸而可懲者也。」如果一個人眞心認同忠孝的重要，即使沒有外在賞罰，他也會自動自發去做；如果一個人的想法是以功利爲優先，即使對他宣傳忠孝的重要，他也很難接受。賞罰對人的制約有其限度，許多時候人的行爲選擇與價值判斷不只依據賞罰，不像動物一樣只有簡單的本能反應。故船山不贊成直接透過政治上的賞罰來改造人心，使人向善。（二）賞罰雖然有其限度，但在一定的範圍內，賞罰仍然有極大的影響力，這就是船山所提出的第二個層次「廉恥」。「廉恥」在文中是指外在名聲、社會評價，接受賞賜的人，在社會上自然會成爲眾人仰慕的對象；遭受處罰的人，自然會被眾人唾棄。這類社會評價對人的影響，

〔註42〕見〔明〕王夫之：《讀通鑑論》「晉安帝」第10則，頁530～531。

〔註43〕據《資治通鑑》記載：「初，裕名微位薄，輕狡無行，盛流皆不與相知，惟王謐獨奇貴之，謂裕曰：『卿當爲一代英雄。』裕嘗與刁逵樗蒲，不時輸直，逵縛之馬柳。謐見之，責逵而釋之，代之還直。由是裕深憾逵而德謐。」見〔宋〕司馬光等：《資治通鑑・晉紀三十五・安皇帝戊元興三年》，卷50。

可能比賞罰本身更大。

因此船山認爲，政治上聖王的「賞善罰惡」，依照善惡來進行賞罰是很重要的。尚未開悟的一般人，雖然未必眞心認同道德的價値，只是出於貪圖獎賞（及所帶來的美名）、畏懼懲罰（及所帶來的惡名）的心態，在「廉恥」的壓力下，做出合乎道德的行爲，但久而久之，這些行爲也會對人的心態產生影響，提升了「觸其羞惡之眞」，使其良心發現的機會。劉裕對王謐的獎賞，正好與前述原則相反，只會鼓勵眾人作亂犯上。在船山看來，儒家的教化或「聖王之治」，其重點不在於君主的口頭提倡、對臣民直接進行道德勸說，而是建立一套合理的賞罰制度，透過賞罰所引發的社會評價，及社會評價對人的影響，間接地達成「濯磨人心」的效果。可見船山的基本立場，是以道德原則來貫串政治、社會等不同領域；並在本心的自覺與純粹外在制約之間，尋找一條中間路線。以下再從船山對「以德化民」的闡釋，看他對道德與政治兩領域的區分：

> 以德化民至矣哉！化者，天事也，天自有其理氣，行乎其不容已，物自順乎其則而不知。聖人之德，非以取則於天也，自修其不容已，而人見爲德。人亦非能取則於聖人也，各以其才之大小純駁，行乎其不容已，而已化矣。故至矣、尚矣，絕乎人而天矣。謂其以德化者，人推本而爲之言也；非聖人以之，如以薪煬火，以勺斞〔註44〕水，執此而取彼之謂也。夫以德而求化民，則不如以政而治民矣。政者，所以治也。立政之志，本期乎治，以是而治之，持券取償而得其固然，非僞也，則猶誠也。持德而以之化民，則以化民故而飾德，其德僞矣。挾一言一行之循乎道，而取償於民，頑者侮之，黠者亦飾僞以應之，上下相率以僞，君子之所甚賤，亂敗之及，一發而不可收也。
>
> 夫爲政者，廉以潔己，慈以愛民，盡其在己者而已。至於內行之修，則尤無與於民，而自行其不容已，夫豈持此爲券以取民之償哉？……夫德者，自得也；政者，自正也。尚政者，不足於德；尚德者，不廢其政；行乎其不容已，而民之化也，俟其誠之至而動也。上下相蒙以僞，姦險戕奪，若火伏油中，得水而燄不可撲……其所云德化

〔註44〕斞，音ㄐㄩ。《說文解字》：「斞，挹也。」段玉裁注：「挹亦抒也。詩箋、禮注皆用斞，皆謂挹酒於尊中也。」

者，一廉恥蕩然之爲也。〔註 45〕

「以德化民」是儒家的最高理想，一般人對「以德化民」的理解，是區分成「施教者」與「受教者」，前者教導後者，後者學習前者。船山的看法卻不同，他強調「化者」是「天事」，這裡的「天」有自然而然的意思，即泯除施教者與受教者的區別，渾化在道德境界當中。聖人取法於天，不是機械地模仿天道運行的外在形式，而是向內體會不容已的天命之性，由內而外自然表現出道德行爲。常人效法聖人，也不是死守聖人制訂、宣講的外在規條，而是依照個人的才性，以最合宜的方式，將德行生命呈現出來。德化境界只有上天才能徹底實現，就人來說則是無窮無盡的歷程。故聖人「以德化民」只是虛說，禮義表面上是來自聖人的教導，實際上是百姓的自我覺醒、自我啓蒙，不必如薪與火、勺與水一樣，有主客、高低之分。

船山認爲如果對「以德化民」沒有正確的理解，還不如強調「以政治民」。一般人所理解的「以德化民」，是要求當政者在道德上做爲人民學習的對象，這雖然不算錯，但如果當政者只是口頭提倡而無確切實踐，便易給人民虛假之感。在這種情況下，人民會對當政者抱持質疑、敵意，甚至仿效當政者的言行不一，而非原先所提倡的道德規條，故對社會風氣有不利影響。由於沒有人（包括君主本身）可以保證自己的行爲完美無缺，前述錯誤也就特別容易發生。反之，如果強調「以政治民」，所追求的是具體的政績，無論是否達成，都有客觀標準可供檢驗，而非不可企及的理想。船山以「持券取償」爲喻，「券」是當政者宣傳的目標，「償」是目標是否達成。與「以德化民」相比，「以政治民」更能如實地達成目標，建立政府與人民的互信。這裡可看出道德與政治領域的差異，道德是自我反省、自我修養，追求內在德性的完善；政治則是以外在事務的處理、具體問題的解決爲重心。〔註 46〕

〔註 45〕見〔明〕王夫之：《讀通鑑論》「隋文帝」第 10 則，頁 708～709。

〔註 46〕徐復觀先生在〈儒家在修己與治人上的區別及其意義〉一文，對此意有很好的説明。他說：「孔孟乃至先秦儒家，在修己方面所提出的標準，亦即在學術上所立的標準，和在治人方面所提出的標準，亦即在政治所立的標準，顯然是不同的。修己的，學術上的標準，總是將自然生命不斷底向德性上提，決不在自然生命上立足，決不在自然生命的要求上安設人生價值的。治人的政治上的標準，當然還是承認德性的標準；但這只是居於第二的地位，而必以人民的自然生命的要求居於第一的地位。」在〈釋論語「民無信不立」〉一文，又說：「我認爲孔子主張『去食』而不去信，是要政府不可因財政困難而輕作失信於民的措施。孔子斷無民可以餓死而民之信不可放鬆的意思。」「儒家不船山在這一則的第三段，還提出了相當新穎的觀念——當政者的私生活（內行之修）與對公共事務的處理，應該分開看待。〈大學〉強調「修身、齊家、治國、平天下」，以前者爲後者的必要條件。由於家、國、天下都是以道德爲根本原則，如果私德不夠完善、人格有瑕疵，也就不可能令人心服而管理好國政。當政者的道德影響力是政治良窳的關鍵。船山卻認爲對當政者的要求，應以「廉以潔己，慈以愛民」，也就是以涉及公眾利益的部分爲主，私德的好壞並非關鍵。當然船山也不是完全忽略私德，如果公德和私德都具備，固然最好；但如果兩者不可兼得，則應該區分出公、私領域，並以公領域的考量爲先。船山此說和西方民主社會的觀念是很相近的，如盧梭在《社會契約論》書中說：

> 除了這個公共人格而外，我們還得考慮構成公共人格的那些私人，他們的生命和自由是天然地獨立於公共人格之外的。因此，問題就在於很好地區別與公民相應的權利和與主權者相應的權利，並區別前者以臣民的資格所應盡的義務和他們以人的資格所應享的自然權利。我們承認，每個人由於社會公約而轉讓出來此的自己一切的權力、財富、自由，僅僅是全部之中其用途對於集體有重要關係的那部分。〔註47〕

由盧梭的說法可推知，如果一個人的行爲並未影響到公眾，即使其行爲是不道德的，社會也應給予尊重。但有趣的是，在西方社會中，政治人物若涉及緋聞，便等於宣佈了政治生命的終結。西方選民對政治人物婚外情的指責，並非僅針對道德瑕疵，因爲這乃是旁人不容置喙的私生活問題。西方社會所重視的，其實是政治人物的「誠信」問題。政治人物若連婚約都可以陽奉陰違，他又將何以向選民保證，他在競選時所做的承諾，不會失信於關係疏遠的民眾？〔註48〕這又和船山對「誠信」的重視有相通之處了。

是不重視教，但儒家之所謂教，只是『申之以孝弟之義』、『皆所以明人倫』，這是就每一個人的基本行爲而啓示以基本規範。」此說與船山的觀念是相通的。二文皆收入徐復觀：《儒家政治思想與民主自由人權》（台北：學生書局，1988 年增訂再版），頁 193、199 與 203。

〔註47〕見盧梭（Jean-Jacques Rousseau）著，何兆武譯：《社會契約論》第二卷第四章「論主權權力的界限」（北京：商務印書館，1980 年），頁 27。

〔註48〕見楊泰順：〈政治人物的緋聞與誠信〉（內政（評）091～202 號），財團法人國家政策研究基金會「國政評論」網站，http://old.npf.org.tw/PUBLICATION/IA/091/IA-C-091-202.htm。又以美國前總

第三節　禮樂精神

在船山思想當中，「禮」的地位是相當重要的。如同唐君毅先生所說：「恭敬之心，辭讓之心，人皆有之……然不見于具禮儀威儀之實事，則不足以化民成俗。不足共喻，不能化民成俗，則終只爲主觀精神，而不能成客觀之共同之精神表現。」「船山則正能處處扣緊氣之表現，以言禮意者也。」〔註 49〕可見船山對「禮」的重視，實根源於重氣，亦即「道德之理必彰顯、落實於實事」的思想。恭敬之心、禮儀之理是一，但順應不同的歷史背景、地理環境，「禮」的表現方式也會有所改變，需要「因革損益」〔註 50〕，隨時代而調整，在不犧牲道德內涵的前提下，找出最適合當前的做法。又由於「禮」包含主觀精神與客觀表現兩面，船山不只將「禮」看成表面儀節，強調「禮」對人心有潛移默化作用，心與禮是交互涵養、相輔相成的，故「禮」必不可廢。音樂方面，船山也不只將「樂」視爲演奏技巧或感官享受而已。他認爲「樂」的精神即在化繁爲簡，如天道之「一」貫串世間紛雜之「多」。「以簡御繁」的原則不只用於音樂，也是自然與人事的根本道理。

（一）禮的精神

船山論禮，首先將「禮」視作維繫自然與人間世界的根本原理，將「禮」抬到至高無上的地位：

> 聖王之教，絕續之際大矣哉！醇疵之小大，姑勿苛求焉，存同異於兩間，而使人猶知有則，功不可沒已。其疵也，後之人必有正之者矣。故君子弗患乎人之議己，而患其無可議也。
>
> 夫禮之爲教，至矣大矣，天地之所自位也，鬼神之所自綏也，仁義之以爲體，孝弟之以爲用者也；五倫之所經緯，人禽之所分辨，治亂之所司，賢不肖之所裁者也，舍此而道無所麗矣。故夷狄蔑之，盜賊惡之，佛、老棄之，其絕可懼也。有能爲功於此者，褒其功、略其疵可也。〔註 51〕

統柯林頓（Bill Clinton）與白宮實習生陸文斯基的緋聞案爲例，柯林頓成爲美國歷史上第二次由國會啓動彈劾程序的總統，遭彈劾的理由並非私德有虧，而是先前接受司法調查、面對陪審團時，柯林頓有說謊、作僞證之嫌所致。

〔註 49〕見唐君毅：《中國哲學原論・原教篇》（台北：學生書局，1990 年），頁 637。

〔註 50〕《論語・爲政》：「殷因於夏禮，所損益可知也；周因於殷禮，所損益可知也。」

〔註 51〕見〔明〕王夫之：《讀通鑑論》「梁武帝」第 10 則，頁 634～635。

這一則是褒揚西漢初年與南朝梁的儒者修訂禮制的功績。西漢初年，叔孫通制訂朝儀，雖然因爲秦朝焚燬儒家典籍，導致禮儀因陋就簡、殘缺不全；儒學在漢朝的發展，更混雜陰陽五行等妖妄成分；但如果沒有漢朝人的保存，後人也就無法針對這些儀式進一步探索、反省，從而恢復禮的眞實意涵。〔註52〕如梁武帝下令整理五禮時，儒者許懋便上書批評「封禪」乃「緯書之曲說」，是爲了滿足君主的虛榮心，應予以廢除。〔註53〕可見船山在「禮」的問題上，主張積

〔註52〕船山說：「秦滅先王之典，漢承之而多固陋之義，然叔孫通之苟簡，人見而知之，固不足以惑天下於無窮也。若叔孫通不存其髣髴，則永墜矣。」見〔明〕王夫之：《讀通鑑論》「梁武帝」第10則，頁634。據《史記》記載，叔孫通曾在秦二世詢問陳勝起義時，表示天下太平無事；在楚漢相爭時，順從劉邦的喜好及戰爭需要，不穿儒服、不引薦儒者，遭到弟子竊罵，並被魯國儒生譏諷爲「公所事者且十主，皆面諛以得親貴」。他所制訂的朝廷禮儀，亦是「頗采古禮與秦儀雜就之」，混合儒家與法家的產物。見《史記・劉敬、叔孫通列傳》。但司馬遷還是褒揚叔孫通：「希世度務，制禮進退，與時變化，卒爲漢家儒宗。」叔孫通這種油腔滑調、毫無原則的表現，頗令《資治通鑑》的作者司馬光不滿，他說：「惜夫，叔孫生之爲器小也！徒竊禮之糠粃，以依世、諧俗、取寵而已，遂使先王之禮淪沒而不振，以迄於今，豈不痛甚矣哉！」對叔孫通深惡痛絕。見〔宋〕司馬光等：《資治通鑑・漢紀三・太祖高皇帝中七年》，卷11。現代學者則從司馬遷的評論出發，認爲叔孫通博學多才、寬容大度，在漢朝統一天下後，能夠不計前嫌，重新舉薦當初謾罵他的弟子，還將劉邦所賜黃金盡數分給他們。他對秦二世的諂媚，亦是求取生存的無奈之舉，在回應秦二世後，斷然拋棄封賞出奔；儘管過程中曾投效多位君主，但在降漢之後，便盡忠職守、絕無二心。叔孫通以過人的才能和高超的處世藝術，使儒學與政治初步結合，爲儒學在漢初的發展作出開創性的貢獻，也爲儒學的全面興盛奠定了基礎。見劉建欣：〈論叔孫通何以成爲「漢家儒宗」〉，《黑龍江教育學院學報》第29卷第12期（2010年12月），頁4～6。船山的看法比較持平：「唯叔孫通之事十主而面諛者，未可語此耳。則苟且以背於禮樂之大原，遂終古而不與於三王之盛。」「大序至和之實，不可一日絕於天壤；而天地之產，中和之應，以瑞相祐答者，則有待以備乎文章聲容之盛，未之逮耳。然草創者不爽其大綱，而後起者可藉，又奚必人之嫺於習而物之給於用邪！」一方面認爲叔孫通個人操守太差，並非制禮作樂的恰當人選，給予其負面評價；另一方面卻也肯定漢初恢復禮儀，客觀上有其必要性與價值，維繫了文化道統的傳承與發展。見〔明〕王夫之：《讀通鑑論》「漢高帝」第12則，頁87。

〔註53〕許懋〈封禪議〉：「鄭引《孝經鉤命決》云『封於泰山，考績柴燎，禪乎梁甫，刻石紀號』。此緯書之曲說，非正經之通義也。」「若是聖主，不須封禪；若是凡主，不應封禪……孫皓遣兼司空董朝、兼太常周處至陽羨封禪國山。此朝君子，有何功德？不思古道而欲封禪，皆是主好名於上，臣阿旨於下也。」收入〔唐〕姚思廉：《梁書・列傳第三十四・司馬褧、到溉、劉顯、劉之遴、許懋》，卷40。

極討論、行動，反對消極忽視，或採取完美主義的態度。如果要等到個人才德、社會環境或文獻典籍皆臻完善才行動，一方面個人與社會的進步無窮無盡，如此將等待過久，使禮永遠荒廢。另一方面個人的見識、才能無論多高，仍屬有限；禮的發展也必須在前人累積的基礎上，創造出最適合現代的方式，很難憑空想像，或有一套十全十美、適用於所有時空的具體規範。故「禮」的內涵是在不斷發展、修正當中，日漸豐富、擴大的。在此過程中，可能如秦漢之際，失卻禮的原意；但也可能如南朝梁的儒者，將禮的原意再加以澄清。對「禮」的了解是進步抑或退步，尙屬次要，最重要的是持續關注這一議題，斷不可徹底荒廢。

船山又認爲「禮」是區別儒家與異端（夷狄、盜賊、佛老）的關鍵所在，夷狄、盜賊未受啓蒙開化，順感性私欲而行，故對約束行爲、陶養性情的禮儀有所排斥、厭棄；佛老雖未必否定禮，但對禮也只是消極地保存，未能從正面、積極的角度，肯定禮有盡倫成物的大用。故在船山看來，夷狄、盜賊、佛老都無法維繫國家社會的綱紀。只有兼顧「心」與「事」的儒家禮教，才是通貫自然與人事的常道、正道，可見船山對「禮」是極爲重視的。順此思路，船山對「禮」又有「可變」與「不可變」的區分：

> 禮有不可變者，有可變者。不可變者，先王亦既斟酌情理，知後之無異於今，而創爲萬世法；變之者非大倫之正也。可變者，在先王之世，尊尊親親，各異其道，一王創制，義通於一，必如是而後可行；時已變，則道隨而易，守而不變，則於情理未之協也。〔註54〕

船山認爲禮有「不可變者」，這「不可變者」即指某些永恆不變的倫常規範，這些規範是從先秦儒家就已確立的，其內容甚爲具體，如三年之喪、厚葬等。有「可變者」，這「可變者」涉及特定歷史背景，隨著時代變遷，這一層次的規範也不能拘泥死守，必須視情況靈活調整。故船山論「禮」實預設了三個層次：一是禮的根源，即先王的仁義禮敬之心；二是不可變的倫常、大倫之禮；三是可變的日常生活、應對進退之禮節。以下就從船山堅持不可變的「三年之喪」，觀察倫常之禮的內容：

> 杜預欲短太子之喪，而曰：「君子之於禮，存諸內而已。」安得此野人之言而稱之哉……內外交相維、交相養者也，既飾其外，必求其內，所以求君子之盡其誠；欲動其內，必飭其外，所以導天下而生

〔註54〕見〔明〕王夫之：《宋論》「宋太祖」第13則，頁43。

其心也。今使衰麻其衣，疏糲其食，倚廬其寢處，然而馳情於淫侈以忘其哀慕者，鮮矣；耳目制之，心不得而動也。藉令錦其衣，肉其食，藻井綺疏金樞玉户其寢處，雖有哀慕之誠，不蕩而忘者，鮮矣；耳目移而心爲之蕩也。故先王之制喪禮，達賢者之内於外，以安其内；而制中材之外，以感其内。故曰：直情徑行，戎狄之道也。〔註55〕

杜預認爲「三年之喪」時間太長，提倡「心喪」，主張在心上保存對父母的哀思即可，不必拘泥喪服、粗食等外在形式。船山認爲杜預的說法是異端邪說，內外是交互影響的，如果在日常生活的食、衣、住各方面，都能力求樸素，這些儀式便會提醒人，使人自然生起哀悼、肅穆之情。如果跟平常一樣花天酒地、大吃大喝，即使心中有哀慕之情，在耳濡目染之下，也會很快淡忘。先王當然知道有些人對父母的感情不甚深厚，但先王仍然堅持三年之喪，便是期望透過喪禮，喚醒這些人的孺慕之情；也藉由喪禮，令孝順父母的君子、賢者不致過於悲傷，合乎分寸節度而體現中庸之道。可見在船山看來，內在之「心」與外在之「事」缺一不可，「直情逕行」而純依內在，便有落入夷狄禽獸的危險。

船山更進一步指出，歷史上「奪情起復」〔註56〕的官員，表面上是爲國家政務犧牲奉獻，實只是以此爲藉口，眞正的動機是怕離職影響仕途。如船山說：「奪情之言揚於廷……史嵩之、李賢、張居正、楊嗣昌之惡，滔天而無可逭矣。」〔註57〕「立身揚名、移孝作忠之說，皆唯其口給以與人相齧齕……豈果謂此一人者不可旦夕不立於廷哉？」「然而決忍於禽獸之爲，亦有繇已……所恃以鉗盈廷之口、掩不軌之情者，唯魁柄在握，日得與宮廷相接納，而欲指摘之者不得其要領耳……一離乎其位，大則禍亟隨之，小亦不能以更進。」〔註58〕他們將佔有權力的重要性置於親情之上，罪惡滔天，行徑如同禽獸。但「三年之喪」也有例外，船山說：「三代有天下者，名而已矣，其實

〔註55〕見〔明〕王夫之：《讀通鑑論》「晉武帝」第6則，頁422～423。

〔註56〕「奪情起復」是爲國家奪去了孝親之情，可不必去職，以素服辦公。在中國古代，官員如遇父母之喪，通常都要停職返鄉，守孝二十七個月，方能繼續任職。只有遭遇戰爭等緊急狀況時，才可以特准「奪情」；其他情況下的奪情，都會引發巨大的倫理爭議。

〔註57〕見〔明〕王夫之：《讀通鑑論》「唐睿宗」第2則，頁823。

〔註58〕見〔明〕王夫之：《宋論》「宋理宗」第5則，頁319～321。

則亦一國也……諸侯入相，自有宗社，而不敢嘗試，非諸侯而相，則夾輔之公侯可入正之，而相臣不敢自恣，則其權分。郡縣之天下，統四海於一人……州牧郡守待命而不能仰詰，四海無誰何者，三年之內，以收人心而移宗社，後雖挽之，禍已發於肘腋矣。」〔註59〕指出郡縣制下，皇帝如果長期不親政，缺少諸侯的制衡，便容易有權臣篡位之大禍。故除了皇帝一人情非得已，允許一邊服喪、一邊辦公之外，其他官員皆不得以此爲藉口。〔註60〕

（二）樂的精神

船山看待音樂的觀點，也是從儒家道德教化的角度切入，認爲「無聲之樂」〔註61〕才是音樂的最高境界，強調「大樂必易」〔註62〕，反對外在的雕琢：

> 天地之生，聲也、色也、臭也、味也、質也、性也、才也，若有定也，實至無定也；若有涯也，實至無涯也。唯夫人之所爲，以範圍天地之化而用之者，則雖至聖至神、研幾精義之極至，而皆如其量。聖者之作，明者之述，就其量之大端，約而略之，使相叶以成用，則大中、至和、厚生、利用、正德之道全矣。其有殘缺不修，紛雜相間，以成乎亂者，皆即此至簡之法不能盡合耳。故古之作樂者，以人聲之無涯也，則以八音節之，而使合於有限之音。抑以八音之無準也，則以十二律節之，而合於有限之律。朴〔註63〕之衍爲七調，合爲十二均，數可循，度可測，響可別，目得而見之，耳得而審之，

〔註59〕見〔明〕王夫之：《讀通鑑論》「陳宣帝」第5則，頁686。

〔註60〕船山說：「宇文邕之令曰：『衰麻之節，苫廬之禮，遵前典，申罔極；軍國務重，須自聽朝。』庶乎其情理之兩得與……雖然，此唯天子而不得不詘爾，翟方進妄自尊以短喪，李賢、張居正怙權而喪其心，豈能託以爲辭哉？」見〔明〕王夫之：《讀通鑑論》「陳宣帝」第5則，頁687。

〔註61〕「無聲之樂」一語出自《禮記．孔子閒居》：「夫民之父母乎！必達於禮樂之原，以致五至，而行三無，以橫於天下。」「無聲之樂」即三無（無聲之樂，無體之禮，無服之喪）之一。

〔註62〕《禮記．樂記》：「樂由中出，禮自外作。樂由中出故靜，禮自外作故文。大樂必易，大禮必簡。樂至則無怨，禮至則不爭。揖讓而治天下者，禮樂之謂也。暴民不作，諸侯賓服，兵革不試，五刑不用，百姓無患，天子不怒，如此，則樂達矣。合父子之親，明長幼之序，以敬四海之內天子如此，則禮行矣。」

〔註63〕王朴是五代後周人，曾奉後周世宗之命考正雅樂，得八十一調，並造「律准」，詔有司依調制曲。其事蹟可參看《新五代史．周臣傳第十九》，卷31。

心得而知之，物可使從心以制，音可使大概而分，其不細也，乃以不淫人之心志也；過此以往，奚所用哉？〔註64〕

船山認爲，天地之間的聲色臭味是無窮無盡的，如果去鑽研音樂本身的複雜變化，只會擾亂心志。聖王作樂是出於「大中、至和、厚生、利用」的道德考量，將音樂當成教化百姓的工具。道理是至簡至易的，配合天道天理，完善的音樂也應化繁爲簡、以簡御繁，把握八音十二律等基本樂理，不必斤斤計較殘缺或紛雜之處，更不能只注重感官享受而落入靡靡之音。王朴對音樂的整理，可說是合乎船山的理想。《禮記・孔子閒居》:「『夙夜其命宥密』，無聲之樂也。」船山在注解這句話時，也有以下見解:「王者夙夜肇基以凝天命，唯務行寬大之政以周悉百姓，則德意旁流，上下忻洽，不必弦歌鐘鼓始爲樂也。」〔註 65〕聖王日夜積德，以寬大之政感化百姓，上下相處融洽，百姓皆在德化政治的陶養下，便是天地間最美好的音樂了。此時音樂僅是作爲一種理想政治境界的象徵，故不再細論。除了史論之外，船山在《詩廣傳》、《尚書引義》、《四書訓義》、《禮記章句》等書，還對音樂有宏遠深刻的討論，現代學者亦有歸納研究〔註66〕，限於篇幅，便不再贅述了。

〔註64〕見〔明〕王夫之:《讀通鑑論》「五代下」第26則，頁1174。

〔註65〕見〔明〕王夫之:《禮記章句》卷29，收入《船山全書》第4冊（湖南：岳麓書社，2011年新版），頁1206。

〔註66〕見陳章錫:〈王船山音樂美學析論〉,《文學新鑰》創刊號，南華大學文學系出版，2003年7月，頁73～95。

第七章　政治活動中的文化與學術

「文化」是人類一切活動的總稱，包括政治、法律、經濟、教育、工藝、科學、宗教、哲學、藝術等人類生活的各方面，皆可納入文化當中，故文化的範圍最爲廣泛。日常生活中所使用的「文化」一詞，則主要是指某一個或某幾個民族或族群的生活形式，如印度文化、西方文化等。

在儒家思想當中，政治與文化的關係，如同第六章政治與社會的關係一樣，兩者是緊密結合的。以孟子爲例，他在駁斥農家「君民並耕而食」的主張時，便列舉了堯、舜、禹、益、后稷、契等古聖先賢。〔註 1〕他們不僅驅散野獸、疏通洪水、種植穀物，推動物質文明的進展；閒暇還教導百姓人倫常道，發揮教化作用。在政治上他們又擔當要職，展現愛民如子的胸懷。無論堯舜在歷史上是否眞如孟子所說，至少可以知道在儒家傳統當中，做爲理想人格典範的堯舜等聖賢，還兼具「政治領袖」與「文化創造者」等身分，不只侷限在政治上的客觀職務。

船山在探索亡國的原因時，也多有從文化層面措思者。由於明代亡於異族，船山又親歷南明的政治鬥爭，故很容易想到亡國是華夏民族不團結所致。這也使船山極重視民族的凝聚力，以民族大義爲第一義，政治上的君臣之義與民族大義衝突時，永遠應該以民族爲優先。要加強民族的凝聚力，又必須從學術思想上著手。如果不能拒斥佛老、陰陽家等沈溺利欲、頹靡人心的邪說，而以儒家的綱紀爲依歸，在國家有難時，也就不能力圖振作，達成救亡圖存的使命了。以下就從包含政治、社會等廣泛的文化層面，觀察船山在民族與學術上，重建華夏正統的努力。

〔註 1〕見《孟子・滕文公上》。

第一節　華夷之辨

「民族」的定義眾說紛紜，可說是一個相當模糊的概念，無論以種族、語言、地理、文化、政治等任何一項做爲劃分民族的標準，都很容易找到反例，推翻這一劃分的可靠性。如「中華」在民國成立前是指漢族，以種族爲劃分依據〔註2〕，但民國成立後卻吸納了少數民族，成爲「五族共和」〔註3〕。

船山身處明末清初遭異族征服的時代，向來被視爲是具有強烈民族主義傾向的思想家。〔註4〕筆者認爲，船山對民族問題之見解，固然有鮮明的漢族中心、漢族沙文主義色彩，但更重要的是船山藉由對經典與歷史的詮釋，試圖鞏固人民對漢族的忠誠，強化共同體的凝聚力〔註5〕，以此做爲對「漢人面對滿清入侵卻四分五裂」之現實政治問題的回應。船山否定文化交流的價值，固然違背現代文化多元的思潮，而顯得不合時宜；但與西方近代民族主義發展的極端形式——帝國主義、法西斯主義相較，船山至少並不贊成漢族以文

〔註2〕孫中山先生創立革命組織興中會時，誓詞部分內容爲「驅逐韃虜，恢復中華」，可見此時滿清等少數民族尚未納入「中華」的範圍。

〔註3〕孫中山先生於民國元年元旦，就任中華民國臨時大總統時，發佈就職宣言云：「國家之本，在於人民，合漢、滿、蒙、回、藏諸地爲一國，即合漢、滿、蒙、回、藏諸族爲一人，是曰民族之統一。」可見此時已將漢族以外的民族，涵蓋在更大的國族觀念之下。見秦孝儀主編：《國父全集》第2冊（台北：近代中國出版社，1989年），頁23～24。

〔註4〕如勞思光即持此論，他說：「船山以明末遺民，痛心時事，故在情緒上最反對外族；實則反對外族之侵略或統治，固是正理；然若因此而構造一虛妄之說，以爲一切民族間無文化交流之必要，甚至以爲一切外族皆屬『賤』種，則是一思想上之大錮蔽。而船山之『民族主義』思想，正得此結局。實爲可歎。」見勞思光：《新編中國哲學史》第3冊（下）（台北：三民書局，1981年），頁730～731。

〔註5〕在此筆者借用西方學者本尼迪克特2·安德森的說法，安氏對民族的界定爲：「它是一種想像的政治共同體——並且，它是被想像爲本質上有限的，同時也享有主權的共同體。」「想像」並非「捏造」，不帶有負面意涵，只是強調「民族」這一概念的主觀性，有賴於社會的認定與創造，非以任何客觀特徵爲界定標準，客觀特徵只是形塑民族意識、建構「想像的共同體」時所使用的素材。見本尼迪克特·安德森（Benedict Anderson）著，吳叡人譯：《想像的共同體——民族主義的起源與散佈》（上海：上海人民出版社，2005年），頁6。唐君毅先生對「民族的凝聚」之義，有很好的說明，他說：「一民族之諸個體人……有共同之精神內容，則人與我之各種特殊之精神活動，交于一共同之文化與精神內容，而又互知此文化、此精神內容，對方亦有之；則各個人之特殊精神，相涵攝而凝一。此即文化之共同，所以爲功于民族中諸個人之集合，而成一整體之民族者也。」見唐君毅：《中國哲學原論·原教篇》（台北：台灣學生書局，1990年），頁660～666。

化、經濟或武力等種種軟、硬實力侵略少數民族，不以異族的拯救者自居，而是強調儘管其他民族之發展落後漢族，仍應盡量保持其民族認同，使之長久生存下去。船山對構成一獨特民族（無論漢族或異族）的「族群性」是非常堅持的，一切對外戰略的制訂，都要以確保族群性爲最高原則，必要時甚至可不擇手段〔註6〕。故本節的論述亦分爲兩部分，前半部分說明船山如何透過地理、血統、道德、政治、外交、經濟、文化等各方面的區分，強化民族認同；後半部分則說明船山認爲應透過哪些軍事手段來達成鞏固族群性的目標。

（一）民族的凝聚

船山對民族的劃分是以「地理」爲起點，他認爲生長於不同的地理環境，其風俗習慣、血統、道德、經濟制度等都會有差異，最典型的例子就是漢族與北方少數民族，前者營農耕，後者營游牧。故這兩類民族在政治、外交上應各自獨立發展，鞏固對本族的支持，減少與異族的交涉。而這種種差異、區分總起來看，就是兩種不同的文化，「文化」可說是船山論民族問題的依歸。

1. 地理的劃分

> 天以洪鈞一氣生長萬族，而地限之以其域，天氣亦隨之而變，天命亦隨之而殊。中國之形如箕，坤維其膺也，山兩分而兩迤，北自賀蘭，東垂於碣石，南自岷山，東垂於五嶺，而中爲奧區、爲神皋焉。故裔夷者，如衣之裔垂於邊幅，而因山阻漠以自立，地形之異，即天氣之分；爲其性情之所便，即其生理之所存。濫而進宅乎神皋焉，非不歆其美利也，地之所不宜，天之所不佑，性之所不順，命之所不安。是故拓拔氏遷雒而敗，完顏氏遷蔡而亡，游鱗於沙渚，嘯狐於平原，將安歸哉？待盡而已矣。〔註7〕

船山首先以地理環境來區分漢族與異族，他認爲華夷之間有「自然疆界」的存在，且明確限定漢族的領土範圍爲「北自賀蘭，東垂於碣石，南自岷山，

〔註6〕船山說：「夷狄者，殲之不爲不仁，奪之不爲不義，誘之不爲不信。」見〔明〕王夫之：《讀通鑑論》「漢昭帝」第3則，收入《船山全書》第10冊（湖南：岳麓書社，2011年新版），頁155。船山雖秉持儒家思想，以仁義爲依歸，但其觀點是華夏民族爲具有「人」的身分、具有人性（道德性）的民族，夷狄則不具備完整的人性。唯有保住華夏民族，才能保住仁義；如果不能保住華夏民族的生存，空談仁義並無意義，故有此憤激之言。

〔註7〕見〔明〕王夫之：《讀通鑑論》「晉成帝」第13則，頁485～486。

東垂於五嶺」，異族固然不該入侵漢族的生存空間，但相對地，漢族也不必妄想征服其生活圈以外的區域。受地理環境的影響，漢族與異族在各方面都有差異，簡言之即是「農耕文明」與「草原文明」兩種生活方式的不同，若任意遷居則將導致其族群性逐漸消亡，被當地的強勢族群同化。蕭敏如針對這點，提出了一個有意義的問題：「春秋時期以楚爲『荊蠻』，可是明末清初的王夫之已明確界定以『代、粵、海、磧』爲漢文化的邊緣，不僅呈顯出華夏認同在地理上的擴張，也反映出民族文化的地域歸屬概念，不斷流動與擴大。」〔註 8〕所以「如果華夏文化與政權自春秋以來，眞按照王夫之『王者不治夷狄』、夷夏地域不可互涉的論點，則不可能出現『代、粵、海、磧』之間的『華夏』疆域。」〔註 9〕照這樣看來，船山之說似乎有自相矛盾之處。其實漢族的活動區域，自大一統帝國成立後，即逐漸定形在船山指涉的範圍內，越出此範圍，北方已不適宜農耕，東方與南方爲海洋，西方爲崇山峻嶺。除異族入主中國的朝代外，漢武帝的領土擴張，已大致奠定了華夏的疆域基礎，船山亦認可漢武帝的舉動有合理性。春秋時代華夏文化的形塑過程，固然可用「流動與擴大」來解釋，但船山「王者不治夷狄」的論點，大體仍可適用於秦漢以後的朝代上。

> 遐荒之地，有可收爲冠帶之倫，則以廣天地之德而立人極也；非道之所可廢，且抑以紓邊民之寇攘而使之安。雖然，此天也，非人之所可強也。天欲開之，聖人成之；聖人不作，則假手於時君及智力之士以啓其漸。以一時之利害言之，則病天下；通古今而計之，則利大而聖道以弘。天者，合往古來今而成純者也。〔註 10〕

這一段是船山對漢武帝開疆拓土的評論，如前所述，這行動奠定了華夏疆域的基礎，使漢文化傳播到華南、嶺南、西南等地，反過來充實了漢文化的內涵，如船山所說：「江、浙、閩、楚文教日興，迄於南海之濱、滇雲之壤，理學節義文章事功之選，肩踵相望，天所佑也，漢肇之也。」〔註 11〕爲什麼船山認爲將廣東、雲南等地納入版圖「非道之所可廢」，而更遙遠的區域，如朝

〔註 8〕見蕭敏如：〈清初遺民《春秋》學中的民族意識——以王夫之、顧炎武爲主的考察〉，《台北大學中文學報》第 5 期（2008 年 9 月），頁 200。

〔註 9〕見蕭敏如：〈清初遺民《春秋》學中的民族意識——以王夫之、顧炎武爲主的考察〉，頁 200。

〔註10〕見〔明〕王夫之：《讀通鑑論》「漢武帝」第 15 則，頁 137～138。

〔註11〕見〔明〕王夫之：《讀通鑑論》「漢武帝」第 15 則，頁 138～139。

鮮、越南、蒙古、新疆等就排除在外呢？這還是要回到前文所說，華南、嶺南是直接與中原接壤、可以人力到達且適宜人居的；更遙遠的地方如果不是草原、沙漠，就是以古代的科技、交通來說，經營、管理的成本過大，即使一時佔據也無法長久。這些複雜的因素，在船山即以「天」稱之〔註 12〕。

但以地理及生活方式來劃分華夷，是船山歸納歷史經驗所得出的結論；漢武帝對此未必有清楚的認識，南征並不是自覺地、有意識地確保華夏的活動範圍，只是出於好大喜功之私。南征造成百姓的極大痛苦，但無形間卻也推動了歷史的發展。歷史上華夏文明的活動範圍是從中原開始，不斷往外擴張，到漢武帝才累積足夠的政治、經濟、軍事力量，將廣東、雲南納入版圖。船山從「後見之明」的角度，指出這樣的擴張已達極限，無法超越自然環境所設下的限制。現代科技、交通之發達，遠超過船山身處的時代，已能克服這些限制，但不可否認船山所論在古代仍有其合理性。

2. 血統的劃分

> 漢詔南單于徙居西河美稷，人極之毀，自此始矣。非但其挾戎心以乘我也，狎與之居而漸與之安，風俗以蠱，婚姻以亂，服食以淫，五帝、三王之天下流泆解散，而元后父母之大寶移於非類，習焉而不見其可恥也，間有所利而不見其可畏也……迤及於千歲以後，而忘其爲誰氏之族矣。〔註 13〕

> 自拓拔氏之興，假中國之禮樂文章而冒其族姓，隋、唐以降，胥爲中國之民，且進而爲士大夫以自旌其閥閱矣。高門大姓，十五而非五帝三王之支庶，婚宦相雜，無與辨之矣……天地之紀，亂而不可復理，乾坤其將毀乎！〔註 14〕

船山不欣賞混血兒，也否定因混血而必然產生的文化交流的價值。現代人很難認同船山這類帶有種族主義色彩的言論〔註 15〕，歷史上中西文化的交流，

〔註 12〕船山「天」的意義是對比於人力而言，指非人力可成。

〔註 13〕見〔明〕王夫之：《讀通鑑論》「漢光武帝」第 36 則，頁 248～249。

〔註 14〕見〔明〕王夫之：《讀通鑑論》「晉惠帝」第 2 則，頁 436。

〔註 15〕曾昭旭先生依照船山對《春秋》的詮釋，認爲：「船山嘗論夷狄之所以爲夷狄，非以其種族之異，乃文化之異也。」「船山前論之激切，俱爲就第一義之夷夏大防而言者矣。若單就夷狄而言，則未嘗不可姑從其末而閔之也……後人不詳考其故，遂易誤之爲狹窄之民族主義者。」見曾昭旭：《王船山哲學》（台北：里仁書局，2008 年），頁 152、159。筆者認爲，文化的區分固然是船山論華夷之辨的依歸，但種族的區分也是船山所注重的，故對隋唐時代胡漢混

傳入許多新事物與新思想，如椅子、葡萄、佛教等，使華夏文化的內涵更加豐富。唐朝中西交流最興盛，但唐朝的國力卻是歷代最強，可見文化交流非如船山所想的那麼負面。船山此論除了展現出他堅持華夏文化的「純正性」、不可參雜其他成分外，還有政治、軍事上的考量，混血兒因其血統、文化及生長環境之故，對漢人建立的中央政府，效忠與認同程度通常較低；混血兒勢力壯大之後，可能被外族利用，成爲國防的隱憂。這確實是歷史上的事實，如西晉末年的五胡亂華，便是由遷徙中原的胡漢混合部族所發動。但此說面臨的困難比上述的「自然疆界」說更大，畢竟從周代開始，華夏與少數民族的血統就不斷融合；亦如船山所說，隋唐時代鮮卑等少數民族早已徹底漢化。「自然疆界」還有地理、生活方式等客觀指標，「純種」的漢人則極難定義。船山或許有感於滿清入侵時漢人四分五裂，故強調漢人的族群性；但在當代公民社會中，即便是多種族組成的國家，只要合乎憲法規範，仍能維持團結強盛，如美國、瑞士等。故船山此說是不能成立的。

3. 道德的劃分

> 人與人相於，信義而已矣；信義之施，人與人之相於而已矣；未聞以信義施之虎狼與蠭蠆也……夷狄者，殲之不爲不仁，奪之不爲不義，誘之不爲不信。何也？信義者，人與人相於之道，非以施之非人者也。〔註16〕

這是船山對民族問題最具爭議性的主張。船山認爲仁義等道德規範是在華夏文明的土壤上生長出來的；異族在船山看來，是介乎人與動物之間的存在〔註17〕，仁義不適用於他們。船山此論有鮮明的漢族優越論色彩，且非常強調族群對道德規範的決定性影響。從現代的眼光來看，異族順應時代、環境的需要，亦可能發展出一套自身的價值體系，這套體系雖然有別於漢族，但未必較漢族低劣。且在個別族群的規範之外，還有更高層次的「世界倫理」存在〔註18〕，作爲不同族群互動的依據。船山此論可反映明末清

血、但在文化上已徹底漢化的高門大姓仍不以爲然。

〔註16〕見〔明〕王夫之：《讀通鑑論》「漢昭帝」第3則，頁154～155。

〔註17〕船山說：「禽獸不能全其質，夷狄不能備其文。文之不備，漸至於無文，則前無與識，後無與傳，是非無恆，取舍無據，所謂饑則呴呴，飽則棄餘者，亦植立之獸而已矣。」可見船山認爲夷狄與禽獸相去不遠。見〔明〕王夫之：《思問錄·外篇》，收入《船山全書》第12冊（湖南：岳麓書社，2011年新版），頁467。

〔註18〕「世界倫理」的觀念可參考劉述先：〈從比較的視域看世界倫理與宗教對話

初的時代思維，但未必適用於今日。

4. 政治的劃分

庾亮之北略，形王導之不振也，而左袒導者，詘亮以伸導；桓溫之北伐，志存乎篡也，而惡溫之逆者，忌其成而抑之；於是而中撓之情深於外禦，爲宰相保其勳名，爲天子防其篡奪，情繫於此，則天下胥以爲當然，而後世因之以無異議。嗚呼！天下之大防，人禽之大辨，五帝、三王之大統，即令桓溫功成而篡，猶賢於戴異類以爲中國主，況僅王導之與庾亮爭權勢而分水火哉！〔註19〕

亮之正不足以服導，浩之才不足以制溫，迫於立功，反致潰敗，徒以沮撓人心而貽姦雄之笑，一時之事會也。王業之不可偏安，羯胡之不可縱佚，忘自強之術，而益召其侮，偷寡弱之安，而日蹙其亡，百世之大防也。〔註20〕

這兩段是評論東晉庾亮、殷浩、桓溫主導的北伐。三次北伐背後都有權謀鬥爭的考量，庾亮是爲了壓制王導，殷浩是爲了壓制桓溫，桓溫則想藉立功來篡位，所以受到許多名士的反對。船山認爲名士所論有一定道理〔註21〕，庾亮威望不足，殷浩才幹有限，桓溫野心勃勃，庾、殷、桓的北伐結果都失敗。但船山認爲這些基於國內政治鬥爭的考量都是次要的，最重要的是漢人應該聯合起來對抗異族。東晉也只是漢族漫長歷史中的某一政權，如果大家全力

——以東方傳統智慧爲重點〉，收入《傳統中華文化與現代價值的激盪與調融（二）》（台北：喜瑪拉雅研究發展基金會，2002年），頁31～54。

〔註19〕見〔明〕王夫之：《讀通鑑論》「晉成帝」第14則，頁487。

〔註20〕見〔明〕王夫之：《讀通鑑論》「晉穆帝」第5則，頁494。

〔註21〕現代學者黃光國曾以「取向結構／意圖結構」來分析民族主義的心理機制。「意圖結構」是指個人在其生活世界中，爲了要獲取某種特定的目標，他會仔細考量他所處的場域中，跟此一目標相關的社會結構、角色關係、資源分佈、權力大小，以及不同社會位置之佔有者的習性。「取向結構」是指他在過去生活經驗所培養出來的生活習性，以及由此而累積下來的歷史記憶，構成他在此一場域中的心理趨向。黃氏認爲，不論個人在其生活經驗中建構出哪種民族主義的認同，都只能說是在他個人心理的「取向結構」而已。至於個人在現實生活的場域裡，會做出什麼樣的行動，則要看他當時所要達成的目標，以及他的「意圖結構」而定。參見黃光國：〈權力結構與民族認同：民族主義的心理基礎〉，「百年來海峽兩岸民族主義的發展與反省學術研討會」論文（台北：東吳大學，2000年12月）。借用這樣的區分來看東晉反對北伐的名士，雖然他們在「取向結構」上認同漢族，但仍然要考量到政局的穩定與個人的政治前途，而在行動上以「意圖結構」爲優先。

支持北伐，光復華夏河山，即使必須付出政權轉移的代價也在所不惜。船山對漢人的分裂有痛切的感受，如明末便是因爲流寇的叛亂，才使滿清有可趁之機。故船山對苟且偷安的名士有極嚴厲的批評：「何弗自投南海速死，以延羯胡而進之乎？」〔註 22〕「蔡謨、孫綽、王羲之惡得不與汪、黃、秦、湯同受名教之誅乎？」〔註 23〕這也反映出船山對族群凝聚的堅持。

5. 外交的劃分

> 夷狄之蹂中國，非夷狄之有餘力，亦非必有固獲之心也，中國致之耳。致之者有二，貪其利、貪其功也。貪其貨賄而以來享來王爲美名，於是開關以延之，使玩中國而羨吾饒富，以啓竊掠之心。故周公拒越裳之貢，而曰：「德不及焉，不享其貢。」謂德能及者，分吾利以賚之，使受吾豢養，而父老子弟樂效役使以不忍叛也。不然，貪其利而彼且以利爲餌，惑吾臣民之志，則猝起而天下且利賴之以不與爭；且其垂涎吾錦綺珍華而不得遂者，畜毒已深，發而不可遏也。〔註 24〕

船山對漢族與異族在政治、文化、經濟等各方面的交流，大多抱持否定態度，「交流」從另一方面來看，就等於是喪失漢族的獨特性，削弱了族群性。「交流」必是雙向的，船山從中國自身開始反省，認爲是中國君臣的貪欲，導致漢族向外擴張，由擴張而產生交流，交流的結果則是異族入侵。中國主動要求異族進貢，讓異族對中國的富饒起了嫉妒之心，也讓中國臣民沈迷外來珍寶。船山認爲君主不僅不應貪圖進貢的利益，還要反過來援助異族；援助異族的目的，並不是爲了異族好，而是藉援助收買人心，間接保障漢族的安寧，是一種以退爲進的手段。船山雖排斥異族，在外交手段上卻相當靈活。

> 貪不毛之土，而以闢土服遠爲功名，於是度越絕險，踰沙磧、梯崇山、芟幽箐以徼奇捷；不幸而敗，則尾之以入，幸而勝，而饋餉相尋，舟車相接，拔木夷險，梁水凌冰，使爲坦道。蔿賈曰：「我能往，寇亦能往。」推此言之，我能往，寇固能來，審矣。故光武閉關，而河、湟鞏固。天地設險以限華夷，人力不通，數百里而如隔世，目阻心灰，戎心之所自戢也。〔註 25〕

〔註 22〕見〔明〕王夫之：《讀通鑑論》「晉穆帝」第 5 則，頁 494。
〔註 23〕見〔明〕王夫之：《讀通鑑論》「晉成帝」第 14 則，頁 487。
〔註 24〕見〔明〕王夫之：《讀通鑑論》「唐中宗」第 6 則，頁 806。
〔註 25〕見〔明〕王夫之：《讀通鑑論》「唐中宗」第 6 則，頁 806。

「貪其利」是朝貢貿易，「貪其功」是派兵征伐異族。歷史上有許多類似的行動，如西漢張騫、東漢班超通西域等。〔註 26〕這類行動無論是立下威震異族之功，或是被異族擊退，都會產生一項共同的結果——拓展交通路線，促進中外交流，這正是船山反對的。古代要穿越漢族生存空間以外的崇山峻嶺、海洋，耗費的人力、物力極大，船山認爲這正是自然所設下的限制；探險是逆天之舉，是出於建立個人勳名的私心。

6. 經濟的劃分

> 夫夷狄所恃以勝中國者，朔漠荒遠之鄉，耐飢寒、勤畜牧、習射獵，以與禽獸爭生死，故粗獷悍厲足以奪中國膏粱豢養之氣。而既入中國，沈迷於膏粱豢養以棄其故，則乘其虛以居其地者，又且粗獷悍厲而奪之。〔註 27〕
>
> 夷狄之疆也，以其法制之疏略，居處衣食之粗獷，養其駤悍之氣，弗改其俗，而大利存焉。然而中國亦因之以免於害。一旦革而以中國之道參之，則彼之利害相半矣。其利者，可漸以雄長於中國；而其害也，彼亦自此而弱矣。〔註 28〕

船山認爲異族面對漢族之所以屢戰屢勝，原因在於其生長環境。中原經濟以農業爲主，主力是步兵；塞外經濟以游牧爲主，適合豢養大量馬匹以組成騎兵。在工業時代以前，騎兵的機動性是步兵望塵莫及的，艱苦的環境也養成異族較爲剽悍的性格。但異族入侵中原等經濟發達地區，習慣了農業民族的生活方式後，其優勢便迅速消退，容易被生活方式更原始、戰鬥力更強的異族所消滅。各游牧民族正是從欣羨、掠奪財富開始，進一步定居中原而喪失戰力，在「由強轉弱」的歷史規律支配下，慢慢融化爲漢族的一員。這固然是充實了華夏文化的內涵；但從游牧民族自身的存續，維持「族群性」的觀點來看，不啻是滅頂之災。後者正是船山反對異族徙居、漢化，經濟基礎由游牧轉爲農耕的理由。

〔註 26〕船山對這些探險家的評價相當負面，他說：「玉門以西水西流，而不可合於中國，天地之勢，即天地之情也。張騫恃其才力而強通之，固爲亂天地之紀。」「班超之於西域，戲焉耳矣……欺弱凌寡，撓亂其喙息，以詫其功，超不復有人之心。」見〔明〕王夫之：《讀通鑑論》「漢武帝」第 15 則、「漢明帝」第 9 則，頁 138、206～261。

〔註 27〕見〔明〕王夫之：《讀通鑑論》「晉惠帝」第 2 則，頁 436。

〔註 28〕見〔明〕王夫之：《讀通鑑論》「五代上」第 12 則，頁 1095。

7. 文化的劃分

> 漢、唐之亡，皆自亡也。宋亡，則舉黃帝、堯、舜以來道法相傳之天下而亡之也。〔註29〕

如前所述，船山認爲一家一姓建立的政權是次要，更重要的是民族與文化的存續。船山認爲漢、唐滅亡與宋朝滅亡的歷史意義不同，漢、唐滅亡只是政治性的，即使全國無統一的中央政府，但還有地方小朝廷如東晉、十國，保存純正的華夏文化。宋朝滅亡則兼具文化性，從黃帝開始的華夏道統因而中斷。明代滅亡的意義亦類似宋代，象徵文化的斷裂。民族與文化實有相生相成之關係，若異族徹底征服漢族，實行文化壓迫政策（如清代的剃髮、文字獄等），華夏文化便有消滅之危機。故須先保民族才能保文化。

> 夷狄而效先王之法，未有不亡者也。以德仁興者，以德仁繼其業；以威力興者，以威力延其命。沐猴冠而爲時大妖，先王之道不可竊，亦嚴矣哉！以威力起者，始終尚乎威力，猶一致也。絀其威力，則威力既替矣，竊其德仁，固未足以爲德仁也。父驢母馬，其生爲贏，贏則生絕矣，相雜而類不延，天之道、物之理也。〔註30〕

船山對歷史上異族所採取的漢化政策，亦皆抱持否定態度。如北魏孝文帝的漢化，船山評曰：「拓拔宏之僞也，儒者之恥也。」「君子儒以道佐人主也，本之以德，立之以誠，視宏之所爲，沐猴之冠，優俳之戲而已矣。」〔註31〕南北朝對儒學的了解，多停留在漢儒立下的規模，未能深究心性本原，固然是船山批評漢化之「僞」的原因；但更重要的是少數民族的基本構成原理與漢族不同。漢族的器物、制度乃至各種生活方式，都是從「德仁」出發，是

〔註29〕見〔明〕王夫之：《宋論》「恭宗、端宗、祥興帝」第2則，收入《船山全書》第11冊（湖南：岳麓書社，2011年新版），頁335。引文出自船山《宋論》，依照王永祥《船山學譜》與張西堂《王船山學譜》考證，《讀通鑑論》始作於船山六十九歲時，《宋論》則續之而作。而船山《張子正蒙注》著成之年月無可確考，張西堂認爲此書於程朱頗致譏評，著述時間應較《讀四書大全說》爲晚，其思想與《周易內傳》更爲接近。《讀四書大全說》爲船山四十七歲作品，《周易內傳》爲六十七歲作品，故可推測船山作《讀通鑑論》、《宋論》兩書時，其思想應已歸宗張子。船山認爲宋之亡還是依於堯舜之法而亡，並不是說宋之皇帝能繼堯舜之法，而是至宋爲止，中國仍是由華夏民族統治的國家，從這個意義上來說「繼堯舜之法」。相反地，宋之君臣將政權讓給異族，正是船山要批判的對象，認爲其捨棄了「堯舜道法相傳之天下」。

〔註30〕見〔明〕王夫之：《讀通鑑論》「晉孝武帝」第10則，頁518。

〔註31〕見〔明〕王夫之：《讀通鑑論》「齊明帝」第2則，頁616～617。

道德精神的表現；異族文化的各層面，則是從「威力」出發，一爲義，一爲利。異族就算學習、模仿了漢族的文化成果，但這些成果蘊含的精神價值，與異族的構成原理是相互衝突的。異族學了不僅無益，反而有害。船山這種想法當然是極爲封閉、保守的，一味強調族群性與華夏道統，否定了不同民族之間，透過相互溝通、交流，截長補短而共同提升的可能。

（二）對外戰略

在抵抗少數民族的戰略上，船山秉持「權力平衡」與「戰和相濟」兩大原則；並以唐代的「十六衛」爲範本，主張中國自身應建立健全的軍事制度。一旦流亡南方，也應該保持進取精神，積極北伐，並授予地方官員、軍事將領足夠的權力，以抵抗異族進一步入侵。中國內部有動亂時，船山也反對引進異族兵力。異族被船山視爲潛在敵人，派兵進入中國後可察知許多情報，成爲一大隱憂。以下就從「基本原則」、「南北分裂朝代之戰略」、「中國內亂時，異族扮演的角色」三點，試觀船山所論。

1. 基本原則

> 夷狄之勢，一盛一衰，必然之數也。
>
> 已衰者，存之不足爲憂，存已衰者，則方興者不能乘無主以擅其地，則前患息而後釁可弭。〔註32〕
>
> 夷狄之起也，恆先并其醜類，而後及於中國。中國偷庸之士，猶且曰：夷狄相攻，吾利也。地益廣，人益眾，合眾小而成一大，猶疥癬之毒聚爲一癰也。〔註33〕
>
> 善制夷者，力足以相及，則撫其弱、抑其疆，以恩樹援，以威制暴，計之上也，力不足以相及，聞其相攻也而憂之，修城堡，繕甲兵，積芻糧，任將訓卒，以防其突出，策之次也……其尤烈者，激之、獎之、助之，以收兼弱拾殘之餘利，不知戎心之熟視我吭而思扼之也。〔註34〕

船山首先提倡的對外戰略是「權力平衡」。前文提到船山根據歷史經驗，觀察到周邊少數民族有依序融入漢族，而由強轉弱的規律。接近中原的部族漢化最早，衰落也最快。船山主張中國應該援助這些半漢化的部族，保留其存在，

〔註32〕見〔明〕王夫之：《讀通鑑論》「唐太宗」第7則，頁761～762。
〔註33〕見〔明〕王夫之：《讀通鑑論》「漢和帝」第1則，頁271。
〔註34〕見〔明〕王夫之：《讀通鑑論》「漢和帝」第1則，頁271。

做爲中國與更遙遠、更強悍的異族之間的緩衝。秉持著「濟弱扶傾」的精神，才足以制衡更強悍的異族。如果讓遠方的異族併吞這些半漢化部族，只會導致異族勢力更盛，與中國接壤而起正面衝突，對兵力較弱的中國來說十分不利。

船山此說包含對北宋「聯金滅遼」與南宋「聯蒙古滅金」的批評，兩者皆採遠交近攻戰略，北宋是貪圖眼前利益，希望收復燕雲十六州而主動與金結盟，未考量滅遼後的局勢。南宋雖與金有不共戴天之仇（靖康之禍），但蒙古滅金勢如破竹，南宋並未主動加入戰局，是受蒙古邀請才被動結盟。〔註35〕船山認爲，即使因爲軍隊太弱（北宋）或仇恨太深（南宋）而無法援助弱國，至少也要閉關自守，先整頓好我軍，以因應弱國滅亡後的局勢。援助潛在的敵國則是最壞的戰略。

> 夫夷狄者，不戰而未可與和者也……以戰先之，所以和也；以和縻之，所以戰也；惜乎唐之能用戰以和，而不用和以戰耳。知此，則秦檜之謀，與岳飛可相輔以制女直，而激爲兩不相協以偏重於和，飛亦過矣。〔註36〕

船山認爲對抗夷狄應採取「戰和相濟」的策略。就前述的「民族凝聚」來說，農耕民族不適合在草原生活，船山也不贊成漢人佔領異族的土地，而以相安無事（和）爲最終目標。但異族軍事實力常勝過漢族，如果漢族不主動壓制異族（戰）的話，就很難有談和本錢。談和也不是怠惰，而是休養生息、爭取時間練兵，未達成驅逐異族的目標絕不停止。「戰和相濟」雖有陰謀、欺詐成分，但如前所述，船山不在意對異族採取不合道義的手段〔註37〕。即使是死對頭如秦檜與岳飛，爲了抵抗異族還是應該合作。

> 十六衛以畜養戎臣儲將帥之用者也，天下之兵各分屬焉，而環王都之左右，各有守駐以待命，蓋分合之勢，兩得之矣。分之爲十六，則其權不專，不致如晉、宋以後方州撫領擁兵而篡逆莫制也。統之以十六，則其綱不弛，不致如宋之廂軍解散弱靡以成乎積衰也。
>
> 夫邊不能無兵，邊兵不可以更戍而無固心，必矣……守兵者，欲其

〔註35〕船山說：「會女直以滅契丹，非女直之爲之也。女直無藉援於宋之情，亦無遽思吞宋之志。」「會蒙古以滅女直，則宋未有往迎之心，而王檝自來，其勢殊矣。」見〔明〕王夫之：《宋論》「宋理宗」第3則，頁314。

〔註36〕見〔明〕王夫之：《讀通鑑論》「唐高祖」第7則，頁742。

〔註37〕見本節開頭，及前文「道德的劃分」之說明。

久住，而衛家即以衛國者也；而守之數不欲其多，千人乘城，十萬之師不能卒拔，而少則無糧薪不給之憂……然則十六衛之與邊兵，互設以相濟，寇小入，則邊兵守而有餘，寇大入，則邊兵可固守以待……若夫寇盜有竊發之心，逆臣萌不軌之志，則十六衛中天下以林立，而誰敢恣意以逞狂圖乎？〔註38〕

異族的作戰能力雖然比漢族強，但漢族的人口與經濟實力都是異族望塵莫及的，爲何無法抵擋異族入侵？軍事制度是一個重要因素。通常在朝代初創、統一天下時，漢族戰力最強，也最有機會壓制異族，其後軍事組織就開始敗壞。東晉與南北朝軍隊由州郡長官掌握，中央權力衰微，時常引發權臣叛亂；宋代爲防止軍人奪權，實行中央集權、重文輕武政策，結果戰力衰頹。船山認爲兩種做法都有所偏差，應該截長補短而採折衷政策，「十六衛」制度正符合此要求。「十六衛」不將兵力集中在中央或邊疆，而是將重兵分成十六支，駐紮在首都周邊地區。邊疆則以少量兵力實行屯田。採行此制度的理由爲：一、邊疆經濟條件差，若駐紮重兵，必須從內地輸送大量糧食，耗費甚鉅。屯田可就地取食，雖無法養活太多人，但可讓士兵在當地成家立業，強化保衛國土之心。如果兵力不足，再從內地調派支援即可。二、軍隊由一人或少數幾人掌握，中央很難管制，容易形成軍閥。分成十六支可降低叛亂風險。三、軍隊駐紮在地方，如果有叛亂或異族入侵，可形成堅強的抵抗力量，如安史之亂便是靠各地節度使合作而平定。若集中在中央，一旦首都陷落，全國便會立即癱瘓而無力反擊。且中央對各地戰況未必熟悉，如果統率太多軍隊，也很難做妥當的指揮調度。「十六衛」可說是能解決上述問題、有效抵抗外患的良好軍制。

2. 南北分裂朝代之戰略

靖康之禍，與永嘉等，而勢則殊矣。懷、愍雖俘，晉元猶足以自立者：以外言之，晉惠之末，五胡爭起，亂雖已極，而爭起者非一，則互相禁制，而滅晉之情不果。女直則勢統於一，唯其志之欲爲而無所顧也。以內言之，江南之勢，荊、湘爲其上游，襄、漢爲其右臂。晉則劉弘夙受方州之任，財賦兵戎聽其節制，而無所掣曳，顧、陸、周、賀諸大族，自孫氏以來，世繫三吳之望，一歸琅琊，而眾志交孚，王氏合族擁眾偕來以相扶掖。宋則雖有廣土，而無綏輯之人。

〔註38〕見〔明〕王夫之：《讀通鑑論》「唐文宗」第6則，頁997。

> 首其謀者，唯恐天下之不弱；繼其後者，私幸靡散之無憂。國已蹙，寇已深，而尸位之臣，爭戰爭和，(戚)〔穴〕中相訟，無一人焉，懲諸路勤王之潰散，改覆轍以樹援於外。宋本不孤，而孤之者，猜疑之家法也。〔註39〕

東晉與南宋是中國歷史上處境頗爲相似的兩個朝代，都是遭受北方異族入侵而在南方所建立的偏安小朝廷。船山認爲兩者相較，南宋的局勢比東晉更惡劣。東晉的外患是各部族，南宋面對的則是統一的強權。東晉立國有世家大族的力量支持；南宋則因爲北宋的強幹弱枝政策，立國時南方並無可以倚靠的軍力，可謂朝不保夕。北宋的國防政策原是爲矯正唐末五代軍閥驕橫的弊端而設計，實施後確實能有效防止軍人干政，亦無大規模的內亂；但矯枉過正，爲了防止叛變，賢才與精兵全聚集在中央，地方缺少組織。直到北宋滅亡，南宋重用岳飛、韓世忠等武將在各地招兵買馬，才稍有抵抗金人的能力。宋代開國時採取的政策實爲其積弱不振的根本原因。〔註40〕船山認爲應當強化地方軍備、派重臣駐守，即使因而引發叛變，仍是由漢人當政；從民族的觀點看，只要能夠北伐成功，即使犧牲一家一姓也在所不惜，船山認爲這才是宋朝應該採行的政策。

3. 中國內亂時，異族扮演的角色

> 劉淵之起，司馬穎召之也；石勒之起，苟晞用之也；拓拔氏之起，劉琨資之也；皆不足以競，不獲已而藉之以競，而晉遂亡。中國之禍，遂千餘年而不息。使競在中國而無待於彼，不示以弱而絕其相陵之萌，則七國之反，赤眉、黃巾之亂，袁、曹、公孫、韓、馬之爭，中國亦嘗鼎沸矣，既折既摧而還歸於定，亦惡至此哉！〔註41〕
>
> 龐勛擁數萬之眾橫行，殫天下之師武臣力，莫能挫抑，而沙陀以千騎馳突其間，如薙靡草。固將睥睨而笑曰：是區區者而唐且無如之

〔註39〕見〔明〕王夫之：《宋論》「宋高宗」第2則，頁217、219。

〔註40〕現代學者鈕先鍾認爲宋代立國基本國策有五：（一）重文輕武：軍隊無優秀人才；（二）強幹弱枝：地方冗兵充斥，耗費甚鉅又無作戰能力；（三）分權制衡：權力分散在文人組成的各政府單位、利益集團手上，無力推行重大改革，戰時無法迅速決策；（四）先南後北：統一後兵力疲憊，無力北伐；（五）定都開封：無險可守。五者在戰略上皆極爲不利。見鈕先鍾：《中國戰略思想史》（台北：黎明文化，1992年），頁398～400。

〔註41〕見〔明〕王夫之：《讀通鑑論》「晉懷帝」第1則，頁448。

何……則唐之唯我所爲而弗難下也，又可知矣。〔註42〕

中國歷史上有多次各地勢力相互征戰，請求異族出兵援助的實例。如劉琨請鮮卑協助北伐，蘇峻、祖約勾結石勒叛亂，唐高祖借突厥威嚇河東、關中，唐肅宗借回紇平定安史之亂，康承訓借沙陀討伐龐勛，石敬塘由契丹扶持而建立後晉等。從船山抱持的民族主義立場來看，無論有任何理由，原則上就反對這種結交外敵來攻打我族的行動。從實際面來說，異族一旦與中國本土勢力結盟而進入內地，將會逐漸了解漢族的軍事佈置。異族戰力本就遠勝漢族，若又充分掌握情報，難保不會有野心，成爲漢族的心腹大患。船山認爲異族入侵所造成的禍患，遠比漢族內鬥嚴重。漢代雖有七國之亂、黃巾之亂等，但很快復歸統一；五胡亂華及唐末五代之動亂，皆歷經數十年乃至上百年方能平息。外患較內亂嚴重的原因何在，船山並未說明，或許是異族更殘暴、文化上與漢族衝突更大之故。故爲了漢族的安寧著想，無論如何皆不可引進異族兵力。

船山秉持民族團結的原則，認爲漢人應超越對一家一姓的效忠，是其思想精彩處，但在現今倡導「多元文化」的思潮下，吾人亦可對船山所言作一反省、擴大，考慮在一族一國之上，還有更高的世界、人類層次，並思考國家、民族與世界之關係，此爲吾人今日之職責。

第二節　佛道及陰陽家思想

船山是一個一心重建儒學正統以排佛老而正人心的思想家，身處明末天崩地坼的巨變，他最關切的問題，就是如何重建漢族政權，恢復華夏文明的盛世。爲了達成這目標，船山對政治的基礎——學術文化，做了痛切的檢討，認爲「佛老」等異端無法積極肯定綱常人倫，削弱了國家的凝聚力；陰陽災異等神秘思想，也是出自利欲、蠱惑人心的迷信。船山對佛老之學頗有研究，在道家方面，著有《老子衍》、《莊子通》、《莊子解》等；在佛教方面，著有《相宗絡索》。雖然船山仍以儒家爲本位，對佛老的批評未必公允，但基於對佛老有一定程度的了解，故能提出理論性的批評，不僅止於表面。而在其史論當中，船山對異端的批判是側重政治面，由他了解的佛老思想出發，指出佛老對現實政治，如君主心態、宗教的社會基礎等，有哪些負面影響，而較

〔註42〕見〔明〕王夫之：《讀通鑑論》「唐懿宗」第4則，頁1032。

少對純哲學問題詳加辨析，這是史論的取材所限。以下就從道家、佛教、陰陽家三者，看船山對異端之學的批評，及儒家優於異端之處。

（一）道家

「老莊」與「黃老」是兩種不同的概念。「老莊」是一種心性修養，尤其是莊子注重個人的逍遙。「黃老」主要在政治領域，船山將之判爲權術或陰謀。因爲史論關注的焦點在於領導階層，領導階層的個人修養，也必然會對國家、社會產生影響。在批判道家的同時，船山也對道家思想中的某些積極成分給予肯定。

1. 老莊思想

船山在史論中對老莊思想的批評，主要是認爲老莊太過於消極。雖然與黃老相比，老莊思想較能遠離權謀，甚至有全身遠禍、養生益壽的積極作用，但仍然不是人生的正道：

> 乃所謂靜者，於天下妄動之日，端凝以觀物變，潛與經綸，而屬意於可發之幾，彼躁動者，固不知我靜中之動，而我自悠然有餘地矣。天地亦廣矣，物變有所始，必有所終矣。事之可爲者，無有禁我以弗爲……澄神定志於須臾，而幾自審，言之有當者，從之自決矣。此王與導之得意忘言而莫逆於心者也。是術也，老、莊以之處亂世而思濟者也。
>
> 雖然，此以處爭亂雲擾之日而姑試可也；既安既定而猶用之，則不足以有爲而成德業。王與導終始以之，斯又晉之所以絕望於中原也。〔註43〕

船山認爲老莊要旨在「靜」，相較於儒家的「動靜有常」〔註44〕，可說是一偏之見，但並非毫無價值。在特定情境下，特別是亂世，眾人陷入血腥鬥爭、爭權奪利之際，「靜」的修養可幫助人寡思少欲，從超然的觀點來看世事，對局勢有透徹的洞察；冷靜而不妄動、躁動，便能掌握時機採取恰當的行動，從而取得成功。東晉的創始人晉元帝與王導便是實例。但儒家學說原本就包含「靜」的修養，如主靜立人極等；且「靜」也只適用於亂世或戰後休養生息，一旦天下恢復安定，當政者就應該採取積極的行動，將人民從異族的殘害下拯救出來，改善人民的經濟生活與道德素養。船山在《莊子解》也說：「故

〔註43〕見〔明〕王夫之：《讀通鑑論》「晉惠帝」第10則，頁444～445。

〔註44〕見《易經‧繫辭上傳》。

莊子自以爲言微也，言體也，寓體於用而無體以爲體，象微於顯而通顯之皆微，蓋亦內聖外王之一端，而不昧其所從來，推崇先聖所修明之道，以爲大宗。」〔註45〕認爲莊子「無體爲體」、「通顯皆微」，雖有遮撥之用，發明儒家內聖外王之道之一端，但終不免側重「用」而未能肯定積極之「體」，與聖學有一間之差，故仍推崇儒家爲大宗。〔註46〕當然這是船山站在儒家立場所做的分判，就道家來說，儒家對仁義、濟世等正面價值的堅持，也不是絕對必要的。又船山對持守老莊思想的君主，也有所討論：

> 力不可以相禦與？則柔巽卑屈以暫求免於害者，無所復吝。力可以相禦與？則畏之甚，疑之甚，忍於忮害以希自全。故莊生之沉溺於逍遙也……以逃乎鋒鏑。不獲已而有機可乘，有威可假，則淫刑以逞，如鋒芒刺於衾簟，以求一夕之安。惟高宗之如是矣。
>
> 三代以下，人君之能享壽考者，莫高宗若也……然而積漸以糜天下之生氣，舉皇帝王霸愁留之宇宙而授之異族，自此始矣。故曰：「無欲然後可以語王道。」知其說者，非王道之僅以無欲得也。〔註47〕

這一段是對宋高宗的評論。高宗本身是宋太宗的子孫，卻冊立宋太祖的子孫爲太子，並且在晚年主動退位、不干涉朝政，足見其不貪戀權位。但高宗在對外關係上又重用奸臣秦檜，殺害抗金名將岳飛。同一位君主卻有相反的作爲，高宗的爲人究竟是善是惡？船山認爲高宗就類似莊子等道家人物，抱持絕對和平主義的思想，而與儒家有別。儒家雖厭惡戰爭，但並不完全排斥用兵，只是強調用兵需以「仁義」爲前提，是實踐「王道」的最後手段。高宗或其他道家人物，因爲不像儒家有「仁義」、「王道」等明確信仰，故在面對強大外在壓力、死亡威脅時，容易爲了「保存自然生命」而動搖心志、不擇手段。高宗爲求個人安適，可以遺忘君父之仇，對異族卑躬屈膝；也可以動用權威殺害不服從的人；更可以主動捨棄皇位。從道德原則來看，這些行爲固然相互矛盾，但船山認爲從高宗本人來看，這些行爲都是出於同一動機，邏輯上是一貫的，都是「欠缺正面價值」衍生的不良後果。道家之學雖然能做到明哲保身，但就身爲政治人物的品德來說，只做到「恬淡無欲」顯然是不夠的。

〔註45〕見〔明〕王夫之：《莊子解・天下篇》，收入《船山全書》第13冊（湖南：岳麓書社，2011年新版），頁466。

〔註46〕此處是參考曾昭旭先生的論述。見曾昭旭：《王船山哲學》（台北：里仁書局，2008年），頁243。

〔註47〕見〔明〕王夫之：《宋論》「宋高宗」第16則，頁255。

2. 黃老思想

中國歷史上以黃老做爲統治思想的時代，以西漢的「文景之治」爲代表。其流風餘韻一直持續到漢武帝。以下就舉船山對「文景之治」，及漢武帝時精通黃老的學者汲黯「陛下內多欲而外施仁義，奈何欲效唐、虞之治乎」一語的評論，觀察船山對黃老思想的批評。

> 若夫據謙爲柄，而「撝」之，而「鳴」之，而「勞」之；則姑以此謝天下而不自居於盈，則早已有填壓天下之心，而禍機伏而必發，故他日侵伐而无不利。黃、老之術，離誠而用僞久矣。〔註48〕

> 乃匹夫欲窒其欲，而無仁義以爲之主，則愈窒而發愈驟……故患仁義之不行，而無禮以養躬，無樂以養心耳。如其日漸月摩，涵濡於仁義之腴，以莊敬束其筋骸，益以強固；以忻豫滌其志氣，益以清和。則其於欲也，如月受日光，明日生而不見魄之闇也，何憂乎欲之敗度而不可制與！……而黃、老之道，以滅裂仁義，秕穅堯、舜，偷休息於守雌之不擾，是欲救火者不以水，而豫撤其屋，宿曠野以自詫無災也。〔註49〕

船山認爲漢文帝對諸侯王的謙讓，只是一種「以退爲進」的陰謀、手段，先讓諸侯王懈怠，將來易於消滅，並非眞正有意謙讓。儒家君子的謙，應以誠意爲本，前後一致。此處可以看出黃老與老莊的差異，老莊是眞心從事「少私寡欲」的修養，黃老則只是以這種修養爲手段。汲黯雖然批評漢武帝好大喜功，但船山認爲黃老思想過於消極，在人生哲學與政治上無法提供正面指引，即使如汲黯所說的去欲，如果不以儒家的仁義來轉化自然生命力，終有一天欲望會反撲而更加厲害。船山認爲黃老只強調休養生息，要人直接去除欲望，未能讓欲望發揮積極力量，是治標不治本的偏激思想。

（二）佛教

佛教對中國的影響力，遠較儒家以外的其他各家爲大，船山對佛教的批判也較多。大抵來說，船山仍延續著他對道家的判斷，認爲佛教一如道家，對個人與社會欠缺積極作用。又由於佛教理論有其特色，較道家更玄妙、更能迎合君主與臣民的心理需求，在社會上自成一股勢力。如何破解君主與臣民對佛教的執迷，從政治上削弱佛教的勢力，也就成爲船山關心的問題。

〔註48〕見〔明〕王夫之：《讀通鑑論》「漢文帝」第2則，頁96。

〔註49〕見〔明〕王夫之：《讀通鑑論》「漢武帝」第4則，頁128。

1. 思想的批評

船山認爲佛教對社會道德有很大的負面影響，佛教不注重父子、君臣倫理，成爲歷史人物作亂、爲惡的根源。佛教提倡「頓悟」說，既然一悟便可解脫，將過去的罪惡一筆勾消，小人便可藉此開脫，無須辛苦修德：

> 浮屠之教，以慈愍爲用，以寂靜爲體，以貪、嗔、癡爲大戒。而英、融、梁武好動嗜殺，含怒不息，迷乎成敗以召禍，若與其教相反，而禍發不爽，何也？夫人之心，不移於迹，而移於其情量之本也。情量一移，反而激之，制於此者，大潰於彼，潰而不可復收矣。浮屠之說，窮大失居，謂可旋天轉地而在其意量之中，則惟意所規，無不可以得志，習其術者，侈其心而無名義之可守。且其爲教也，名爲慈而實忍也；髮膚可忍也，妻子可忍也，君父可忍也，情所不容已而急絕之，則憤然一決而無所恤矣。〔註 50〕

佛教原是倡導慈悲爲懷、滅絕欲望的宗教，爲何篤信佛教的楚王英、笮融、梁武帝都死於非命或濫殺無辜呢？由船山提出的問題可見，他在史論中關切的不只是佛教教義本身的問題，更進一步是看這些教義在現實上，對歷史人物的心態會產生哪些影響的問題。原本是好的理論，落實到政治、社會卻出了差錯，從理論到實踐，中間的環節一定出了某些問題。船山思考問題的起因，認爲這問題還是要回到佛教教義上來檢討，與儒家相比，佛教強調捨棄執著，欠缺對「名義」的堅持，易流於極端；表面上以「慈」爲號召，但捨棄父母、君臣等天倫，就轉爲殘忍無情。船山的批評是否合理？筆者認爲，佛教之所以會引發殘忍好殺，問題未必在教義本身，而可能是信奉教義的人出了問題。楚王英、笮融、梁武帝都是政治人物，他們對佛教的理解是否正確、深入，是很難斷定的。船山此處只是透過想像，揣測他們可能有的心態，並與佛教教義連結。與儒家相比，佛教確實不堅持君臣等名義，但這是否一定會導致極端化或殘忍，是需要再斟酌的。佛教強調「善有善報，惡有惡報」，對於犯罪仍有一定的警惕作用。以下再舉歷史上以好佛聞名的梁武帝爲例：

> 沈溺於浮屠氏之教，以迄於亡而不悟……乃聖人之教，非不獎人以悔過自新之路；而於亂臣賊子，則雖有豐功偉績，終不能蓋其大惡，登進於君子之途。帝於是彷徨疚媿，知古今無可自容之餘地，而心滋戚矣。浮屠氏以空爲道者也，有心亡罪滅之說焉，有事事無礙之

〔註 50〕見〔明〕王夫之：《讀通鑑論》「漢明帝」第 5 則，頁 257。

教焉。五無間者，其所謂大惡也，而或歸諸宿業之相報，或許其懺悔之皆除，但與皈依，則覆載不容之大逆，一念而隨皆消隕。帝於是欣然而得其願，曰唯浮屠之許我以善而我可善於其中也……翛然於善惡之外，弒君篡國，漚起幻滅，而何傷哉？〔註51〕

譚忠誠認爲船山此處是借古諷今，藉由對梁武帝的批判，諷刺明代諸帝一味「好佛」、「佞佛」的浮濫風氣。〔註52〕梁武帝是中國歷史上有名的好佛君主，早年篡奪南朝齊，即位後勵精圖治、提倡文教，國家興旺繁盛。晚年篤信佛教，接納東魏降將侯景，最後被侯景餓死。船山從心理需求的角度，分析梁武帝晚年由儒入佛的原因。他認爲正因爲武帝受儒學薰陶卻篡位，知道儒學對名義要求甚嚴，受不了良心的譴責，才會全盤放棄儒學，試圖藉有別於儒學的另一套論述，尋求安身立命之道。佛教講究出世間法，面對違背世間名義的罪人，依舊抱持寬容的態度，予以接納。歷史上藉由篡位而登基的君主甚多，佛教正好可以迎合他們的需求，讓他們藉由宗教儀式懺悔贖罪，甚至一悟即可成佛。船山認爲佛教對這類大逆不道或好逸惡勞的人，是極具吸引力的。筆者認爲，船山對佛教的批評主要是「頓悟」之說，與懺悔等宗教儀式，這雖然也內含在佛教中，對中國人的影響也很大，卻不能代表佛教的全貌。佛教宗派繁多，也有強調「漸修」、「業報」者，將船山的批評套用在這些宗派，似乎不甚恰當。當然船山對篡位之人心態的揣摩是很精到的，而佛教教義中的某部分，也確實如船山所說，有被扭曲而浮濫化的可能。

歷史上站在佛教的對立面，而對佛教理論進行攻擊者，以范縝爲較早而又有代表性的人物。船山對於范縝的排佛之論，也有所評析：

子良，翩翩之紈袴耳，俯而自視，非其祖父乘時而竊天位，則參佐之才而已；而爵王侯、位三公，驚喜而不知所從來，雖欲不疑爲夙世之福田而不可得，而縝惡能以寥闊之論破之？夫縝「樹花齊發」之論，卑陋已甚，而不自知其卑陋也……以富貴貧賤而判清濁，則

〔註51〕見〔明〕王夫之：《讀通鑑論》「梁武帝」第14則，頁638～639。

〔註52〕明代的開國皇帝朱元璋因早年出身僧侶，故其即位後對佛教大加鼓吹、提倡。明武宗對佛教的崇信尤爲殊勝，乃至於荒誕不經，自封爲「法王」，號爲「大慶法王」，常著喇嘛僧衣，宣講佛法於朝內。明代一朝不但在朝中是「游僧數萬」，「法王、佛子、禪師、國師之號，充滿京師」，而且在民間也是僧侶盈野，「男女出家累百千萬，不耕不織，蠶食民間」。船山的「辟佛」之心就這樣應時而起了。見譚忠誠：《王船山的「辟佛」與「傳佛」》，《衡陽師範學院學報》第30卷第5期（衡陽：衡陽師範學院，2009年10月），頁7。

已與子良驚寵辱而失據者，同其情矣，而惡足以破之？夫以福報誘崇奉學佛之徒，黠者且輕之矣；謂形滅而神不滅，學佛之徒，慧者亦謂爲常見而非之矣。無見於道，而但執其緒論以折之，此以無制之孤軍，撩蠭屯之寇盜，未有不衄者也。〔註 53〕

這一段是船山對〈神滅論〉作者范縝的評論。范縝在當時是竟陵王蕭子良的賓客，子良又篤信佛教，組織大批僧眾圍攻范縝，甚至誘之以利，卻被范縝堅拒。〔註 54〕〈神滅論〉是思想史上的重要辯論，佛教有「輪迴」之說，認爲意識會在不同生命體之間流轉，隨前世所造的種種業，決定來生的禍福，只有斷除煩惱的阿羅漢、佛陀，方能跳脫輪迴。范縝反對這種意識獨立存在的說法，主張形神相即，「形謝則神滅」，是有無神論傾向的思想家。船山認爲范縝思想「卑陋」，對儒家與佛教都沒有深切的了解。「樹花齊發」出自《南史・范縝傳》:「人生如樹花同發，隨風而墮，自有拂簾幌墜於茵席之上，自有關籬牆落於糞溷之中。墜茵席者，殿下是也；落糞溷者，下官是也。貴賤雖復殊途，因果竟在何處？」意爲人生的際遇出自偶然，並無必然的因果關係。船山認爲蕭子良之所以信奉因果，是出自他的人生經驗（爵王侯、位三公，驚喜而不知所從來），范縝即使辯才無礙，也很難說服子良。且儒家精義在義利之辨，以理想的道德人格爲奮鬥目標，不以富貴、貧賤判斷人的高下。范縝顯然還是以富貴、貧賤作爲人生境界的判斷標準，未能進入現實之上的價值層面。在船山看來，范縝與佛教的理論前提是一致的，都是以利爲主，故無法駁倒佛教。〔註 55〕且以范縝的〈神滅論〉來說，佛教的「神不滅」只是種手段，以來生的福報誘導一般人行善積福。佛學精義是「空」，流轉的意識仍是因緣所生，滅除因緣方能眞正解脫。〈神滅論〉並無法徹底駁倒佛教的

〔註 53〕見〔明〕王夫之：《讀通鑑論》「齊武帝」第 1 則，頁 603。

〔註 54〕《南史・范縝傳》記載，蕭子良派王融遊說范縝：「神滅既自非理，而卿堅執之，恐傷名教。以卿之大美，何患不至中書郎？」暗示范縝應放棄神滅論以享受富貴。范縝則堅持了士人風骨：「使范縝賣論取官，已至令僕矣，何但中書郎邪？」見〔唐〕李延壽：《南史》，卷 57。

〔註 55〕船山對歷史上另一位著名的闢佛思想家——韓愈也有類似的批評，他認爲韓愈以國祚長短與梁武帝信佛的悲慘下場來勸諫唐憲宗，仍是著眼於利而非義，「愚者方沈酣於禍福，而又以禍福之說鼓動以啓爭，一彼一此，莫非貪生畏死、違害就利之情，競相求勝。是惡人之焚林而使之縱火於室也，適以自焚而已矣」。筆者認爲這或許是船山受過宋明理學的薰陶所致，故對於儒學上種種論述是否雜有私欲成分，有敏銳的覺察與嚴格的分判。見〔明〕王夫之：《讀通鑑論》「唐憲宗」第 17 則，頁 971～973。

理論根基。可見船山對佛教有一定程度的理解，他對佛教的批判，也比范縝來得深入。

2. 排佛政策

佛教在社會上既然自成一股勢力，政府該如何處置，也是船山在史論中關切的問題。首先船山對佛教的社會基礎進行分析，將信眾分爲三類：「浮屠之惑天下也有三」，第一類是「士之慧而失教者」，厭倦了政治場中的爭名逐利，「從之以乍息其心旌」，但這類人數最稀少，「十不得一」。第二類是「畏死患貧、負疚逃刑之頑夫」，無力改變自己的處境，只好「徼幸於不然之域」，將希望寄託於來生。第三類是「目炫於塔廟形像之煇煌」，「心侈於千人之聚、百人之集」，羨慕僧侶的聲勢排場，而不知有佛法。〔註 56〕佛教徒是否以上述三類爲主，這是另一個問題；至少就船山看來，眞正了解佛法的人是很少的，大多數信徒都是遇到現實的不如意，或是貪戀虛榮，才以佛教爲寄託。既然如此，釜底抽薪之道就是改善人民生活，減少他們信奉佛教的誘因，徒眾便能消散大半：

> 無廣廈長寮以容之，無不稅之田以豢之，無不徭之政以逸之，無金碧丹漆以豔其目，無鐘磬鈴鐸以淫其耳，黯淡蕭條，而又驗其老幼，使供役於郡邑，則不待勒以歸俗，而僧猶巫也，巫猶人也。進無所安，退思自便，必將自求田廬，自畜妻子，以偕於良民。數十年之中，不見其消而自無幾矣；即有存者，亦猶巫之雜處，弗能爲民大病者也。禁其爲僧尼，則傲岸而不聽，含怨以圖興。弗禁其僧，而僧視耕夫之賦役；弗禁其尼，而尼視織女之縷征。無所利而徒苦其身，以茹草而獨宿，未有不翻然思悔者。徒眾不依，而爲幽眇之說、弔詭之行者，亦自顧而少味。〔註 57〕

這一段是船山對唐武宗滅佛的評論。中國歷史上有所謂「三武一宗」：北魏太武帝、北周武帝、唐武宗、後周世宗，這四位皇帝在位時，政府進行大規模查禁佛教的行動，但佛教皆能再度興盛。其中唐武宗的滅佛可謂雷厲風行，船山卻不贊成政府這種直接施加壓力的做法，認爲容易激發人民反抗，「傲岸而不聽，含怨以圖興」。他認爲人民出家很大一部分原因，是逃避政府的賦稅與勞役，若能採取漸進的方式，一方面改善人民的經濟條件，另一方面將僧

〔註 56〕見〔明〕王夫之：《讀通鑑論》「五代下」第 21 則，頁 1166～1167。
〔註 57〕見〔明〕王夫之：《讀通鑑論》「唐武宗」第 7 則，頁 1011。

尼當成一般民眾，同樣要盡到對國家的義務，卻又必須信守宗教戒律，在雙重要求之下，佛教信眾自然會逐漸減少，從而逐漸邊緣化了。船山這一主張是從政策面、制度面著眼，確實能有效削弱佛教對國家經濟與社會的影響力，但佛教並不只有這一面，從文化上來說，佛教已成爲中國文化的一部分，只在政策上闢佛，未必會動搖佛教在人民心中的地位與價值。

（三）陰陽家

與佛老相比，船山對陰陽災異等神秘思想是抱持純粹否定的態度。佛老起碼有使人澄清思慮、休養生息之功，陰陽災異則純是爲了利欲而蠱惑人心的手段，應該徹底消滅。陰陽家的性質又與儒、道、佛三家不同，可說是上古民間宗教的殘留，各家內部都可以看到陰陽災異的滲入，必須提防、清理。以下就從船山對陰陽災異本身的批評，及陰陽家對各家的依附，觀察他的主張。

1. 常見的類型

船山在史論中提及的神秘思想有災異、卜筮、五德終始、鍊金術、風水等，現以書中論述較詳細的前三項爲例：

（1）災異

「災異」是指自然災害或某些異常的自然現象。中國古人認爲，這些現象的產生與人的作爲有關，如果執政者做法失當，上天便會降下災害，給予警示。天與人之間有神秘的感應。船山不贊成這種想法，對西漢以災異聞名的學者京房，提出強烈批評：

> 房之按日以候氣，分卦以徵事，所言者亦與當時之得失禍福合，何也？曰：石顯之邪，而君德以昏，國是以亂，眾耳眾目具知之矣。事既已然，取而求其所以然者，而實固非也。勢已成，形已見，謂天之象數亦然，亦惡從而辨之？故日月之有災眚，歲時之有水旱，禽蟲艸木之有妖蠥，人民之有痌沴，山川之有崩沸，吾知其不祥；而有國者弗可不恐懼以修省耳。銖纍而分之，刻畫而求之，幸而弋獲之妖人，以是取顯名、致厚利而惑天下……其宜膺天刑久矣。〔註58〕

船山認爲，面對「災異」現象，如日月蝕、水旱災、傳染病、山崩等，我們應以理性而非神秘的態度面對。京房的推算表面上很靈驗，其實只是「事後

〔註58〕見〔明〕王夫之：《讀通鑑論》「漢元帝」第5則，頁179。

諸葛」，災異發生後才曲爲解釋，令人無從駁斥，其預言並無眞正的效力，只是以騙術來博取君主信任、釣取名利。面對災異，人應該做的是抱持戒懼之心，致力於預防與善後等工作，而非相信算命式的預言。由此可見，船山是很有理性精神的。

（2）卜筮

蓋卜筮者，君子之事，非小人之事，委巷之所不得與也。君子之於卜筮，兩疑於義而未決於所信，問焉而以履信；事逆於志，己逆於物，未能順也，問焉而以思順。得信而履，思效於順，則自天佑之，吉无不利。若此者，豈委巷小人所知，亦豈委巷小人所務知者哉？死生，人道之大者也。仰而父母，俯而妻子，病而不忍其死，則調持之已耳。乃從而卜筮之，其凶也，將遂置之而廢藥食邪？其吉也，將遂慰焉而疏侍省邪？委巷之人，以此而妨孝慈以致之死，追悔弗及矣。〔註59〕

《易經》原爲卜筮之書，後成爲儒家經典。信守儒家的船山，並未完全否定卜筮的價值，他強調的是卜筮應以儒家的道德修養爲基礎，才有正面作用。船山認爲卜筮是「君子之事」，君子時時以道德實踐爲己任，遇到兩種合乎道德但卻相互衝突的實踐方式（兩疑於義）或實踐有阻礙（逆於志、物）時，爲了更好地實踐道德，才會藉由卜筮排解心中疑惑。無論占卜結果爲何，都能以道義處之。小人、一般人的占卜，只是爲了測知未來的禍福，心中沒有主見，即使知道結果，也無法妥善因應、面對，反而容易隨禍福而妄動，做出違反道義之事。所以船山認爲，民間的算命應該一概禁止，以免擾亂人心。

（3）五德終始

正統之論，始於五德。五德者，鄒衍之邪說……天下之勢，一離一合，一治一亂而已。離而合之，合者不繼離也；亂而治之，治者不繼亂也。明於治亂合離之各有時，則奚有於五德之相禪，而取必於一統之相承哉！

治亂合離者，天也；合而治之者，人也。舍人而窺天，舍君天下之道而論一姓之興亡，於是而有正閏之辨，但以混一者爲主。故宋濂作史，以元爲正，而亂大防，皆可託也。〔註60〕

〔註59〕見〔明〕王夫之：《讀通鑑論》「齊武帝」第3則，頁605。

〔註60〕見〔明〕王夫之：《讀通鑑論》「齊武帝」第7則，頁610～611。

鄒衍倡「五德終始說」，認爲政權按照五德轉移的次序進行循環，一個朝代以一德爲主，每一德都盛衰有時。德盛，朝代興旺；德衰，朝代滅亡。人類社會的歷史是按照五行相生相剋的規律循環向前的，其理論帶有神秘色彩。正閏之辨出自司馬光《資治通鑑》:「臣愚，誠不足以識前代之正閏，竊以爲敬不能使九州合爲一統，皆有天子之名而無其實者也。雖華夏仁暴，大小強弱，或時不同，要皆與古之列國無異，豈得獨尊獎一國謂之正統，而其餘皆爲僭僞哉！」「正閏之際，非所敢知，但據其功業之實而言之。」〔註 61〕「正」是正統，「閏」是非正統，談「正閏」須先確定「正統」的評判標準，司馬光對這個問題採取務實的態度，以功業來判定，能統一中國者爲正，其餘爲閏，不考慮「華夏仁暴」等思想文化、意識型態的問題。依司馬光的標準，只有晉、漢、唐等朝代方可稱爲正統。

船山對司馬光與鄒衍的說法都不贊同。他認爲歷史上「治」與「合」的朝代，不必像鄒衍那樣，強調自己的正當性是接續前朝而來，相反地，他把「合而治之」歸之於人爲努力，能夠實踐「君天下之道」方是正統，不必機械化地排列出相生相剋、一脈相承的統緒，這和司馬光的觀點相近。但船山又不滿意司馬光的現實主義，他認爲「統一天下」不等於「有道」，如晉之建立是篡奪，元是異族建立的朝代，這些朝代都不能稱作正統。可見船山的歷史觀是以道德理想爲根基的，強調以理性的眼光來看待歷史，這是船山有進於鄒衍與司馬光之處。

2. 依附各家

陰陽災異雖然欠缺獨立深刻的思想體系，但由少數聖哲創發的儒、道、佛等高妙思想，一旦普及到社會上，必然會和普羅大眾的信仰產生某種程度的混合，導致其思想內涵有所變質。船山對這種混合頗不以爲然：

> 爲儒者之言先之以狂惑，而二氏之徒效之也。君子之言人倫物理也，則人倫物理而已矣；二氏之言虛無寂滅也，則虛無寂滅而已矣；無所爲禨祥瑞應劫運往來之說也。何休、鄭玄之治經術，京房、襄楷、郎顗、張衡之論治道，始以鬼魅妖孽之影響亂六籍……二氏之徒歆其利，而後曰吾師老子亦言之矣，吾師瞿曇亦言之矣；群然興爲怪誕之語以誘人之信從，而後盜賊藉之以起。〔註 62〕

〔註 61〕見《資治通鑑・魏紀一・魏文帝黃初二年》。
〔註 62〕見〔明〕王夫之：《讀通鑑論》「漢靈帝」第 9 則，頁 329。

歷史上的民變常藉宗教爲號召，如太平道、白蓮教等，這些宗教雖然披上佛、道的外衣，內在卻已經吸收了巫術成分，對一般民眾頗有吸引力。從統治者的觀點來看，勢力龐大的宗教，容易成爲社會上不穩定的因素。船山也見到了這點，他從歷史上追溯，認爲哲理與巫術的混合是從儒家開始，漢儒喜言災異，爲儒家經典注入神秘色彩，佛老才有樣學樣。當然船山的用心不只是爲了統治的便利，更重要的是將巫術成分從儒、道、佛當中切割出去，認爲士大夫應當學習純正的儒學義理，並以此教化百姓，如此自然可收安定社會之效。

第八章　結　論

在對《讀通鑑論》與《宋論》兩書，進行全面性的考察後，吾人應可對船山史論中涉及的政治思想，有一整體性的把握。首先船山的思想與明代滅亡的歷史經驗有極密切的關係，他所要回應的根本問題，便是廣土眾民的明帝國，何以會在短短不到五十年內〔註1〕，就被兵力稀少〔註2〕、文化落後的滿清取而代之？無論是船山的哲學論述，或他對歷史與政治的探索，都是從前述問題意識出發，有著強烈的「經世致用」要求。這一點在他的史論中有明顯呈現：

> 所貴乎史者，述往以爲來者師也。爲史者，記載徒繁，而經世之大略不著，後人欲得其得失之樞機以效法之無繇也，則惡用更爲？〔註3〕
>
> 編中所論，推本得失之原，勉自竭以求合於聖治之本。
>
> 曰「資治」者，非知治知亂而已也，所以爲力行求治之資也。覽往代之治而快然，覽往代之亂而愀然，知其有以致治而治，則稱說其美；知其有以召亂而亂，則詬厲其惡；言已終，卷已掩，好惡之情已竭，頹然若忘，臨事而仍用其故心，聞見雖多，辨證雖詳，亦程子所謂「玩物喪志」也。〔註4〕

〔註1〕西元1616年努爾哈赤建立後金，1618年起兵反明。西元1644年李自成攻陷北京，崇禎皇帝自縊身亡。西元1661年南明最後一位皇帝永曆遇害，清朝佔領中國本土。

〔註2〕努爾哈赤起兵反明時，兵力不過兩萬。皇太極即位，後金大致控制關外後，兵力也僅十五萬。見錢穆：《國史大綱（修訂本）》（北京：商務印書館，1994年），頁813～822。

〔註3〕見〔明〕王夫之：《讀通鑑論》「漢光武帝」第10則，收入《船山全書》第10冊（湖南：岳麓書社，2011年新版），頁225。

〔註4〕見〔明〕王夫之：《讀通鑑論》「敘論四」第2則，頁1182～1183。

> 天地之氣，五百餘年而必復。周亡而天下一，宋興而割據絕。後有起者，鑒於斯以立國，庶有待乎！平其情，公其志，立其義以奠其維。斯則繼軒轅、大禹而允爲天地之肖子也夫！〔註5〕

由前三則所述，可見船山看待歷史的態度，是希望總結過往經驗的教訓，而對時政有所裨益，不只是客觀記錄史實，或發揮個人主觀感受而已。第四則可見船山對統一天下的聖王有很深切的期盼。他論史的目的，便是向將來的君主提出忠告，建立國家的道義與綱紀，使華夏民族重振聲威。而船山論史的依據，應是在宋明理學的浸潤下，發展出他個人的獨特思想。

從船山的生活經驗來看，他對明代思想的兩大主流——朱子學與陽明學並不陌生，這一點可從家學淵源觀之，據船山自作〈顯考武夷府君行狀〉所述：

> 以武夷爲朱子會心之地，志遊焉，以題書室，學者稱武夷先生。
>
> 先君子少從鄉大儒伍學父先生定相受業，先生授徒殆百人，先君子爲領袖。雖從事制義，而究極天性物理，斟酌古今，以發抒心得之實。
>
> 先君子早問道於鄒泗山先生，承東廓之傳，以眞知實踐爲學。〔註6〕

由以上的記載，可見船山之父武夷公相當推崇朱子，以朱子悟道所在地做爲自己的稱號，且對性理之學及各類專門知識皆有所掌握。武夷公又師承陽明後學鄒東廓一派，風格較爲平實，強調身體力行。武夷公的學問廣博，且兼採朱子學與陽明學，這對船山的治學途徑應有所影響。船山又著有《讀四書大全說》，針對《四書大全》一書的內容，詳加辨析與發揮己見。而《四書大全》正是集宋元程朱一派儒者之說而成，亦可見船山在理學方面的深厚素養。船山是在宋明理學的基礎上有所轉進，提出他對心性論等哲學議題的看法；並且以他的哲學思想爲依據，對華夏民族的歷史發展，有整體性的了解。再以他對歷史的整體性觀點，應用在具體的歷史人物與制度，以成就其歷史評論。要探討他的政治思想，則是從他對人物或制度的褒貶，及讚賞或貶抑這些人物或制度的理由出發，試圖還原他心中對「理想國家」的藍圖及行動原理。

〔註5〕見〔明〕王夫之：《宋論》「恭宗、端宗、祥興帝」第2則，收入《船山全書》第11冊（湖南：岳麓書社，2011年新版），頁337～338。

〔註6〕見〔明〕王夫之：《薑齋文集》卷2「行狀」，收入《船山全書》第15冊（湖南：岳麓書社，2011年新版），頁110～112。

第一節　研究成果簡述

（一）船山的心性工夫論

如前文所述，要了解船山的政治思想，首先必須對他的心性論與歷史哲學有概略展示，以把握他評論歷史所持的方法與價值標準。故本論文第一章簡述研究主題與現有成果後，第二章便繼之以心性論的探討。首先從船山對〈大學〉心意知物的解釋談起，依牟宗三先生的說法，〈大學〉自身的義理方向較不明確，各家對〈大學〉的解釋，常能反映其義理型態的獨特之處。陽明將心意知物合一，格、致、誠、正只是同一工夫的不同說法，「格物致知」是道德實踐義。船山的「格物致知」則是認知義，「誠意正心」才是道德義。且相較於朱子的「知先行後」說，與陽明的「知行合一」說，他也另提倡「知行並進」說，主張「知中有行，行必用知」，知（認知）與行（實踐）是相輔相成、缺一不可的。這是因爲船山特別強調將普遍的道德原則，應用在具體情境當中之故。這類應用有恰當、有不恰當，恰當與否的關鍵，就在於個人掌握的先備知識，與對外在情勢的了解是否充分。因此對合宜的道德實踐來說，經驗知識的學習也是必要條件。能夠將道德彰顯、落實於生活當中，道德才有眞實的意義，而不只是空談。可見船山很重視道德之「用」的層面，認爲道德如果缺少這一步，便不夠飽滿。這可以從他對「格物致知」的獨特區分看出，「格物」是認取與道德實踐密切相關的經驗或知識，但只是吸收知識還不夠，還需要「致知」，也就是能夠依照具體情況，靈活運用以往所學，使內心的善意發揮最大效果。借用唐君毅先生的說法，船山的「致知」不只是知識，更是智慧的表現了。〔註 7〕

〔註 7〕唐君毅先生在《智慧與道德》書中，對智慧之性質及智慧與德行之關係，有甚精闢而富啓發性之說明。書中舉司馬光兒時打破水缸，救起落水同伴爲例：「此智慧乃依於此兒時之司馬光，原知『石頭之能擲破水缸』，亦原知『缸破則水流』、『水流，則人不致溺斃』。此三者，皆是其原有之抽象的知識。然而他能應用此三知識，於此具體情形下，以解決此一問題，則我們可稱之爲一眞正之智慧之表現。」唐先生又認爲「智慧」並非如一般人所了解的，非僅憑天才而不可學、不可教之事，他說：「我們雖不能向所未創造出者而學……然卻可使創造之阻礙者（案：即障礙智慧之表現的知識、名言與情欲習氣）之不存在，而使創造之事，成爲可能……此即開拓智慧之原之事。」更指出這一「無所學」的工夫，便是老子之「爲道日損」，佛家之觀空破執，與孔子之毋「意必固我」，而通向道德實踐之行爲，可見道德與智慧之不二。見唐君毅：《智慧與道德》，收入《唐君毅全集》卷 1 之 2（台北：學生書局，1984 年），頁 3～108。

其次，船山在解讀《孟子》時，又特別重視「心之官則思」一語。船山認爲人有「仁義之心」與「知覺運動之心」兩種心，仁義之心是「先物而有，後物以存」的先驗心體，「思」則是從仁義之心發出的一種能力，其作用便是思仁思義。但船山也反對將「思」與仁義之心等同起來，因爲如果將「思」與仁義之心等同起來，在實踐工夫上只要反求於心即可，便沒有前述將道德落實在具體情境中的意義了。故我們可將船山的「思」理解爲一種高級的推證能力，也就是在生活中，能夠隨時思考、尋求應對各種人、事、物的應然之理。隨著實踐歷程的逐步伸展，所關連的人事物漸次擴大，對仁義之理的掌握也會更爲透徹且堅定，「思」的累積反過來就能潤澤自己的生命，而成就其德行了。故船山的「思」既不能視爲單純地向外求取知識，也不能直接視爲仁義之心，而是將道德與認知關連起來的一種工夫。

（二）船山的歷史哲學

本論文第三章是簡述船山的歷史哲學。船山的歷史哲學，是以他的天道論爲基礎，將他對「道器關係」的獨特分析，應用在歷史——也就是人類整體社會的發展而得出的見解。船山認爲天道論中的「道」與「器」非截然二分，形而上的當然之道，必得藉由各種器物，方能落實、彰顯；形而下的器物也必須依循道德法則，方能以恰當的方式發揮功效。人類社會的發展也是如此，船山認爲歷史不只是客觀記錄往事，也不是供欣賞把玩之用，或權謀機詐的教科書。歷史是人類奮鬥、掙扎的過程，而人類奮鬥的目的，即是追求個人與社會的完善，道德、文化等精神價值的充分展現。儘管社會的發展並不總是直線型的持續進步，過程中可能有曲折、退步，但長遠看來，人類社會仍是往更合理、更文明的方向改變。歷史的發展實際上是「道」逐漸呈顯、實現自身於現實世界的過程，所以要了解歷史人物與事件的意義、要評價歷史，便不能離開道德法則；相對地，要了解、充分展現道德法則的豐富意涵，也不能只關注法則本身，必須充分理解現實歷史世界當中，時空的變遷、制度的演化及人事物的相互關係，才能夠靈活運用道德法則，而對往事有適當的評價。將道德與歷史、理與事緊密結合，以道德爲歷史發展的目的，這表現出船山秉持的儒家立場，也是船山論史有進於前人之處。

基於前述對歷史的觀點，船山論史時提出他個人的兩項獨特說法：一是「天假其私以行其大公」，歷史人物並非人人皆有聖賢修養，爲了爭奪權力，運用謀略、詐術甚至濫殺無辜，歷史上並不鮮見。人性當中原本就有小體欲望的成分在，既然如此，如何能說歷史發展的目的是道德的？船山以秦始皇爲例，秦始皇消滅六國、統一天下，固然是出自個人野心；但「廢封建、行郡縣」卻消弭了諸侯征戰不休的禍害，並且使權力從以往的貴族壟斷，轉向全社會開放；任何人只要有才幹，都有機會任官。故秦的作爲客觀上可說是推動了社會、文化的進步。由此可見，道德在歷史中的實現，並不以「歷史人物主觀上能從事道德修養」爲前提，即使歷史人物在主觀意志上充滿私心欲望，透過相互鬥爭，仍能建立合理制度，往道德目的前進。這一點往往不是參與鬥爭的當事人（如秦始皇）能看出，他們處在歷史現場，所見所思只及於當代，視野自然有所侷限。這一點往往是由具有「後見之明」的歷史學家所把握，他們既明白道德法則，又通曉史事之間的因果關係，故能看出人物、事件（如秦統一六國）在歷史上的眞實意義。

二是船山認爲天道「福善禍淫」，「行善則有福，爲惡則有禍」是天地之間不變的理則。船山在史論中舉了大量實例來證明這一點，他提出此說的用意，並不是要人爲求福而行善。「殺身成仁，捨身取義」原是儒家的最高理想，行善本身就有其內在的價值，若因行善而引來殺身之禍，照儒家的原則，也是不可避、不可逃，而無須顧慮一己的禍福壽夭。但從另一角度來看，「善有善報、惡有惡報」也是人心普遍的要求，這一要求也是道德的。如果做好事的人總是受懲罰，做壞事的人總是受獎賞，不僅難以令人心服，更談不上是理想的社會制度。船山提出此說的根據，便是從人心普遍有此要求著眼，認爲依理而行，可發揮動人的力量。如船山說君相「造命」，命運是可以由自己掌控的。因爲「生有生之理，死有死之理」，生死、治亂、存亡皆有客觀之理，順之（如謹言愼動、選賢與能）則昌，違之（如荒淫無道）則亡。可見道德之理必然會落實於事上而有其效用，端看人選擇是否依從。又如中國歷史上唐、宋等各朝代的開國君主，之所以能夠在逐鹿中原的群雄中脫穎而出，結束長期分裂的局面而創立穩定、統一的政權，他們自身的政治謀略、軍事實力固然重要，但更重要的是他們能夠得民心，所作所爲合乎「順天應人」的標準，令天下心服，才取得最終勝利。從個人遭遇來看，固然也有行善得禍、爲惡得福的現象，只能從後世史家的褒貶，爲這些不幸的善人求取安慰。但從社會整體的發展來看，行善還是比爲惡更能獲得多數人支持；違反「常道」的行徑，下場仍大多是悲慘的。

（三）船山對政治制度的省察

本論文第四章是說明船山對傳統政治制度的評析。首先從「政權的建立與轉移」談起，船山認爲權力的正當性是建立在道德上。歷史上各朝代的開國君主，之所以順利取得政權，不是靠謀略或武力，而是他們比其他勢力更能掌握治亂、存亡之理。在王朝創立後的守成階段，皇位的傳承也有「立嫡」與「立賢」兩種主張，前者是以血統、後者是以才德爲衡量標準。對這項爭論，船山並不從道德層面著眼而支持立賢。他認爲嫡長子繼承制固然有僵化、死板之處，繼承人未必是最優秀的；但如果廢除此制，改以「立賢」代替，賢能與否又無絕對客觀的標準，可能在皇室內部引發激烈的權力鬥爭，導致政局動盪。既然如此，還不如一開始就直接規定嫡長子繼承來得好。由此可見，船山雖然以道德爲權力的基礎，卻也不是一味訴諸道德；他也注意到宮廷鬥爭的歷史經驗，企圖以制度來止息紛爭。只有在嫡長子或皇子皆過世等特殊狀況下，船山才贊成以「立賢」原則決定繼任人選。

其次，船山對「封建與郡縣」兩種體制的差異也很重視，視之爲中國歷史上的一大根本性變革。雖然三代實行封建，三代之治又是儒家的最高政治理想，但身爲儒者的船山並不盲目擁護封建，相反地他認爲「封建」與「郡縣」都是適應時代需要而生的產物，三代固然適合封建，但隨著時代發展，提倡封建制已不合時宜，郡縣制才是合理的政治架構。船山從幾個角度來論證郡縣制的優越性：一是軍事面，封建易引起諸侯混戰，對人民禍害甚鉅。二是經濟面，封建諸侯各有宮室、官吏，開銷甚大，人民負擔沈重。三是人事面，封建諸侯及官吏皆爲世襲，平民當中即使有優秀人才也無法出仕，不利國家發展。諸侯與諸侯之間、諸侯與官吏之間常有親戚關係，執法時也難以公平客觀。故郡縣制才是理想的體制。在郡縣制下，船山對各州郡應實行的政策也有所討論，他主張地方自治，地方官吏應由本地人擔任，不僅熟悉當地狀況，亦會顧及自己在地方上的聲名，不敢胡作非爲。且愈偏遠、落後的地區，愈應該指派傑出人才治理，以收鞏固國防之效。對於傳統上政府控制農村的制度「保甲法」，船山也持反對態度，認爲這對人民的監視過於嚴厲，易導致濫權。政府應允許人民在各州郡間自由流動，並且建立良好的戶籍制度，以利管理。

對「中央政府」的體制，船山也有獨到的見解，可歸納爲三項要點。(一)文武分立：隨著軍事知識與管理技術的發展，軍隊日趨專業，不宜由文官「外行領導內行」，應設置獨立的軍事機構，統籌規劃訓練與作戰事宜，方能有效抵禦外患。同時軍事首長也應受文官的節制，避免軍事獨裁。（二）宰相制度：船山認為宰相的設置有其必要性，人數以兩人為宜，避免權力過於集中或分散。唐代的三省制，不僅宰相居於六部之上，可通盤考量大政方針，避免各部的本位主義習氣；相權也劃分在不同機構內，法案在實行前需經多次思考、討論，自然較為完善。故唐制最值得仿效。（三）皇帝、宰相、諫官相互制衡：古代雖缺少現代民主國家三權分立、分權制衡的觀念，但在政府機構內部，對權力仍有一定程度的分割。皇帝雖然理論上有無限權力，但現實上皇帝的判斷未必完美無瑕，也需要仰賴臣下的提醒。船山指出，古代政府的三大權力機構：皇帝、宰相與諫官，彼此之間實有相互制衡的關係。諫官對皇帝個人道德、言行上的過失進行糾舉、批評，使皇帝得以改正。皇帝有良好的操守，自然會挑選賢能的大臣擔任宰相，使國政清明。宰相有權任免諫官，不僅可使諫官代替宰相發言，避免皇帝與宰相起正面衝突；同時也能監督諫官，使諫官不敢賣弄口舌、顛倒是非。這雖然只是政府內部的自律、自清機制，皇帝仍有最終決定權而未必聽從諫官，但船山能夠設想到「以制度約束權力」的方法，已是相當進步。現代民主國家領導人與官員皆定期改選，接受來自政府機構以外的人民監督；領導人若不符民意，亦可使其下台，對權力的制衡比起船山來說，又更進一步了。

船山對政府內部人才選拔的問題，也有所討論。船山認為人才選拔的依據是道德上成為人民表率，實際辦事能力則是次要，故官員人數不宜太多，以免浮濫化而喪失威信。雖然船山重視人才的道德水準，但在選拔制度上，船山反而強烈抨擊漢代的察舉制。因為漢代的察舉表面上雖然以孝廉等德行做為推舉標準，實際上卻會鼓勵士人相互標榜、故作清高，這種虛假的道德對社會風氣有極惡劣的影響。魏晉南北朝的九品中正制，官吏來源僅限於世家大族，也不夠開放。隋唐以後的科舉制才是正途。至於科舉的內容，在經義、策論、詩賦三者當中，船山認為應以經義與詩賦為主。對官員來說，針對時政抒發己見的策論，才是與職務直接相關的科目，何以船山排斥策論？這是因為策論要寫得好，必須對現實上的利害關係有極強的分析與論辨能力，這無形間是鼓勵士人賣弄口舌、鑽營功利。經義有教化意義；至於詩賦，雖然無關時政，卻可陶冶性情，養成超脫於世俗之上的美感心態，引進這類新血才能淨化官場風氣。當然船山也不是說官員不需要現實能力，每天沈溺於風花雪月即可；船山本人的歷史、政治評論也甚爲犀利。但這些現實能力可以在做官的過程中慢慢養成，不需要列爲人才選拔的標準。

除了政權傳承、封建與郡縣、政府組織、人才選拔等政治制度上的根本問題外，船山對較專門的問題，如法律、經濟、軍事等也有所討論。在法律思想上，船山主張人治先於法治，法律居於輔助地位，目的只在補充賢者教化之不足。法律應以更高層次的道德判斷爲依據。法律只是最基本的行爲規範，不宜以法律迫使人民行善，以避免虛假的道德實踐。法律應盡量簡化，使人民易知易從，避免官吏玩法並節省社會成本。在經濟思想上，船山主張以農立國、重農抑商，且政府應盡量減少對經濟的干預，讓人民自由追求財富，爲自己的際遇負責。在軍事思想上，船山秉持儒家自立自強的精神，認爲仰賴結盟或地利，皆是不可靠的；只有我方具備充足的實力，才是在戰爭中獲勝的保證。在兵役制度上，則應採募兵制與精兵政策。

（四）政治活動中道德實踐的作用

本論文第五章是說明「政治活動中道德實踐的作用」。船山身爲儒者，對政治的態度，是以儒家的「義利之辨」爲最根本原則。繼承孔子作《春秋》「貶天子，退諸侯，討大夫」的精神，船山對歷史人物的作爲是善是惡，也多有獨到的論析與褒貶。

1. 君子小人之辨

大體說來，船山欣賞的君子，多具備剛正不阿、與強權抗衡的精神。雖然從世俗角度或道家立場來看，面對惡勢力時委曲求全，生存的機會較大；但船山認爲即使是惡徒，心中仍然有良知，以正道面對惡徒，可使其憬然悔悟，這比表面上的應對技巧要來得有用。

至於小人，依船山的理解，則是欠缺眞實自信，故需向外追逐，藉由滿足一己之欲望，以彌補自我價值的人。小人又可分爲「趨利」與「避害」兩大類，「趨利」是攫取利益，就政治上來說，便是獲得當權者或輿論的支持，以取得權力或財富。爲了達成前述目的，小人常使用不正當的手段，如討好別人、壓迫別人、反覆無常等。「討好別人」是指爲了鞏固權位，刻意討好上位者或社會大眾，但內心並不認同對方的所作所爲（如蔡京對司馬光、寇準對宋眞宗的奉承），或盲目追隨別人而欠缺深刻思考（如流俗之膚淺）。「壓迫別人」是指自信過剩，認爲自己的政見絕對正確，或只有自己才有資格改造國家，將別人在政治上的想法或行動視爲對自己的妨礙，採取敵視態度，必須以權力壓制（如王安石變法、富弼對韓琦的懷恨）。有時即使是君子，所提出的主張正確無誤，但如果因爲這樣就嚴斥小人，可能會引發小人激烈報復，使君子反受其害，對國家、社會也沒有好處（如顏眞卿受盧杞迫害）。「反覆無常」是指行動缺少一定的原則，既不像君子以道義爲依歸，也不像普通小人完全出於利益考量。船山認爲這類「無恆」之人所造成的禍害，比普通小人更大。如三國時代的呂布，其行動完全憑一己之意氣，有時也表現出極富義氣的模樣，而能夠獲得丁原、董卓的信任。但很快就變卦，即使叛變未必對自己最有利，也不顧後果而貿然行動，成爲天下最大亂源。又如西晉的張華，欠缺中流砥柱的節操，試圖玩弄權術，同時討好朝中各股政治勢力，最後仍身死國滅。再如初唐的李世勣，雖然也有「爲姐煮粥燎鬚」的溫情面，但在親情與功名產生衝突時，如父親被敵方俘虜、女婿與兒子不肖，便會斷然去除內心的一念之仁，以殘忍的手段對待親人。最後爲了自保，更在唐高宗立武后時不發一語，間接導致唐朝被篡奪。

以上是從奪取權位的角度來說，除了權力之外，沈溺物欲也是小人的特質。船山詳細分析沈溺物欲的內在動機，認爲欲望固然源自於耳目口體等感官需求，但這些基本需求很容易滿足，對外物的無限追逐，並不是出自感官本身，而是透過物質的累積來展現自己的社會地位。故逐物仍是好名。除了一般人喜愛的金銀財寶之外，船山還將「讀書」也納入玩物喪志的範圍。如西魏圍困江陵時，梁元帝仍在講習《老子》，城破後元帝與其所收藏的十四萬卷圖書一同滅亡。船山認爲無論是有形的財富或無形的知識，目的都在促成道德實踐，如果讀書甚多，卻無助於個人修養的提升與社會風氣的改善，知識的追求也就失去意義。

至於「避害」，要堅持實踐心中的道德原則，常常需要犧牲現實利益，有時甚至必須以自己的生命爲代價。在惡勢力的威脅利誘下，並不是人人都能做到孔孟「殺身成仁，捨身取義」的理想。如晚唐的樊系爲保全家人，不得不幫反賊朱泚撰寫冊封群臣的詔書。船山雖然批評樊系「立義無素」，欠缺從容就義的修養，以致臨難求苟免；但樊系事後羞憤自盡，可見他天良未泯，已屬難能可貴，也值得同情。

2. 出處進退的選擇

前述船山對君子、小人的評論，多以已經步入仕途的官員爲對象。對於仕隱與否的抉擇，船山更視之爲「生死大事」，而在史論中多所論及。船山認爲仕隱的判斷標準是時機，在朝代草創時，知識分子固然應該積極出仕，協助建立制度以安天下。太平盛世時也應該出仕，設法補缺拾遺、精益求精。在朝代中衰時，君子與小人勢力相當，士人也應該積極有爲，助君子一臂之力，以挽救時局。只有在朝代末年，權力完全由小人把持，出仕只會受到羞辱、迫害時，士人才應該退隱，投身於文化事業當中，靜待大有爲之君。以上是就理想狀況而言，就歷史現實來說，許多士人皆無法「知所進退」，在仕隱問題上做出正確選擇。這又可以分成幾種狀況，一是效力對象有誤，出仕時投靠宦官、外戚、女主、夷狄等在歷史上聲名狼籍的集團，敗壞自身名節。雖然這些士人會以「權變」，亦即「先掌權才能實現理想」爲理由幫自己開脫；但船山認爲如果一開始就犧牲道德，採取詭詐的手段，最後也無法取信於人而達成目標（如東晉的溫嶠）。二是出仕動機有誤，只是貪戀榮華富貴，爲了功名利祿而做官；未能不計較名位，完全以個人良知與國家整體的利益，作爲出仕與否的考量。雖然船山認爲宦官等小人集團不值得士人效力，但在歷史上也有例外，最明顯的例子是狄仁傑，他在政壇嶄露頭角時，已進入武周時代，除效力武則天外別無選擇。狄氏一生也是憂國憂民，不僅政績斐然，更在武則天晚年力勸其傳位給唐中宗，使唐朝的社稷得以延續。船山對狄仁傑的作爲也給予高度肯定，但認爲只有時機特殊，且忠貞、才幹能及得上狄氏之人，才適合做這類選擇，而不能隨意濫用。對於懂得急流勇退、適時退隱的士人，船山也給予高度讚許。船山認爲，所謂的退隱不是一味消極、什麼都不做，而是「藏道自居」，有其社會使命存在；以自身的德行與學問，對天下後世產生正面影響，這樣的退隱才有意義。船山的隱逸觀有鮮明的儒家特質，而與道家「回歸自然」的隱逸思想大異其趣。

3. 治國的原則

除了對人物的善惡給予評價之外，在明代滅亡的慘劇下，船山對「主政者應秉持哪些原則，方能治理好國家」這一問題，也有許多思索。船山認爲治國之道在「簡」與分層負責，「簡」是指把握住執政的大方向，在流俗與禮文、嚴苛與放縱之間求取平衡，並且排除個人喜好的干擾。分層負責是指皇帝信任並且充分授權給大臣，各層級皆有明確規範的職權，尊重體制、照章辦事。對於歷史上的變法，船山也持批判態度，認爲激進變革常產生更多難以預料的問題，不如漸進改革較爲穩妥。對於士大夫應如何向長官提出建議的問題，船山也有所討論。船山認爲只有大臣或主事者提出諫言才恰當，且進諫時宜充分陳述己見，不必有所委曲顧忌。就進諫內容來說，不必在一人一事或私德等小問題上斤斤計較，應就國家整體發展的關鍵處提出批判，並提出切實可行的方案。就進諫者的個人修養來說，除了要做到「以身作則」和「避嫌」等基本要求外，還要以謙和的態度與同理心，說出令對方心服的言論，才能使言論發揮最大效果。

（五）政治活動中的倫理與教化

本論文第六章的主題是「政治活動中的倫理與教化」，探討船山對家庭倫理、名教及禮樂的看法。在家庭倫理方面，船山認爲齊家之道與治國之道是一，且齊家是治國的基礎；尤其是父子一倫，可做爲國家的支柱。故在親情與政治權力衝突時，永遠應該以親情爲優先。就夫婦倫來說，船山堅守傳統「男尊女卑」觀念，認爲女性不宜從政。就兄弟倫來說，船山認爲應將宗室視爲國家的屏障，而非爭奪皇位的政敵。只要慎擇人才輔佐、勸其向學，便不會對皇帝構成威脅。在名教方面，船山認爲「名」代表客觀之義，「名」本身可發揮強大的力量以約束暴政。名實不可分離，「去名求實」會流於惡。「教」不是直接改造人民的行爲，而是營造鼓勵行善的環境，令百姓易於自我覺醒。在禮樂方面，船山非常重視「禮」，將「禮」抬到至高無上的地位，認爲「禮」可涵蓋道德的內在精神與外在形式，有陶養人心的作用。故對拋棄禮而只從心上講道德的說法不表贊同，認爲心與禮是相輔相成、缺一不可的。對於「樂」，船山也從人文主義的立場，主張「樂」的精神在化繁爲簡。音樂的發展雖然繁複曲折，但船山認爲掌握八音十二律等要點即可，不必窮盡一切，以免徒增紛亂。這和前述他提出的治國原則也是相通的。

（六）政治活動中的文化與學術

本論文第七章的主題是「政治活動中的文化與學術」，說明船山提倡的文化政策。船山身處明清易代之際，除了在具體的政治制度、人物行動、社會教化上有諸多見解，還要從思想、文化上進一步探索亡國的根源。在文化上，船山堅守「華夷之辨」，認爲各民族皆有其族群性，包括地理、血統、道德、政治、外交、經濟、文化等各方面的差異，民族與民族之間宜嚴分而不可混同，否定文化交流的價值。實現「華夷之辨」的方法是有良好的對外戰略。戰略的基本原則是「權力平衡」，不僅要聯合弱者、制衡強者，若戰局不利也應適時談和，使我方有休養生息、壯大實力的機會。爲了將戰力發揮到最大，我方應建立健全的軍事組織，充分授權給地方軍事將領，並且不讓異族有探聽我方情報的機會。在思想上，船山以儒學爲正統，認爲佛老無法積極肯定綱常人倫，削弱國家的凝聚力；陰陽家等神秘思想也是蠱惑人心的邪說，目的在滿足術士的私欲。其中影響力最大的是佛教，船山認爲唐武宗等人雖然嚴格查禁佛教，卻只有短暫的效果；應採取改善人民生計及向寺廟徵稅等方法，使僧徒逐漸減少而自然消亡。

（七）待解決的問題

以上已勾勒出船山心中「理想國家」的藍圖，並且隨著各章節的論述，順帶比較船山之說與現代民主政治之異同，應能達成本論文第一章所述之研究目的。至於此論題在研究上可進一步突破之處，則有兩方面：（一）船山史論是以朝代及帝王爲骨幹，依時間先後評點史事，在體裁上與現代學術著作差異甚大。他在《讀通鑑論》書末也說：「就事論法，因其時而酌其宜，即一代而各有弛張，均一事而互有伸詘，寧爲無定之言，不敢執一以賊道。」〔註 8〕兩部史論自秦始皇起，至南宋滅亡爲止，上下達千餘年，是通貫中國歷史的鉅作，涉及人物、事件極多，要理出一貫的思想並不容易。筆者雖盡力而爲，仍不敢謂盡善盡美，在理論構造上可更加精進。（二）由於研究時間有限，某些子題未能充分展開，只能期望來日有機會，再進行更細膩完整的探索了。

第二節　船山與梨洲政治思想之比較

船山與黃宗羲在政治思想上的差異，主要可分爲三點：（一）對於國家最高主權、政府統治的正當性從何而來等問題，兩人有不同看法。船山歸之於天命或君主之德，梨洲則發揮孟子民本思想，較有現代「主權在民」的觀念。（二）對輿論或民意的看法不同，船山持懷疑態度，梨洲則主張建立「學校」制度，容許士人自由討論國政，不受君權干涉。（三）船山堅持「華夷之辨」爲不可變的百世大防，梨洲晚年亦堅決不出仕，但對清朝統治者的態度稍有轉變。

〔註 8〕見〔明〕王夫之：《讀通鑑論》「敘論四」第 1 則，頁 1182～1183。

（一）國家主權問題

船山對「統治正當性」問題的看法，可以《宋論》開頭的論述爲代表。他說：

> 宋興，統一天下，民用寧，政用乂，文教用興，蓋於是而益以知天命矣。
>
> 帝王之受命，其上以德，商、周是已；其次以功，漢、唐是已。詩曰：「鑒觀四方，求民之莫。」德足以綏萬邦，功足以戡大亂，皆莫民者也。
>
> 商、周之德，漢、唐之功，宜爲天下君者，皆在未有天下之前，因而授之，而天之佑之也逸。宋無積累之仁，無撥亂之績，乃載考其臨禦之方，則固宜爲天下君矣；而凡所降德於民以靖禍亂，一在既有天下之後。是則宋之君天下也，皆天所旦夕陟降於宋祖之心而啓迪之者也。故曰：命不易也。〔註9〕

船山認爲政權由誰掌握，乃是受「天命」所決定。能夠統一中國的君主，必具備以下三種條件之一，方能成爲天命所歸。最高境界是仁德感化，如商湯、周文王。其次是有撥亂反正、保國安民的功業，如漢高祖、唐高祖。至於宋太祖，雖然不具備前兩種條件，但在稱帝之後，所作所爲多合於理，故也受上天青睞。宋太祖之特長在「懼」，如船山所說：「懼者，惻悱不容自寧之心，勃然而猝興，怵然而不昧，乃上天不測之神震動於幽隱，莫之喻而不可解者也。」〔註10〕這是一種對上天、對國政、對臣民的敬畏之心。由於宋太祖有此心，施政風格寬厚，且禮遇文臣，在戰亂頻仍的五代深受百姓歡迎，合乎時勢的要求，故能領有天下。可見船山對統治的正當性問題，主要從君主的德行著眼。梨洲的討論則不從此觀點切入，而是從國家體制的角度切入，認爲君主、官員之設立，都是爲百姓服務：

> 古者以天下爲主，君爲客，凡君之所畢世而經營者，爲天下也。今也以君爲主，天下爲客，凡天下之無地而得安寧者，爲君也。是以其末得之也，屠毒天下之肝腦，離散天下之子女，以博我一人之產業，曾不慘然。
>
> 三代以上有法，三代以下無法。何以言之？二帝、三王知天下之不

〔註9〕見〔明〕王夫之：《宋論》「宋太祖」第1則，頁19～20。
〔註10〕見〔明〕王夫之：《宋論》「宋太祖」第1則，頁20。

可無養也，爲之授田以耕之；知天下之不可無衣也，爲之授地以桑麻之：知天下之不可無教也，爲之學校以興之；爲之婚姻之禮以防其淫；爲之卒乘之賦以防其亂；此三代以上之法也，固未嘗爲一己而立也。後之人主，既得天下，唯恐其祚命之不長也，子孫之不能保有也，思患於未然以爲之法。然則其所謂法者，一家之法而非天下之法也。〔註 11〕

即論者謂有治人無治法，吾以謂有治法而後有治人。〔註 12〕

梨洲認爲三代以上的國君，都是大公無私、爲百姓服務。這和船山認爲商、周以德君臨天下的說法並不衝突。但船山比較強調天命，梨洲則進一步指出「以天下爲主」，天命的實際意涵就在於獲得民意支持、以人民爲政治主體，這說法比起船山要來得明確。梨洲的殊勝之處，則在於他認爲應當設立一套法律制度來防範君主濫權。梨洲認爲三代以後的法，都是爲了維護皇室家族的利益，是出於統治者的私心。眞正的法應是「公天下」之法，此法所規範之對象不僅是人民，君主本身亦應守法，方能保障百姓生存。可見梨洲已思考到現代民主憲政的層次，雖不盡完備，但勝過船山一籌。

船山對制度的思考雖然比較欠缺，但他也不是絕對君權論者，這一點船山、梨洲的看法相近。如兩人都反對明太祖廢相，梨洲認爲：「有明之無善治，自高皇帝罷丞相始也。」「吾以謂有宰相之實者，今之宮奴也。蓋大權不能無所寄，彼宮奴者，見宰相之政事墜地不收，從而設爲科條，增其職掌，生殺予奪出自宰相者，次第而盡歸焉……故使宮奴有宰相之實者，則罷丞相之過也。」〔註 13〕船山亦認爲：「因權臣之蠹國而除宰相，棄爾輔矣。宰相廢而分任於六官……事權散亂，統之者唯秉筆內臣而已。」〔註 14〕廢除宰相後，容易導致皇帝身邊的宵小（如宦官）趁機奪權，擾亂朝綱。兩人對此都有痛切感受，主張君臣各司其職，維持正常體制的運行。

（二）輿論問題

對於輿論和民意，船山一方面從儒家性善論傳統出發，認爲每個人都有理性思考、抉擇的能力，故在理論上應該容許人民參政，不宜如先秦或魏晉

〔註 11〕見〔明〕黃宗羲：《明夷待訪錄・原君》。

〔註 12〕見〔明〕黃宗羲：《明夷待訪錄・原法》。

〔註 13〕見〔明〕黃宗羲：《明夷待訪錄・置相》。

〔註 14〕見〔明〕王夫之：《噩夢》，收入《船山全書》第 12 冊（湖南：岳麓書社，2011 年新版），頁 567。

南北朝，權力被貴族或世族等少數特權集團壟斷。〔註 15〕但另一方面，船山對庶民的教育程度、知識水準又感到懷疑，認為他們受世俗風氣浸染甚深，流於聲色貨利等欲望的追逐，容易被操控、收買，現實上他們很難本於良知而有合理判斷，甚至有「庶民者，流俗也。流俗者，禽獸也」等激烈之論。〔註 16〕至於士大夫階級，船山也不認為「公開討論」是政治決策的良好方式或主要手段，言論只具有「補偏救弊」的消極作用，關鍵仍在君主與大臣對自身德行的完善。〔註 17〕就這一點來說，梨洲的態度是更為開明而接近現代觀念的，如他所提倡的「學校」制度：

> 學校，所以養士也。然古之聖王，其意不僅此也，必使治天下之具皆出於學校，而後設學校之意始備。非謂班朝、布令、養老、恤孤、訊馘，大師旅則會將士，大獄訟則期吏民，大祭祀則享始祖，行之自辟雍也。蓋使朝廷之上，閭閻之細，漸摩濡染，莫不有詩書寬大之氣，天子之所是未必是，天子之所非未必非，天子亦遂不敢自為非是而公其非是於學校。是故養士為學校之一事，而學校不僅為養士而設也。〔註 18〕

「學校」是古代培養知識分子的場所，如東漢的太學等。梨洲認為學校除了訓練人才、舉行朝廷禮儀之外，還有更重要的功能，就是成為獨立於皇權之外的論政機構，參與政治決策，檢視、批判皇帝的作為。由於學校不受權力控制，每個人可以運用自己的理性思考能力，發表意見、公開討論，故比較能糾正錯誤，接近「公是公非」，無須為了討好當權者，扭曲是非對錯的判斷標準。可見相較於船山來說，梨洲是較為肯定言論自由及言論的積極作用。學校裡的士人，即使並未擔任宰相等要職，仍然可以對國政提出建議，與船山堅守「不在其位，不謀其政」的態度有別。

〔註 15〕見本論文第四章第二節「封建與郡縣」對用人的討論，及第四章第四節「人才選拔與考核」對九品中正制的批評。

〔註 16〕見本論文第四章第一節「政權之建立與轉移」對君位傳承的討論。

〔註 17〕船山在評論唐朝的宰相制度時曾說：「國事之所繇定，惟其綱紀立以一人心而已；會議者，大臣免咎之陋術，其何利之有焉。」見〔明〕王夫之：《讀通鑑論》「唐太宗」第 5 則，頁 759。又本論文第五章第五節「進諫的藝術」，船山亦有「以諫為道」與「以學事主」的區分，前者是針砭時弊，後者才是中正常道。可見船山對言論的態度較為消極。

〔註 18〕見〔明〕黃宗羲：《明夷待訪錄・學校》。

（三）華夷之辨問題

船山中年積極參與抗清運動〔註19〕，至晚年對「華夷之辨」仍十分堅持，如前文引述的《宋論》結語：「後有起者，鑒於斯以立國……斯則繼軒轅、大禹而允爲天地之肖子也夫！」《宋論》是他逝世前不久（六十九歲）所作，可見他在此時仍期待重建以漢民族（軒轅、大禹後人）爲主體的政權。他在《讀通鑑論》、《宋論》兩部史論中，也對漢族與異族做了各方面的嚴格區分。〔註20〕清廷平定三藩之亂後，由於船山拒絕與吳三桂合作，也受到當地官員的表揚，湖南中丞鄭端囑咐衡州知府親自贈送糧食、布帛給船山，船山卻以生病爲理由推辭，僅收下糧食。〔註21〕凡此皆可看出船山對清政權的不合作態度。

梨洲中年經歷與船山類似，積極投入南明抗清運動。如順治二年（1645年）閏六月，孫嘉績、熊汝霖起兵抗清。梨洲糾集鄰里子弟數百人，組織「世忠營」響應。順治三年（1646 年）二月，被魯王任命爲兵部職方司主事。五月，指揮軍隊渡海抵乍浦城下。六月兵敗，率殘部入四明山，駐杖錫寺結寨固守。順治六年（1649 年）冬，又跟從馮京第出使日本乞兵，渡海至長崎，未成而歸。〔註 22〕可見他對明朝的效忠。但在清政權漸趨穩固後，梨洲與清廷的關係卻有緩和跡象，如以下文獻所錄：

> 戊午，詔徵博學鴻儒。掌院學士葉方藹寓以詩，敦促就道，再辭以免。未幾，方藹奉詔同掌院學士徐元文監修明史，將徵之備顧問，督撫以禮來聘，又辭之。朝論必不可致，請敕下浙撫鈔其所著書關史事者送入京，其子百家得預參史局事。徐乾學侍直，上訪及遺獻，復以宗義對，且言：「曾經臣弟元文疏薦，惜老不能來。」上曰：「可召至京，朕不授以事。即欲歸，當遣官送之。」乾學對以篤老無來意，上歎息不置，以爲人材之難。宗羲雖不赴徵車，而史局大議必諮之。曆志出吳任臣之手，總裁千里遺書，乞審正而後定。嘗論宋史別立道學傳，爲元儒之陋，明史不當仍其例。朱彝尊適有此議，得宗義書示眾，遂去之。卒，年八十六。〔註23〕

〔註19〕見本論文第一章第三節「船山生平概述」。

〔註20〕見本論文第七章第一節「華夷之辨」的論述。

〔註21〕見潘宗洛〈船山先生傳〉、余廷燦〈王船山先生傳〉之記載，收入《船山全書》第16冊（湖南：岳麓書社，2011年新版），頁89、95。

〔註22〕見趙爾巽主編：《清史稿・列傳二百六十七・儒林一》，卷480。

〔註23〕同上。

康熙十七年（1678 年），清帝兩次以「博學鴻儒」名義，提出「不授以事，返鄉養老」等優厚條件徵召梨洲，仍遭梨洲婉拒。但梨洲卻允許其子黃百家入史館，參與《明史》的編撰工作；又提供文獻給史館參考，並且擔任顧問，對《明史》的體例有一定影響。梨洲弟子萬斯同，經梨洲同意後，更「以布衣參史局、不署銜、不受俸」，成爲監修《明史》的主要人物。〔註 24〕可見梨洲對清朝的統治，也不是絕對排斥。

梨洲於康熙元年（1662 年）著有《明夷待訪錄》，「明夷」爲《周易》卦名，指昏君在上，賢者受傷害；「待訪」指等待明君來訪。此書〈題辭〉云：「余常疑孟子一治一亂之言，何三代而下之有亂無治也？乃觀胡翰所謂十二運者，起周敬王甲子以至於今，皆在一亂之運、向後二十年交入『大壯』，始得一治，則三代之盛猶未絕望也。」可見梨洲對撥亂反正的期待。梨洲後來又與另一位明代遺老呂留良起衝突，依現代學者方祖猷考證，兩人不和主因是梨洲在康熙六年（1670 年）夥同清廷官員姜希徹等，在紹興創辦越中證人書院，希望教育子弟參加清廷的科舉考試，這在呂留良看來是對明朝的背叛。梨洲的想法則是通過科舉，讓弟子們進入異族統治的各級行政機構來發揮作用。〔註 25〕《明夷待訪錄》之作，雖有等待明君之意，但在成書以後，梨洲卻屢次拒絕徵召，可見康熙帝不太可能是梨洲心中的明君。梨洲所期待的「大壯」，應是未來代滿清而興者。他對清朝一些有利保存中國文化的措施，如開科舉、修撰《明史》等，雖然也抱持容忍、配合的態度，但其動機恐怕是以曲折的手段，營造復興華夏的契機，而非眞正接納清的統治。

第三節　船山史論的思想特色與限制

船山《讀通鑑論》、《宋論》兩書的思想特色，在於他相信歷史世界是一個合理的存在，儘管歷史上有許多非理性的人事物，如天災、外患、奸臣、外戚、宦官、盜賊等，但這些人事物是從另一角度來推動歷史的發展。只要能實踐君子之道，則都可以從非理性當中，看出應對這些人事物的應然之理，

〔註 24〕梨洲〈送萬季野北上詩〉：「四方身價歸明水，一代賢奸托布衣。」期待萬斯同能負起褒貶有明一代人物的重責大任。見〔明〕黃宗羲：《南雷詩歷．送萬季野北上》，收入《叢書集成初編》（北京：中華書局，1991 年），卷 4，頁 84。萬斯同事蹟見〈萬貞文先生傳〉，收入〔清〕全祖望：《鮚埼亭集》上冊（台北：華世出版社，1977 年），卷 28，頁 354。

〔註 25〕見方祖猷：《黃宗羲長傳》（杭州：浙江大學出版社，2011 年），頁 125、189。

依理而行，便容易有遠禍全身、保國安民之效。以下就舉〈君相可以造命論〉這篇短文爲例，豁顯船山史論的思想要旨：

> 聖人贊天地之化，則可以造萬物之命，而不能自造其命。能自造其命，則堯舜能得之於子；堯舜能得之於子，則仲尼能得之於君。然而不能也，故無有能自造其命者也。造萬物之命者，非必如萬物之意欲也。天之造之，聖人爲君相而造之，皆規乎其大凡而止。……規乎其大凡，而危者以安，亡者以存。若夫物有因以危亡者，固不恤也。〔註26〕

船山認爲聖人贊天地之化，可以「造萬物之命」，而不能「自造其命」。「自造其命」是從個人的禍福利害上著眼，即船山所說「萬物之意欲」。個人無論再怎麼努力，仍屬有限，無法完全掌控自身以外的人事物。現實上的禍福並無必然保證，即如堯舜、孔子等聖賢，仍不能使其子向善或得君行道。因此聖人並不在個體生命的際遇上用心。聖人雖然無法掌控利害禍福，滿足個人的一切欲望，卻可以「造萬物之命」，依順天道之行。「造萬物之命」即是「規夫其大凡」，亦即把握天地之間的正理。船山以歷史上的實例來說明這一點：

> 然則唐之有郭子儀即有安史，有李晟即有朱泚、姚令言、源休，有陸贄即有盧杞、裴延齡，弗能造忠賢而使有，弗能造姦慝而使無。弗而造也，受之而已。受之以道，則雖危而安，雖亡而存，而君相之道得矣。
>
> 天之命草木而爲堇毒，自有必不可無堇毒者存，而吾惡乎知之？天之命蟲魚而爲蛇鱷，自有必不可無蛇鱷者存，而吾惡乎知之？天之所有，非物之所欲，物之所有，非己之所欲，久矣。唯聖人爲能達無窮之化。天之通之，非以通己也。天之塞之，非以塞己也。〔註27〕

船山認爲即使有郭子儀、李晟、陸贄等賢臣存在，也無法徹底排除同時代的奸佞之人。就像大自然界有草木蟲魚，則必有毒草、猛獸一樣。儘管從一般人的角度來看，這些人事物會妨礙自己的生存。但從天的角度看，任何人事物的存在都有其合理性，一般人只是囿於自身眼光，無法看出它們存在的理由罷了。聖人能「達無窮之化」，也就是以長遠的觀點，看待負面人事物的存

〔註26〕見〔明〕王夫之：〈君相可以造命論〉，收入《薑齋文集》，《船山全書》第15冊（湖南：岳麓書社，2011年新版），頁88～89。

〔註27〕同上。

在。負面存在並不是爲了阻礙自己，而是歷史發展過程中的必要之惡。〔註28〕如果能夠跳脫個人意欲的考量，面對不合理的事物「受之以道」，則無論處在任何環境下，都可以進行道德實踐，如船山云：「明君以盡其仁，無往而不得仁。哲相以盡其忠，無往而不得忠。」〔註29〕且愈是不計較個人的利害、得失、禍福，在道德實踐時愈能有好的結果，如下云：

> 於物無所覬，於天無所求。無所覬者無所撓，無所求者無所逆。是以危而安，亡而存，危不造安故不危，亡不造存故不亡，皆順受也，奚造哉！造者，以遂己之意欲也。安而不危，存而不亡，皆意欲之私也，而猜忌紛更之事起矣。
>
> 天命之爲君，天命之爲相，俾造民物之命。己之命，己之意欲，奚其得與哉！〔註30〕

船山進一步指出，「自造其命」，即強求外在的人事物順從己意，只不過是「意欲之私」罷了，是出於自私的動機。個人的力量有限，若是強求外物，必定會受到天下人的扞格、阻撓。反之，倘若在危急時能夠忘掉個人的安適，在存亡之際能夠捨棄個人的生存，不拘泥於小我，接受逆境的存在，而以理因應之，則更能順利度過危機。船山認爲君相領受天命，應有更遠大的視野，明君賢相雖然無法贊同奸臣、外患等的想法與行爲，卻也可以包容，而以自盡其仁、自盡其忠爲務，不以一己之私強力扭轉外物。可見船山所說的道德實踐，已跳脫了狹隘的個人道德層次，而是從歷史、社會的整體發展上著眼，追求政治上的公義；船山所重視的理，也不是朱子式的靜態之理，而是在事

〔註28〕西哲康德的歷史哲學當中亦有此意，康德於〈在世界公民底觀點下的普遍歷史之理念〉一文中，將人類歷史發展歸納爲九大定律，其中第一定律爲「一個受造物底所有自然稟賦均註定有朝一日會有完全且合乎目的的開展」，第四定律爲「自然爲促成全部自然稟賦之發展所使用的手段是這些稟賦在社會中的對抗，但係就這種對抗最後成爲一種合乎法則的社會秩序之原因而言」。在康德看來，人性當中的非理性成分，如佔有、貪婪等，乃是自然的安排，其用意在透過人與人之間的相互競爭、對抗，推動社會的發展。故這些自然稟賦也有其價值而不可廢。船山亦有秦始皇、漢武帝之征伐，乃是「天假其私以行其大公」之意。但康德此處「合乎法則的社會秩序」是指在西方社會契約論的傳統下，建立公民憲政。船山所處的歷史文化背景異於康德，故欠缺這方面的思考。見康德（Immanuel Kant）著，李明輝譯：《康德歷史哲學論文集》（台北：聯經，2002 年），頁 3～23。

〔註29〕見〔明〕王夫之：〈君相可以造命論〉，《船山全書》第 15 冊，頁 88～89。

〔註30〕同上。

相之曲折變化中，探尋合宜的應對之道。朱子對歷史上不合理的現象，採取直接否定、批判的態度；船山則是在正視、研究過曲折複雜的歷史脈絡後，再回歸儒家「義利之辨」的根本原則。〔註 31〕這是船山論歷史、政治的重要特色。

至於船山政治思想的限制，除了前文提到，與船山同時代的梨洲，已有「主權在民」、「重視輿論與民意」等接近現代民主政治的主張，爲船山所不及外。在民族文化上，梨洲本人雖然堅守氣節，但依梨洲「公天下」的政治理論，君主的存在是爲民服務，如果漢族君主腐朽，而異族君主又更有利於人民生存的話，引入異族統治，理論上亦無絕對不可行之處。梨洲晚年的態度轉變，某種程度上亦是容忍清的統治。船山力倡「華夷之辨」，雖然很能夠維護各民族的差異性、族群性，卻還是以漢族爲中心，忽略了異族在某些方面可能優於華夏，不同民族文化之間有相互交流、截然補短的可能性，違反現今多元文化的潮流。這是船山身處明末清初的時代背景下所產生的限制。

又本論文第一章引述了現代學者勞思光的說法，認爲船山在政治上乃一迷信傳統之保守派人物、是君權至上論者等等。依筆者之研究，恐未盡如勞氏所說。船山固然主張尊君，但從他對傳統政治制度的檢討當中，仍可以發現船山是繼承儒家「仁政」的傳統，在評價各種制度的優劣上，總是以「體現寬厚之德，照顧人民的實際生存」爲衡量標準。如第四章第一節論政權之建立與維繫，必須考量生民之利害與立國之規模，有抵抗異族之功者可以「合理篡位」。第二節論郡縣優於封建，都是從人民的生命、財產安全及參政權著眼。第三節主張宰相以會議免除推諉自私之弊，及皇帝、宰相、諫官的相互監督。第四節反對九品中正制，推崇公平、開放的科舉制。第五節主張法律簡化，以規範基本行爲爲限度，反對法令煩苛，增加社會成本。第六節經濟上主張重農抑商、藏富於州郡，鼓勵自由經濟的發展。第七節軍事上主張募兵，反對徵兵擾民。及第五章第四節主張君主應充分信任、授權大臣等，都可以看出船山是站在百姓福祉的立場上考量，並非一味保守尊君。船山之不足處，則是未能從根本上構思一套限制君權、保障人權的政治原理及制度，

〔註 31〕見本論文第三章之討論。又船山有兩句警策之語亦表示此意：「有即事以窮理，無立理以限事。」若先立一理，持此理去評判事物，便有頑固、迂腐之蔽。見〔明〕王夫之：〈士文伯論日食（昭公七年）〉，收入《續春秋左氏傳博議》卷下，《船山全書》第 5 冊（湖南：岳麓書社，2011 年新版），頁 586。

故在政權問題上，只能回歸到傳統的天命觀與君德論，對於君主是否實行德政、仁政，並無外在化、客觀化的必然保證。船山對歷史人物及事件的討論，氣勢雄渾、文筆犀利，以曲折繁複的辨析，傳達出他對歷史發展、人情事理的深邃洞見，今日看來仍甚具參考價值。但船山的政治觀仍是傳統的，尚未受到現代民主觀念的洗禮。如何保留船山思想中的精華部分，又能順應時代要求而有新的觀照，是現代的船山學研究者需要留心的。

參考文獻

以下所列資料，皆按照作者姓名筆畫及時代先後，由小到大排序

一、古籍

1.〔漢〕司馬遷著，瀧川龜太郎注：《史記會注考證》，台北：大安出版社，1998年。
2.〔漢〕班固：《新校本漢書并附編二種》，台北：鼎文書局，1991年。
3.〔魏〕劉邵：《人物志》，台北：台灣商務印書館，1975年台三版。
4.〔晉〕陳壽著，裴松之注：《三國志》，台北：台灣商務印書館，2010年台二版。
5.〔唐〕李延壽：《北史》，台北：台灣商務印書館，2010年台二版。
6.〔唐〕李延壽：《南史》，台北：台灣商務印書館，2010年台二版。
7.〔唐〕房玄齡等：《晉書》，台北：鼎文書局，1976年。
8.〔唐〕姚思廉：《梁書》，北京：中華書局，1973年第一版。
9.〔後晉〕劉昫等：《舊唐書》，台北：台灣商務印書館，2010年台二版。
10.〔宋〕司馬光：《資治通鑑》，台北：中華書局，1966年。
11.〔宋〕司馬光：《司馬溫公文集》，台北：藝文印書館，1967年。
12.〔宋〕司馬光：《涑水記聞》，北京：中華書局，1997年。
13.〔宋〕朱熹：《朱文公文集》，台北：台灣商務印書館，1975年第三版。
14.〔宋〕朱熹：《四書章句集注》，台北：鵝湖月刊社，1984年。
15.〔宋〕胡宏：《知言》，收入王雲五主編：《四庫全書珍本・別輯・子部・儒家類》第162冊，台北：台灣商務印書館，1975年。
16.〔宋〕陸九淵著、鍾哲點校：《陸九淵集》，北京：中華書局，1980年。
17.〔宋〕歐陽修、宋祁：《新唐書》，台北：中華書局，1966年。
18.〔宋〕歐陽修：《歸田錄》，杭州：浙江古籍出版社，1984年。

19.〔元〕脱脱等：《宋史》，台北：台灣商務印書館，2010年台二版。
20.〔明〕王夫之：《船山全書》
（01）《周易外傳》，收入《船山全書》第1冊，湖南：岳麓書社，2011年新版，邊仲仁初校、楊堅審定。
（02）《周易内傳》，收入《船山全書》第1冊，湖南：岳麓書社，2011年新版，邊仲仁初校、楊堅重校。
（03）《尚書引義》，收入《船山全書》第2冊，湖南：岳麓書社，2011年新版，陳戍國補校、楊堅續校。
（04）《詩廣傳》，收入《船山全書》第3冊，湖南：岳麓書社，2011年新版，胡漸逵校勘、楊堅復校。
（05）《禮記章句》，收入《船山全書》第4冊，湖南：岳麓書社，2011年新版，湘潭師範學院中文系及文化史研究室校點、邊仲仁覆校、楊堅審定。
（06）《續春秋左氏傳博議》，收入《船山全書》第5冊，湖南：岳麓書社，2011年新版，歐建鴻校點、胡漸逵覆校、楊堅審定。
（07）《讀四書大全説》，收入《船山全書》第6冊，湖南：岳麓書社，2011年新版，吳普生補校、楊堅審定。
（08）《讀通鑑論》，收入《船山全書》第10冊，湖南：岳麓書社，2011年新版，楊堅補校。
（09）《宋論》，收入《船山全書》第11冊，湖南：岳麓書社，2011年新版，楊堅補校。
（10）《張子正蒙注》，收入《船山全書》第12冊，湖南：岳麓書社，2011年新版，夏劍欽校勘、楊堅審定。
（11）《思問錄》，收入《船山全書》第12冊，湖南：岳麓書社，2011年新版，吳普生對校、夏劍欽重校、楊堅審定。
（12）《俟解》，收入《船山全書》第12冊，湖南：岳麓書社，2011年新版，夏劍欽參校、楊堅審定。
（13）《黃書》，收入《船山全書》第12冊，湖南：岳麓書社，2011年新版，吳普生互校、夏劍欽編校、楊堅審定。
（14）《噩夢》，收入《船山全書》第12冊，湖南：岳麓書社，2011年新版，吳普生對校、夏劍欽複校、楊堅審定。
（15）《莊子解》，收入《船山全書》第13冊，湖南：岳麓書社，2011年新版，楊堅覆校。
（16）《薑齋文集》，收入《船山全書》第15冊，湖南：岳麓書社，2011年新版，楊堅編校。

（17）《傳記、年譜、雜錄、船山全書編輯紀事》，收入《船山全書》第 16 冊，湖南：岳麓書社，2011 年新版，傳記與年譜由楊堅編校。
21.〔明〕黃宗羲：《明夷待訪錄》，北京：中華書局，1985 年新一版。
22.〔明〕黃宗羲：《南雷詩歷》，收入《叢書集成初編》，北京：中華書局，1991 年。
23.〔明〕黃宗羲：《宋元學案》，收入《黃宗羲全集》第 3～6 冊，浙江：浙江古籍出版社，2004 年。
24.〔清〕王先謙：《荀子集解》，北京：中華書局，1988 年。
25.〔清〕全祖望：《鮚埼亭集》，台北：華世出版社，1977 年。
26.〔清〕張廷玉等：《新校本明史并附編六種》，台北：鼎文書局，1975 年。
27.〔清〕郭慶藩：《莊子集釋》，台北：萬卷樓，1993 年。
28. 王松齡、楊立揚譯注：《柳宗元詩文》，台北：錦繡文化，1992 年。
29. 武秀成譯注：《嵇康詩文》，台北：錦繡文化，1992 年。
30. 陳啓天：《增訂韓非子校釋》，台北：台灣商務印書館，1985 年第五版。
31. 陳榮捷：《王陽明傳習錄詳註集評》，台北：學生書局，1998 年修訂版。
32. 楊勇：《世說新語校箋》，北京：中華書局，2006 年修訂本。

二、專書

1. 方祖猷：《黃宗羲長傳》，杭州：浙江大學出版社，2011 年。
2. 卡爾・巴柏著，莊文瑞、李英明譯：《開放社會及其敵人》，台北：桂冠，1992 年第五版。
3. 本尼迪克特・安德森著，吳叡人譯：《想像的共同體——民族主義的起源與散佈》，上海：上海人民出版社，2005 年。
4. 甘懷眞：《皇權、禮儀與經典詮釋：中國古代政治史研究》，台北：台灣大學出版中心，2004 年。
5. 朱浤源等：《中國政治制度史》，台北：國立空中大學，2002 年。
6. 牟宗三：《心體與性體》，台北：正中書局，1969 年。
7. 牟宗三：《康德的道德哲學》，台北：學生書局，1982 年。
8. 牟宗三：《中國哲學十九講》，台北：學生書局，1983 年。
9. 牟宗三：《圓善論》，台北：學生書局，1985 年。
10. 牟宗三：《從陸象山到劉蕺山》，台北：學生書局，2000 年。
11. 牟宗三：《歷史哲學》，收入《牟宗三先生全集》第 9 冊，台北：聯經，2003 年。
12. 牟宗三：《政道與治道》，收入《牟宗三先生全集》第 10 冊，台北：聯經，2003 年。

13. 牟宗三：《生命的學問》，台北：三民書局，2004年。
14. 余英時：《士與中國文化》，上海：上海人民出版社，2003年。
15. 余英時：《中國知識階層史論古代篇》，台北：聯經出版社，1993年。
16. 余英時：《論戴震與章學誠：從宋明儒學的發展論清代思想史》，台北：東大圖書公司，1996年。
17. 李紀祥：《兩宋以來大學改本之研究》，台北：學生書局，1988年。
18. 李紀祥：《明末清初儒學之發展》，台北：文津出版社，1992年。
19. 李德哈特著，鈕先鍾譯：《戰略論：間接路線》，台北：麥田，1996年。
20. 亞爾蒙、維巴著，張明澍譯：《公民文化》，台北：五南，1996年。
21. 林安梧：《王船山人性史哲學之研究》，台北：東大圖書，1991年再版。
22. 林安梧：《中國近現代思想觀念史論》，台北：學生書局，1995年。
23. 林聰舜：《明清之際儒家思想的變遷與發展》，台北：學生書局，1990年。
24. 阿克頓著，侯建、范亞峰譯：《自由與權力——阿克頓勛爵説文集》，新店：桂冠，2004年。
25. 侯外盧等編：《宋明理學史》，北京：人民出版社，1984年。
26. 約翰·洛克著，葉啓芳、瞿菊農譯：《政府論次講》，台北：唐山出版社，1986年。
27. 約翰·彌爾著，郭志嵩譯：《論自由》，台北：臉譜，2004年。
28. 唐君毅：《智慧與道德》，收入《唐君毅全集》卷1之2，台北：學生書局，1984年。
29. 唐君毅：《中國哲學原論·原性篇》，台北：學生書局，1989年。
30. 唐君毅：《中國哲學原論·原教篇》，台北：台灣學生書局，1990年。
31. 唐凱麟、張懷承：《六經責我開生面：王夫之倫理思想研究》，湖南：湖南出版社，1992年。
32. 夏青、劉伯蘭：《王夫之法律思想研究》，北京：中國人民公安大學出版社，2007年。
33. 海耶克著，周德偉譯：《自由的憲章》，台北：台灣銀行發行，1973年。
34. 海耶克著，王明毅等譯：《通往奴役之路》，北京：中國社會科學出版社，1997年。
35. 秦孝儀主編：《國父全集》，台北：近代中國出版社，1989年。
36. 袁保新：《孟子三辨之學的歷史省察與現代詮釋》，台北：文津出版社，1992年。
37. 馬克斯·韋伯著，林榮遠譯：《經濟與社會》，北京：北京商務印書館，1997年。

38. 康德著，李明輝譯：《康德歷史哲學論文集》台北：聯經，2002 年。
39. 張立文：《船山哲學》，台北：七略出版社，2000 年。
40. 張立文：《正學與開新：王船山哲學思想》，北京：人民出版社，2001 年。
41. 張君勱：《新儒家思想史》，台北：中國民主社會黨中央總部，1979 年。
42. 張豈之主編，張國剛、楊樹森著：《隋唐宋史》，台北：五南，2002 年。
43. 張雲伏：《歐美公務員制》，上海：上海商務印書館，1935 年。
44. 梁啓超：《中國近三百年學術史》，台北：中華書局，1987 年。
45. 許冠三：《王船山的致知論》，香港：香港中文大學出版社，1981 年。
46. 陳來：《詮釋與重建——王船山的哲學精神》，北京：北京大學出版社，2004 年。
47. 陳遠寧：《中國古代政治觀的批判總結——王船山政治觀研究》，長沙：湖南出版社，1992 年。
48. 勞思光：《新編中國哲學史》，台北：三民書局，1998 年增訂九版。
49. 嵇文甫：《王船山學術論叢》，台北：谷風出版社，1987 年。
50. 嵇文甫：《晚明思想史論》，北京：東方出版社，1996 年。
51. 彭信威：《中國貨幣史》，上海：上海人民出版社，1958 年。
52. 曾昭旭：《王船山哲學》，台北：里仁書局，2008 年。
53. 鈕先鍾：《中國戰略思想史》，台北：黎明文化，1992 年。
54. 黃仁宇：《中國大歷史》，台北：聯經，1993 年。
55. 黃俊傑：《孟子思想史論卷一》台北：東大圖書公司，1991 年。
56. 黃俊傑：《孟子》，台北：東大圖書公司，1993 年。
57. 黃俊傑：《孟子思想史論卷二》台北：中研院中國文哲研究所籌備處，1997 年。
58. 黑格爾（Georg Wilhelm Friedrich Hegel）著，溫彬譯：《歷史哲學》，台北：華立文化，2004 年。
59. 楊儒賓：《中國古代思想中的氣論及身體觀》，台北：巨流出版社，1997 年。
60. 趙岡、陳鍾毅：《中國土地制度史》，台北：聯經，1982 年。
61. 趙園：《明清之際士大夫研究》，北京：北京大學出版社，1999 年。
62. 劉又銘：《理在氣中：羅欽順、王廷相、顧炎武、戴震氣本論研究》，台北：五南圖書公司，2000 年。
63. 鄧輝：《王船山歷史哲學研究》，湖南：岳麓書社，2004 年。
64. 盧梭著，何兆武譯：《社會契約論》，北京：北京商務印書館，1980 年。

65. 蕭公權：《中國政治思想史》，台北：聯經出版社，1992 年。
66. 蕭萐父：《船山哲學引論》，江西：江西人民出版社，1993 年。
67. 蕭萐父、許蘇民：《王夫之評傳》，江蘇：南京大學出版社，2002 年。
68. 錢穆：《國史大綱（修訂本）》，北京：北京商務印書館，1994 年。
69. 錢穆：《中國近三百年學術史》，北京：北京商務印書館，1997 年。
70. 錢穆：《中國歷代政治得失》，台北：素書樓文教基金會，2001 年。
71. 戴景賢：《王船山之道器論》，台北：廣學社印書館，1982 年。
72. 薩孟武：《中國社會政治史》，台北：三民書局，1986 年。
73. 羅光：《王船山形上學思想》，台北：輔仁大學出版社，1993 年。
74. 饒宗頤：《中國史學上之正統論》，上海：上海遠東出版社，1996 年。

三、學位論文

1. 元鍾實：《朱熹之心性論》，政治大學中國文學研究所碩士論文，1988 年 5 月。
2. 方志華：《王船山「即學言性」之教育原理》，台灣師範大學教育研究所碩士論文，1992 年 7 月。
3. 王季香：《王船山格物致知論》，高雄師範大學國文所碩士論文，1986 年 5 月。
4. 李恆源：《王船山歷史哲學研究》，高雄師大國文學系碩士論文，2004 年 6 月。
5. 李美惠：《王船山人性論研究》，中央大學中國文學系碩士論文，1998 年。
6. 林文琪：《禮記中的人觀》，文化大學哲學研究所博士論文，1998 年 12 月。
7. 林碧玲：《王船山之禮學》，政治大學中國文學研究所碩士論文，1986 年 4 月。
8. 涂治瑛：《王船山宋論之研究》，高雄師大國文研究所碩士論文，2002 年。
9. 張靜婷：《王船山〈尚書引義〉政治實踐問題之研究》，中央大學中文研究所碩士論文，1999 年。
10. 莊凱雯：《王船山〈讀四書大全說〉研究：由心性論到知人之學》，東海大學中國文學系碩士論文，2003 年。
11. 許松源：《經義與史論——王夫之〈春秋〉學研究》，清華大學歷史研究所博士論文，2008 年。
12. 陳益興：《王船山人道思想及其在教育上的意義》，台灣師大教育研究所碩士論文，1983 年。
13. 陳章錫：《王船山詩廣傳義理疏解》，台灣師範大學國文研究所碩士論文，1986 年 7 月。

14. 陳章錫：《王船山禮學研究：以兩端一致論爲研究進路》，中國文化大學哲學研究所博士論文，2001 年。
15. 劉榮賢：《王船山張子正蒙注研究》，東海大學中國文學研究所碩士論文，1986 年。
16. 蔡馥穗：《清儒人性論研究》，高雄師範大學國文學系碩士論文，1996 年 6 月。
17. 戴景賢：《王船山之道器論》，台灣大學中文研究所博士論文，1983 年。

四、期刊論文

1. 王曉平：〈王夫之倫理思想中的生命價值原則〉，《淮南師範學院學報》2001 年第 4 期第 3 卷，頁 58～61。
2. 王澤應：〈論王夫之關於人的本質學說〉，《中國文化月刊》第 124 期，1990 年 2 月，頁 73～95。
3. 朱漢民：〈王夫之的實有之道〉，《哲學與文化》第 28 卷第 7 期，2001 年 7 月，頁 651～661。
4. 宋偉民：〈論王夫之治學方法〉，《中國文化月刊》第 186 期，1995 年 4 月，頁 23～41。
5. 李宗定：〈關於林安梧教授「後新儒哲學的思維向度」幾點疑問〉，《鵝湖月刊》第 25 卷第 11 期總號第 299，2000 年 5 月，頁 47～55。
6. 林安梧：〈明末清初關於「格物致知」的一些問題：以王船山人性史哲學爲核心的宏觀理解〉，《中國文哲研究集刊》第 15 期，1999 年 9 月，頁 313～336。
7. 林安梧：〈從以心控身到身心一如：以王夫之哲學爲核心兼及於程朱、陸王的討論〉，《國文學報》第 30 期，2001 年 6 月，頁 77～95。
8. 林安梧：〈從「牟宗三」到「熊十力」再上溯「王船山」的哲學可能：後新儒學的思考向度〉，《鵝湖月刊》第 27 卷第 7 期總號第 319，2002 年 2 月，頁 16～30。
9. 林明宜：〈王船山人性論之結構：以《讀四書大全說》爲主要範圍〉，《思與言》第 33 卷第 4 期，1995 年 12 月，頁 29～53。
10. 倪仲俊：〈從傳統正統論論史學的工具性與當前台灣史論述和教學的茫點〉，《通識研究集刊》第 9 期，2006 年 6 月，頁 155～190。
11. 唐俐：〈儒家仕隱觀及其在中國隱士文化中的核心地位〉，《船山學刊》第 62 期，2006 年第 4 期，頁 92～94。
12. 袁禮華、王華蘭：〈論諷諫藝術及其歷史局限性〉，《南昌大學學報（人文社會科學版）》第 41 卷第 5 期，2010 年 9 月，頁 130～134。
13. 張千帆：〈中國憲政文化與制度建構的反思〉，《法制與社會發展》2009 年第 6 期總第 90 期，2009 年 12 月，頁 20～34。

14. 張壽安、呂妙芬：〈明清情欲論述與禮秩重省〉，《漢學研究通訊》第20卷第2期總78期，2001年5月，頁4～9。
15. 張懷承：〈自然與道德：王船山的理欲之辨〉，《孔孟月刊》第30卷第12期，1992年8月，頁13～22。
16. 張懷承：〈王船山性體實有的思想論微〉，《中國文化月刊》第169期，1993年11月，頁53～70。
17. 張懷承：〈王船山由道入德論簡議〉，《鵝湖月刊》第19卷第10期總號第226，1994年4月，頁21～27。
18. 張懷承：〈王船山道德價值論精華〉，《孟孔學報》第68期，1994年9月，頁235～259。
19. 陳立驤：〈王船山天道論性格之衡定〉，《鵝湖月刊》第28卷第4期總號第328，2002年10月，頁29～38。
20. 陳來：〈道學視野下的船山心性學（上）：以《讀四書大全説》的大學部分爲中心〉，《鵝湖月刊》第28卷第12期總號第336，2003年6月，頁7～14。
21. 陳來：〈道學視野下的船山心性學（下）：以《讀四書大全説》的大學部分爲中心〉，《鵝湖月刊》第29卷第1期總號第337，2003年7月，頁8～17。
22. 陳望衡：〈王夫之的理欲觀〉，《船山學刊》第1998年第2期，頁1～5。
23. 陳章錫：〈王船山音樂美學析論〉，《文學新鑰》創刊號，南華大學文學系出版，2003年7月，頁73～95。
24. 陳祺助：〈王船山論情、才的意義及其善惡問題之研究〉，《鵝湖月刊》第28卷第1期總號第325，2002年7月，頁7～15。
25. 陳祺助：〈王船山論陰陽與道體的關係〉，《哲學與文化》第29卷第11期，2002年11月，頁1032～1039。
26. 傅金才：〈論馮道的業績〉，《石家莊學院學報》第8卷第2期，2006年3月，頁56～60。
27. 曾昭旭：〈論儒家工夫論的轉向：從王陽明到王船山〉，《鵝湖月刊》第17卷第5期總號第197，1991年11月，頁1～7。
28. 曾昭旭：〈王船山兩端一致論衍義〉，《鵝湖月刊》第21卷第1期總號第241，1996年7月，頁9～13。
29. 曾玲先：〈王船山《詩廣傳》的文化感及其它〉，《衡陽師範學院學報（社會科學）》第22卷第4期，2001年8月，頁113～117。
30. 童小鈴：〈「飲食男女」是天理或是人欲：朱子觀點的探討〉，《孔孟月刊》第34卷第10期，1996年6月，頁41～45。
31. 馮玉輝：〈從宏觀探索王船山思想的發展〉，《中國文化月刊》第172期，1994年2月，頁23～34。

32. 葉敬德：〈王夫之的婚姻倫理觀〉，《人文中國學報》第 1 期，1995 年 4 月，頁 209～239。
33. 熊秉眞：〈情欲、禮教、明清〉，《漢學研究通訊》第 20 卷第 2 期總 78 期，2001 年 5 月，頁 1～3。
34. 趙雅博：〈王船山宇宙生發的思想：爲紀念逝世百週年而寫（上）〉，《孔孟月刊》第 32 卷第 5 期，1994 年 1 月，頁 22～29。
35. 趙雅博：〈王船山宇宙生發的思想：爲紀念逝世百週年而寫（下）〉，《孔孟月刊》第 32 卷第 6 期，1994 年 2 月，頁 31～39。
36. 劉同輝：〈王船山情之心理思想蠡測〉，《心理科學》2002 年第 25 卷第 5 期，頁 621～619。
37. 劉建欣：〈論叔孫通何以成爲「漢家儒宗」〉，《黑龍江教育學院學報》第 29 卷第 12 期，2010 年 12 月，頁 4～6。
38. 潘小慧：〈從王船山的本體論看其人性論〉，《哲學與文化》20 卷第 9 期，1993 年 9 月，頁 923～934。
39. 蔡仁厚：〈從理、心、氣的義蘊看船山思想的特色〉，《中國文化月刊》第 167 期，1993 年 9 月，頁 34～45。
40. 蔡明倫：〈明代官員進諫模式及其特點〉，《北京聯合大學學報（人文社會科學版）》第 7 卷第 4 期總 26 期，2009 年 11 月，頁 62～68。
41. 蔡敏：〈土地制度的重大變革——以北魏均田制爲中心的考察〉，《凱里學院學報》第 28 卷第 4 期，2010 年 8 月，頁 26～28。
42. 蕭敏如：〈清初遺民《春秋》學中的民族意識——以王夫之、顧炎武爲主的考察〉，《台北大學中文學報》第 5 期，2008 年 9 月，頁 193～232。
43. 譚忠誠：《王船山的「辟佛」與「傳佛」》，《衡陽師範學院學報》第 30 卷第 5 期，2009 年 10 月，頁 6～12。
44. 嚴壽澂：〈思問錄與船山思想〉，《百年》第 5 期，1999 年 9 月，頁 1～13。

五、論文集論文

1. 汪德邁：〈中國諫議制度〉，收入龍巴爾、李學勤主編：《法國漢學（第一輯）》，北京：清華大學出版社，1996 年，頁 40～45。
2. 黃光國：〈權力結構與民族認同——民族主義的心理基礎〉，收入「百年來海峽兩岸民族主義的發展與反省學術研討會」論文集，台北：東吳大學，2000 年 12 月。
3. 楊祖漢：〈胡五峰之體用論與朱子「中和舊說」的關係〉，收入《含章光化——戴璉璋先生七秩哲誕論文集》，台北：里仁書局，2002 年 12 月，頁 21～58。
4. 劉述先：〈從比較的視域看世界倫理與宗教對話——以東方傳統智慧爲重

點〉，收入《傳統中華文化與現代價值的激盪與調融（二）》，台北：喜瑪拉雅研究發展基金會，2002 年，頁 31～54。

5. 鮑國順：〈清學的名義與特質〉，收入「第二屆兩岸中山大學中國文學學術研討會」論文集，高雄：中山大學，1998 年 4 月。

六、其他

1.《中國大百科全書》，http://cndbk.net/EcphOnLine/。

2. 楊泰順：〈政治人物的緋聞與誠信〉（內政（評）091～202 號），財團法人國家政策研究基金會「國政評論」網站，
http://old.npf.org.tw/PUBLICATION/IA/091/IA-C～091～202.htm。